Laurel Parnell

EMDR – Der Weg aus dem Trauma

Über die Heilung von Traumata und emotionalen Verletzungen

Laurel Parnell

EMDR™
Der Weg aus dem Trauma

*Über die Heilung von Traumata und
emotionalen Verletzungen*

Junfermann Verlag • Paderborn
1999

Covergestaltung: Petra Friedrich

Aus dem Amerikanischen von Theo Kierdorf in Zusammenarbeit mit Hildegard Höhr

Satz: SpaceType, Köln

Die Deutsche Bibliothek – CIP-Einheitsaufnahme
Parnell, Laurel:
EMDR – der Weg aus dem Trauma: Über die Heilung von Traumata und emotionalen Verletzungen / Laurel Parnell. [Übers.: Theo Kierdorf, in Zus.arbeit mit Hildegard Höhr]. – Paderborn: Junfermann, 1999.
        Einheitssacht.: Transforming Trauma: EMDR® <dt.>
        ISBN 3-87387-402-4

**EMDR™ ist ein eingetragenes Warenzeichen. Bei allen weiteren Nennungen innerhalb
des Buches wird bei diesem Begriff auf das Warenzeichensymbol verzichtet.**

ISBN 3-87387-402-4

Inhalt

Ich widme dieses Buch Jean Klein

Danksagung

Ebenso wie beim Weben eines Teppichs werden auch bei der Entstehung eines Buches viele verschiedene Fäden miteinander verwoben. Ich möchte hiermit all den wundervollen Menschen, die an diesem Entstehungsprozeß teilgehabt haben, von ganzem Herzen danken.

Zuerst richtet sich mein Dank an Francine Shapiro, die mit ihrer umfassenden Vision, ihrer Intelligenz, ihrem Mitgefühl und ihrem Mut EMDR zu jener hochwirksamen Therapie gemacht hat, die es heute ist.

Viele Menschen haben wichtige Erkenntnisse, doch nur wenige haben auch den Mut und das Mitgefühl, das Erkannte in die Tat umzusetzen. Dies ist bei Francine Shapiro eindeutig der Fall. Dafür, daß sie mein Projekt unterstützt hat, möchte ich ihr zutiefst danken. Mein Dank gilt auch Robbie Dunton, ohne deren hingebungsvolle Arbeit die Entwicklung von EMDR und der Aufbau des EMDR-Instituts nicht möglich gewesen wären, sowie A.J. Popky, deren permanente liebevolle Unterstützung seit den ersten Anfängen für die Entstehung dieser neuen Methode ungeheuer wichtig war.

Ich danke auch allen Klienten, die mir erlaubt haben, ihre Geschichten in diesem Buch wiederzugeben. Es zeugt von großem Mut, daß sie dieser neuen Therapie eine Chance gegeben und sich ganz direkt mit ihrem Schmerz konfrontiert haben. Daß sie danach völlig umgewandelt waren, hat mich viel über die Kraft von EMDR gelehrt und mich zutiefst bewegt und inspiriert.

Danken möchte ich auch allen meinen EMDR-Facilitator-Kollegen, von denen ich in all den Jahren unserer gemeinsamen Arbeit so viel gelernt habe. Insbesondere danke ich Linda Cohn, meiner Freundin und Kollegin, deren Erkenntnisse über die Arbeit mit Opfern sexuellen Mißbrauchs für mich von unschätzbarem Wert waren.

Auch den EMDR-Therapeuten und -Facilitators Craig Penner, Robert Oxlade, Leilani Lewis und Brooke Passano danke ich für ihre großzügige Unterstützung dieses Projekts.

Ich danke weiterhin allen anderen, die mir bei der Arbeit an diesem Buch geholfen haben: C.J. Hayden für seine weise Begleitung; Sheryl Fullerton, meiner Agentin, deren Rat für mich bei der Autorenarbeit von unschätzbarem Wert war; Ann Weinberger, die mir geholfen hat, das Exposé zu erstellen und zu redigieren; Brooke Brown, eine unglaublich gute Lektorin und Freundin, die verstanden hat, was ich zu vermitteln versuchte, und die den Text vorsichtig »zurechtgestutzt« und dennoch sein Wesen erhalten hat. Margaret Allen, eine Freundin, mit der man durch dick und dünn gehen kann, hat mich während des gesamten kreativen Prozesses unterstützt und mir sehr hilfreiches Feedback gegeben; das gleiche gilt für Richard Miller und John Prendergast, meine Freunde und Kollegen, sowie für Jean Pumphrey, Tante, Freundin und Mentorin, die meine kreative Entwicklung während meines ganzen Lebens unterstützt hat und die ich zeitlebens zutiefst schätzen werde. Auch Alonnsi Ruvinski, die dem Text den letzten Schliff gegeben hat und deren Feedback mir so wertvoll war, bin ich zutiefst dankbar; und ebenso Susan Munro, meiner Lektorin beim Verlag Norton, die von Anfang an den Wert dieses Buches gesehen und seine Vision unterstützt hat.

Meiner Mutter und meinem Stiefvater, Helen und Bruce McDonald, möchte ich für ihre enthusiastische Unterstützung danken, und auch meinem Vater, Dean Parnell, der zugelassen hat, daß unsere Freundschaft sich über die alten Muster hinausentwickeln konnte, sowie meinen Söhnen Catono und Etienne. Und ganz besonders danke ich natürlich auch meinem geliebten Mann, Pierre-Antoine Blais, für seine strahlende Liebe, seine Weisheit und seine Unterstützung.

Zum Abschluß möchte ich meinen beiden Lehrern, Lama Thubten Yeshe und Jean Klein, meine tiefste und von ganzem Herzen kommende Dankbarkeit bekunden.

Vorwort

Dieses Buch ist aus meinem Wunsch heraus entstanden, anderen jene »Wunder« mitzuteilen, die ich bei meiner Arbeit mit Klienten, als *EMDR Institute Facilitator* bei der Ausbildung von EMDR-Therapeuten und als Patientin in einer EMDR-Therapie erlebt habe. Während oder nach EMDR-Sitzungen haben viele meiner Klienten, wenn sie zu tiefen Einsichten gelangt waren oder wenn sie langjährige und äußerst hartnäckige Probleme aufgelöst hatten, ausgerufen: »Das ist ja unglaublich!« Damit auch andere von ihren Geschichten profitieren können, beschloß ich, sie zu veröffentlichen.

Während der letzten fünf Jahre meiner Praxis als EMDR-Therapeutin sind nach und nach praktisch alle meine Überzeugungen bezüglich dessen, was eine Therapie zu heilen vermag, erschüttert worden. Ich habe erlebt, daß EMDR bei den unterschiedlichsten Arten von Problemen zu helfen vermag, ganz gleich, ob Klienten von schrecklichen Mißbrauchserlebnissen oder von so starken Angst- oder Wutgefühlen geplagt wurden, daß ihnen bisher keine andere Therapie hatte helfen können. Ich staune immer wieder über die Heilkraft dieser Methode. Die bisherigen Grenzen meiner Fähigkeit, Menschen zu helfen, scheinen nicht mehr zu gelten. Ich gehe heute mit neuartigem Enthusiasmus und Optimismus an meine Arbeit und habe nicht mehr das Gefühl, mich völlig zu erschöpfen. Am Ende einer EMDR-Sitzung fühle ich mich weder aufgebracht und verstört noch völlig vom unvorstellbaren Schrecken von Mißbrauchserlebnissen, tragischen Unfällen und Verlusten sowie von Gewalterlebnissen überrollt, sondern *inspiriert*. Und mit derartigen Gefühlen bin ich keineswegs allein. Alle EMDR-Therapeuten, mit denen ich gesprochen habe und die häufig mit dieser Methode arbeiten, teilen meinen Enthusiasmus. EMDR-Konferenzen sind Oasen der Freude und des Austauschs über Erfolge.

Die EMDR-Therapie hat zahllose Auswirkungen, über die noch nichts geschrieben worden ist und die sie von anderen Therapien grundsätzlich unterscheidet. EMDR läßt Menschen nicht nur von ihren Traumata genesen, sondern geleitet sie außerdem zu einem Gefühl der Freude, der Offenheit und der tiefen Verbundenheit mit sich selbst und ihrem Leben. Die Entwicklung von EMDR ist im Hinblick auf die Heilung von Traumata und dysfunktionalen Überzeugungen ein wahrer Quantensprung.

Außerdem hat EMDR die bisherigen Grenzen psychotherapeutischer Praxis überschritten und versucht, Opfern großer Katastrophen zu helfen. Schon sehr früh boten EMDR-Therapeuten ihre Hilfe in den verschiedensten Situationen an. Beispielsweise halfen sie den Überlebenden des Orkans Andrew in Florida, des Erdbebens von Northridge in Süd-Kalifornien und des Bombenattentats von Oklahoma City. Bei der letztgenannten Katastrophe bildeten EMDR-Trainer und -Facilitators 300 ortsansässige Therapeuten aus, um sie in die Lage zu versetzen, selbständig weiter für die Heilung ihrer Klienten zu sorgen.

Das *EMDR Humanitarian Assistance Program* (EMDR-HAP) wurde entwickelt, um EMDR an jedem Ort der Welt anbieten zu können, wo die Methode Menschen zu helfen vermag. So wurden in Kroatien, Bosnien, Kolumbien, der Ukraine, Israel und Nairobi EMDR-Therapeuten ausgebildet, und zur Zeit sind weitere Ausbildungen im ehemaligen Jugoslawien, in Ungarn, El Salvador, Guatemala, Nordirland und auf dem Navajo-Territorium geplant. EMDR-HAP hat sich zum Ziel gesetzt, Gewalt- und Katastrophenopfern sowie ortsansässigen Ärzten und Therapeuten in Katastrophengebieten EMDR-bezogene psychologische Dienstleistungen anzubieten, um ihnen zu helfen, sich langfristig um die emotionalen Probleme von Menschen, die unter traumatischen Erlebnissen leiden, zu kümmern. Außerdem soll durch diese internationalen Aktivitäten die Erforschung, Weiterentwicklung und Anwendung von auf EMDR basierenden psychologischen Programmen zur Linderung aller Formen von traumatischem Streß gefördert werden.

Die EMDR-Therapie hat Behandlungsverfahren für viele Arten von Problemen entwickelt, und die Zahl dieser Spezialverfahren wächst ständig. Während einer internationalen EMDR-Konferenz, die kürzlich stattfand, habe ich von den anwesenden Therapeuten eine große Zahl äußerst bewegender Heilungsberichte gehört. Unter anderem wurden Vorfälle wie die folgenden berichtet:

➤ Einem krebskranken kolumbianischen Mädchen war gerade ein Bein amputiert worden, und es war völlig hysterisch wegen der starken Phantomgliedschmerzen. Das Personal des Wohnheims, in dem die Kranke lebte, sah sich nicht in der Lage, ihr zu helfen. Nach einigen EMDR-Sitzungen, die von einem EMDR-Therapeuten im Freiwilligeneinsatz gegeben wurden, verschwand der Schmerz, und das Mädchen fing an, über eine Zukunft zu phantasieren, in der es mit anderen Kindern spielen konnte.

➤ Ein Eisenbahningenieur verrichtete seine Arbeit zuverlässig, obwohl er mehrmals miterlebt hatte, wie Menschen ihr Leben auf den Eisenbahngleisen beendeten. Beim Selbstmord einer Frau, die im achten Monat schwanger war, brach er zusammen. Der Blick dieser Frau, die ihn kurz vor ihrem Tode angeschaut hatte, verfolgte ihn permanent. Eine EMDR-Therapie half ihm, von dem schrecklichen Bild ebenso wie auch von seinen Alpträumen loszukommen. Aus Dankbarkeit und inspiriert durch seine eigene Heilung wurde er zu einem aktiven Befürworter von EMDR und setzte sich dafür ein, daß diese Methode auch zur Unterstützung traumatisierter Eisenbahnerkollegen eingesetzt wurde.

➤ Eine kühle, distinguierte 55jährige Krebskranke hatte ihr ganzes Leben lang hinter einer von ihr selbst geschaffenen Barriere gelebt und jegliche Nähe von Freunden und Familienmitgliedern abgewehrt. Stoisch hatte sie eine Chemotherapie und Bestrahlungen über sich ergehen lassen und nie und mit niemandem über ihren Schmerz und ihr Leid gesprochen. Nach mehreren EMDR-Sitzungen war sie zum ersten Mal in ihrem Leben in der Lage, offen zu Freunden und Familienmitgliedern Kontakt aufzunehmen – und zum letzten Mal, denn sie starb bald darauf. Mit einer von ihrer Krankheit ungeheuer geschwächten Stimme sagte sie ein paar Tage vor ihrem Tode zu ihrem EMDR-Therapeuten: »Ich bin jetzt ein anderer Mensch. Ich danke Ihnen.«

Alle Geschichten in diesem Buch sind wahre Begebenheiten; allerdings wurden Namen abgeändert, um die Privatsphäre der Patienten zu schützen. In einigen Fällen habe ich die Erlebnisse mehrerer Personen zusammengefaßt, und fast immer handelt es sich um Patienten, die ich in meiner eigenen psychotherapeutischen Privatpraxis behandelt habe.

EMDR ist eine umfassende, integrative Therapie, deren Anwendung nur Ärzten und staatlich geprüften Psychotherapeuten vermittelt wird, und zwar ausschließlich unter der Supervision lizensierter EMDR-Therapeuten. Wie Sie später in diesem Buch sehen werden, vermag EMDR Menschen den Zugang zu bisher unbekannten Bildern und intensiven emotionalen Erlebnissen zu erschließen. Deshalb sollten ausschließlich von lizensierten Trainern ausgebildete EMDR-Therapeuten mit den Augenbewegungen arbeiten. Das vorliegende Buch dient nicht der Ausbildung in der EMDR-Theorie und -Therapie, sondern es soll den Lesern einen Einblick in die Transformationskraft dieser erstaunlichen neuen Therapieform geben.

Die Geschichten, die ich erzählen werde, veranschaulichen die völlig neuartige Wirkung von EMDR bei der Heilung von Traumata. Ich hoffe, daß ich die Leser dieses Buches dazu inspirieren kann, ihre Vorstellungen darüber, was im Bereich der Heilung möglich ist, zu erweitern. EMDR ermöglicht es, den Einfluß traumatischer und einschränkender Erfahrungen auf Körper und Geist zu neutralisieren und dadurch die Entfaltung des menschlichen Potentials zu begünstigen. Möge dieses Buch Geist und Herz seiner Leser öffnen, auf daß sie die unermeßlichen Möglichkeiten der Heilung erkennen und diese sich selbst und der ganzen Welt zugute kommen lassen.

Eins
Wie EMDR mein Leben verändert hat

Wie ich EMDR kennenlernte

Es war ein warmer Frühlingstag in der riesigen kalifornischen Wüste. Überall blühten Kakteen und Wildblumen. In einer großen Meditationshalle folgte eine Gruppe von etwa hundert Yoga-Schülern, die alle helle Yoga-Kleidung trugen, schweigend den Anweisungen des Lehrers, Jean Klein. Die Bewegungen waren von Achtsamkeit getragen, und jede Yoga-Übung, die wir ausführten, entfaltete sich in Stille. So übten wir uns in einer fließenden Art der Meditation.

Plötzlich wurde die Stille im Raum durch starke Atemgeräusche unterbrochen. Da ich ohnehin aus meiner Meditation aufgestört worden war, schaute ich verstohlen um mich und entdeckte, daß einer der Teilnehmer seine Kleider auszog und wie ein Hampelmann auf und nieder sprang. Dabei gab er merkwürdige Geräusche von sich und schien seine Umgebung völlig ausgeblendet zu haben. Er hatte nur noch seine Unterwäsche an, schwitzte stark und war ziemlich aufgeregt. So verhielt er sich während der gesamten zweistündigen Yoga-Sitzung. Viele Teilnehmer des Seminars waren Psychotherapeuten, und uns allen war klar, daß das, was wir da sahen, eine Art manischer oder psychotischer Episode war.

Am Mittag jenes Tages saß ich mit meinen Freunden Richard und Garnita zusammen, beide Psychologen aus der Gegend der San Francisco Bay. Wir tauschten die neuesten Geschichten und Neuigkeiten aus unserem Privatleben und unserer beruflichen Arbeit aus. Garnita, eine erfahrene Therapeutin und klinische Supervisorin, erzählte, sie habe eine neue Therapiemethode erlernt, die mit Hilfe von speziellen Augenbewegungen sogenannte »psychologische Erinnerungen« auflöse. Diese neue Methode habe ihre psychotherapeutische Arbeit völlig verändert, und sie erziele mit ihrer Hilfe bei den verschiedensten Arten von Klienten und Problemen ausgezeichnete Resultate. Ich stand dem, was sie erzählte, zunächst ziemlich skeptisch gegenüber, weil ich mich für die neuesten Moden der Therapieszene generell nie besonders interessiert habe – was jedoch meinen generellen Respekt Garnita und ihrer Arbeit gegenüber nicht schmälert. Als sie die neue Methode genauer beschrieb, erschien mir diese sehr merkwürdig, und die Ergebnisse, von denen Garnita berichtete, kamen mir einfach zu positiv vor. Wir sprachen auch über den Seminarteilnehmer, der sich an jenem Morgen so merkwürdig verhalten hatte. Garnita glaubte, EMDR könne ihm helfen, und beschloß, mit ihm zu sprechen und ihm eine intensive Behandlung anzubieten.

Während des Yoga-Unterrichts am nächsten Morgen führte der Mann, der am Vortag so außer sich gewesen war und sich so merkwürdig verhalten hatte, mit der Gruppe zusammen schweigend Yoga-Übungen aus. Während der zweistündigen Zusammenkunft verhielt er sich völlig normal. Neugierig fragte ich Richard, was diesen Mann so stark verändert hätte. Hatte er ein Beruhigungsmittel eingenommen? Richard erzählte, Garnita habe mit ihm eine intensive EMDR-Sitzung durchgeführt, und danach habe er sich beruhigt. Ich war verblüfft. Der Mann blieb während des gesamten weiteren Seminars ruhig und völlig unauffällig. Neugierig gemacht durch diesen Behandlungserfolg und beeindruckt von Garnitas Begeisterung für die neue Methode meldete ich mich zu einer EMDR-Ausbildung an, die drei Wochen später stattfinden sollte.

Das EMDR-Training

Das EMDR-Training fand in einem großen Hotelsaal in Sunnyvale in Kalifornien statt. Etwa sechzig Teilnehmer, alle staatlich anerkannte Psychotherapeuten, hörten aufmerksam Francine Shapiro, der Entdeckerin und Begründerin von EMDR, zu, während sie über die der neuen Methode zugrundeliegende Theorie und über die Ergebnisse wissenschaftlicher Untersuchungen der Wirkung von EMDR sprach. Francine Shapiro ging mit einem Mikrophon in der Hand ruhig auf und ab und sprach über »Neuro-Netzwerke« und »adaptationsfördernde Informationsverarbeitung«. Zwischendurch erzählte sie Geschichten über Traumaheilungen. Sie strahlte eine starke und mitfühlende Präsenz aus und schien außerdem über eine scharfe Intelligenz, eine schnelle Auffassungsgabe und große Selbstsicherheit zu verfügen. Ich spürte sofort die Qualität und Integrität dessen, was da vorgestellt wurde. Da ich keine Ausbildung in kognitiver Verhaltenstherapie habe, war mir ein großer Teil des Vokabulars, das sie benutzte, neu, und ich nahm mir vor, meine diesbezüglichen Kenntnisse möglichst bald zu erweitern. Ich hörte, daß EMDR eine umfassende Behandlungsmethode mit vielen unterschiedlichen Komponenten ist – daß es dabei um wesentlich mehr geht als um simple Augenbewegungen. Außerdem gibt es viele unterschiedliche EMDR-Protokolle, und es ist sehr wichtig, das für den jeweiligen Fall adäquate Protokoll zu benutzen. So unterscheidet sich beispielsweise das Protokoll für sexuellen Mißbrauch in der Kindheit sehr stark von dem für die Behandlung eines kürzlichen traumatischen Erlebnisses.

Nachdem Francine Shapiro mehrere Stunden lang die EMDR-Theorie erläutert und uns die Methode durch Video-Aufzeichnungen von Behandlungssitzungen veranschaulicht hatte, war schließlich der Zeitpunkt für die praktische Einführung in die Methode gekommen. Die Teilnehmer teilten sich in Dreiergruppen auf, von denen jeweils einer als Therapeut, der zweite als Klient und der dritte als Beobachter fungierte. Ausgebildete EMDR-Facilitators beantworteten alle auftauchenden Fragen und halfen den »Therapeuten« bei der Ausführung ihrer Aufgabe. Wir wurden gebeten, eine Erinnerung zu wählen, die nicht allzu belastend für uns war, eine, die wir auf einer von null bis zehn reichenden Belastungsskala mit 5 bewerten würden. Ich wählte eine Erinnerung aus meiner Kindheit, von der ich das Gefühl hatte, daß sie keine besonders große Belastung für mich beinhaltete, die mir aber noch sehr klar vor Augen stand. Ich war in der fünften Klasse, und der Lehrer einer anderen fünften Klasse ließ mich während des Unterrichts in seine Klasse kommen. Ich erinnerte mich, daß er ein großer, dunkelhaariger Mann mit ausgebeulter Hose und Schnurrbart war. Ohne genau zu wissen warum, hatte ich immer das Gefühl gehabt, daß er mich nicht mochte. An jenem Tag jedoch glaubte ich, er riefe mich in seine Klasse, um mir eine gute Nachricht mitzuteilen. Viele Mitglieder des Schulchors sollten in einer Art Revue mitsingen, und ich hoffte, unter den Glücklichen zu sein. Als ich in die fremde Klasse kam, fühlte ich mich sehr befangen. Er forderte mich auf, vor die Klasse zu treten. Als ich dort stand, erhob er sich drohend vor mir und warf mir wütend vor, ich hätte üble Gerüchte über die Show verbreitet und dürfe deshalb nicht daran teilnehmen. Ich war sprachlos und verstand absolut nicht, wovon dieser Mann redete. Völlig verletzt und gedemütigt, fing ich an zu weinen.

Wir begannen die Arbeit mit einem für mich besonders belastenden *Bild* – dem des wütenden Lehrers, der sich drohend vor mir auftürmte und mir in aller Öffentlichkeit ungerechtfertigte Vorwürfe machte. Mein *Gefühl* war, wie gelähmt zu sein, ich war außerdem völlig verängstigt und fühlte mich gedemütigt. Meine mit der Erinnerung verbundene *Überzeugung* war: »Ich bin machtlos.« Die Therapeutin bat mich, dieser drei Komponenten – Bild, Gefühl und Überzeugung – gewahr zu bleiben und mit meinen Augen ihren Fingern zu folgen. Dann geschah etwas, das mich sehr überraschte. Während sie ihre

Finger in meinem Sehfeld hin und her bewegte und ich diesen mit meinen Augen folgte – wobei ich meinen Kopf ruhig hielt –, erlebte ich eine Serie sehr intensiver Emotionen. Es war, als würden die Häute einer Zwiebel nacheinander abgezogen, und jedesmal, wenn eine Schicht entfernt würde, tauchte eine neue auf. Die erste Schicht war das akute Gefühl der Machtlosigkeit und Demütigung. Die Augenbewegungen intensivierten diese Erfahrung, indem sie den Intellekt in den Hintergrund treten ließen und mich stärker mit meinen Emotionen verbanden. Als dieses Gefühl abklang, gab die Therapeutin mir die Anweisung, es »loszulassen« und tief durchzuatmen. »Was geschieht jetzt?« fragte sie dann. Ich fühlte mich sehr klein und hilflos. Sie forderte mich auf, »dabei zu bleiben« und erneut den Bewegungen ihrer Finger zu folgen.

Als nächstes verspürte ich ein starkes Verlangen, von jenem Lehrer geschätzt zu werden, und gleichzeitig Schmerz und Enttäuschung darüber, daß er mir gegenüber eine so starke Abneigung zum Ausdruck gebracht hatte. Ich spürte den Schmerz tief in meinem Herzen, und mir kamen die Tränen. Das überraschte mich! An diesen Teil des Erlebnisses hatte ich mich noch nie zuvor erinnert, und doch war mir klar, daß es tatsächlich so gewesen war. Was mich auch überraschte, war die Stärke meiner Emotionen. *Jetzt* befand ich mich auf unbekanntem Gebiet.

Die Situation wurde intensiver. Bald trat an die Stelle des Bildes von jenem Lehrer ein anderes sehr belastendes Bild aus meiner Kindheit, dem ich auf der zuvor erwähnten Skala den Wert zehn geben würde. Frau Shapiro hatte dieses Phänomen *(image replacement)* zuvor erklärt. Durch die Augenbewegungen verbanden sich assoziierte Erinnerungsnetzwerke miteinander, und ich verarbeitete meine alten Erinnerungen in beschleunigter Form. Meine Erinnerung an den Lehrer hatte mich so belastet, weil sie mit einer früheren, affektbelasteteren Erinnerung an meinen Vater verknüpft war. In früheren Therapien hatte ich mich mit meiner Kindheit beschäftigt und war einem ständig wütenden, distanzierten Vater begegnet sowie einer Mutter, die sich in ihrer Hausfrauenrolle nicht wohlgefühlt hatte. Ich hatte immer geglaubt, meine Eltern hätten ihr Bestes getan; doch hatte das intellektuelle Verständnis ihrer und meiner

Situation die in meinem Körper und in meinem Gehirn fixierten Überzeugungen oder Gefühle nicht zu durchdringen vermocht.

In der nun neu auftauchenden frühen Erinnerung war ich zwei oder drei Jahre alt und befand mich im Bad. Meine Hose war zu den Fußknöcheln hinabgerutscht, und ich versuchte, mich sauber zu machen, denn ich hatte mir in die Hose gemacht. Mein Vater ragte hoch über mir empor, und ich sah in seinen dunklen Augen eine mörderische Wut. Da stand ich, wehrlos und verletzlich, und er hatte mich bei einem Malheur erwischt.

Obwohl mir diese Erinnerung nicht völlig neu war und ich sie bereits mehrmals ohne jede Emotion erzählt hatte, erlebte ich während jener EMDR-Übungssitzung den Schrecken und das Gefühl der Verletzlichkeit, die ich in jener Situation verspürt hatte. Meine Wahrnehmung veränderte sich radikal. *Ich war wieder ein kleines Kind, und er sah aus wie ein Riese.* Ich erlebte die Erinnerung aus der Perspektive des Kindes. Wenn ich in früheren Therapien davon erzählt hatte, hatte ich dies stets aus der Perspektive einer Erwachsenen getan, die sich an ein Erlebnis aus der Vergangenheit erinnert. Nun jedoch *war* ich das Kind. Und ich erlebte die Situation, als sähe ich einen Film. Mein Erwachsenen-Ich war die Zeugin, und ich identifizierte mich mit dem Kind.

Während ich den Fingern der Therapeutin folgte, erfüllte mich ein unbeschreiblicher Schrecken. Mein ganzer Körper wurde heiß, und mein Atem wurde unruhig und schnappend. Ich hatte das Gefühl, die Kontrolle über meinen Körper zu verlieren. Das Kind war überzeugt, daß sein Vater es töten würde. Die Finger der Therapeutin bewegten sich weiter hin und her, und ich folgte ihr weiter mit meinen Augen. Die kontinuierlichen Bewegungen wirkten sehr beruhigend auf mich, was sicherlich auch mit der aufmerksamen Begleitung der Therapeutin zusammenhing, die mich hin und wieder durch unterstützende Bemerkungen wie: »Gut«, »Das ist altes Zeug« und: »Lassen Sie es einfach los« ermutigte. Nachdem das Gefühl zunächst noch stärker wurde, klang es allmählich ab, und die Therapeutin sagte: »Schließen Sie die Augen, atmen Sie tief, und lassen Sie es los.« Dann machte ich eine Pause, erzählte ihr, was ich erlebt hatte, und beschrieb meinen augenblicklichen Zustand.

18

Während der nächsten Serie von Augenbewegungen erlebte ich, wie mein Vater mich fragte, ob ich mir in die Hose gemacht hätte. Ich saß in der Falle. Wenn ich ihm die Wahrheit sagen würde, würde ich Schläge bekommen, und wenn ich log, würde er mich ebenfalls schlagen. Ich log. Dann bezeichnete mein Vater mich als Lügnerin und schlug mich. Eine unbeschreibliche Angst überkam mich. Ich atmete schnell, mein Körper zitterte, ich fühlte mich schwindelig, und mir wurde schwarz vor den Augen. Das *Kind* glaubte, der Vater würde es töten.

Nach einigen Minuten Verarbeitung fühlte ich mich wieder ruhiger. Ich schloß die Augen und berichtete der Therapeutin, was ich erlebt hatte. Während ich sprach, wurde mir klar, daß ich als Kind das Gefühl gehabt hatte, es gebe niemanden, der mir helfen und mich schützen würde. Die Realität des *Kindes* war, daß meine Mutter weder in dieser noch in irgendeiner anderen Situation versucht hatte, meinen Vater daran zu hindern, mich weiter zu schlagen. Ich folgte der Aufforderung der Therapeutin, »dabei zu bleiben« und erlebte das Gefühl meines Kind-Ichs, meine Mutter habe mich nie vor meinem Vater geschützt. Ich erlebte, wie mein Kind-Ich sich völlig allein und ungeschützt fühlte, und ich war wütend auf meine Mutter, weil sie mir nicht beigestanden hatte. Ich stellte mir vor, sie stünde vor mir, und sagte zu ihr, es sei ihre Aufgabe, das kleine Mädchen vor seinem wütenden Vater zu schützen. Dann kamen meinem Kind-Ich Zweifel daran, ob meine Mutter mich jemals geliebt hatte, weil ich nie das Gefühl gehabt hatte, von ihr in Schutz genommen zu werden.

Mir wurde nun eine zentrale Überzeugung *(core belief)* bewußt, die alle meine Beziehungen zu anderen Menschen beeinflußt hatte. Ich war nicht in der Lage, irgend jemandem zuzutrauen, daß er nötigenfalls für mich da sein werde. Deshalb hatte ich das Gefühl, ich müßte mich selbst um alles kümmern und ich könnte mich nur auf mich selbst verlassen. Ich war immer sehr stolz auf meine Unabhängigkeit gewesen, doch nun wurde mir klar, daß mein Unabhängigkeitsstreben auf meiner Überzeugung basierte, ich könnte mich auf die Liebe und den Schutz meiner Eltern nicht verlassen.

Ich setzte die Augenbewegungen fort und hatte plötzlich das Gefühl, im Stich gelassen worden zu sein. Mir wurde klar, daß ich das Vertrauen zu anderen Menschen verloren hatte. Es hatte einmal eine Zeit gegeben, in der ich anderen vertraut hatte, doch hatte ich irgendwann beschlossen, niemals mehr irgend jemandem zu vertrauen. Ein ungeheuer starkes Gefühl der Trauer durchströmte mich, und ich schluchzte und schluchzte. Doch entwickelte sich aus dieser Trauer ein Gefühl tiefer Liebe. Obwohl ich nicht glaubte, daß andere mich lieben könnten, war ich mir sicher, daß ich selbst mich liebte. Das kleine Mädchen hatte sein Bestes getan, und ich liebte es von ganzem Herzen. Spontan beschloß ich, es in meinen Armen zu halten und zu wiegen, und ich stellte mir dies vor, während ich meine Augen weiter hin und her bewegte.

Leider war die für die Sitzung verfügbare Zeit zu Ende, bevor ich meine Arbeit an dieser Erinnerung abgeschlossen hatte. Deshalb half die Therapeutin mir, mich so weit zu beruhigen, daß ich wieder in den Alltag hineinfand, bevor wir die Arbeit am folgenden Tag fortsetzten.

In dieser zweiten Sitzung arbeitete ich zunächst an meiner Erinnerung daran, wie mein Vater mich mit herabgelassener Hose im Bad entdeckt hatte. Mein Gefühl war nun nicht mehr so stark wie am Vortag. Nachdem ich mit den Augenbewegungen begonnen hatte, erlebte ich die Wut, die ich ihm gegenüber wegen seiner Schläge und Demütigungen als Kind empfunden hatte. Anschließend tauchten Gedanken auf: Er hatte *kein Recht* gehabt, mich so zu behandeln. In meiner Vorstellung umgab ich mich mit Menschen aus meinem augenblicklichen Leben, von denen ich mir sicher war, daß sie mir beistehen würden, woraufhin mein Kind-Ich ihn anschrie und alles zum Ausdruck brachte, was ich ihm gegenüber ausdrücken mußte. Bei alldem folgte ich den Fingerbewegungen der Therapeutin. Meine Wut legte sich, und ich empfand eine tiefe Ruhe und Erleichterung.

Als nächstes tauchte mein Gefühl, von ihm zurückgewiesen zu werden, auf, und in Zusammenhang damit empfand ich eine tiefe Traurigkeit, weil ich mir *so* sehr gewünscht hatte, von ihm geliebt zu werden. Mein Herz öffnete sich meinem Kind-Ich, das sich ungeliebt und ungewollt gefühlt hatte. Während der nächsten Serie von Augenbewegungen erlebte ich, wie ich mich nach der Liebe meines Vaters sehnte – denn ich selbst liebte ihn sehr. Als die Sitzung zu Ende ging, empfand ich Mitgefühl sowohl mir selbst als auch meinem Vater gegenüber. Mein Herz war ungeheuer offen, und ich fühlte mich gereinigt.

Durch diese ersten EMDR-Sitzungen habe ich vieles gelernt. Beispielsweise lernte ich aus eigener Anschauung, daß ein Kind etwas als tödliche Gefahr erleben und sich diese kindliche Wahrnehmung in ihrer ursprünglichen Form im Körper-Geist-System verkapseln kann. (Was dem Körper zustößt, beeinflußt den Geist, und umgekehrt. Deshalb benutze ich oft den Begriff »Körper-Geist-System«, wenn ich über die Auswirkungen eines Traumas spreche.) Wenn das Kind glaubte, sein Vater würde es töten oder könnte es töten, so bedeutet dies nicht, daß *er* dies tatsächlich beabsichtigte. Mir wurde völlig klar, daß meine Erfahrung als Kind zusammen mit meinen Gedanken, Gefühlen und Überzeugungen in jener Situation in der Form erstarrt und so konserviert worden war, wie ich sie 33 Jahre zuvor erlebt hatte. Ich begriff, daß nicht das, was tatsächlich geschieht, uns eingeprägt wird, sondern *unsere Wahrnehmung dessen, was geschieht.* Durch diese beiden Übungssitzungen wurde mir klar, warum ich diese Information bisher nicht hatte verarbeiten können, obwohl ich vier Jahre in einer Jungschen Analyse gewesen war und zwei Jahre an einer psychodynamischen Psychotherapie teilgenommen hatte. Was ich in meiner Kindheit erlebt hatte, war einfach zu überwältigend für mich gewesen, als daß ich ein Wiedererleben dieser Vorgänge hätte zulassen können. EMDR hingegen ermöglichte es, die problematische Information in *beschleunigter* Form wiederzuerleben. Ich war während dieser Arbeit nie lange bei einem bestimmten intensiven Gefühlszustand stehengeblieben, sondern hatte mich durch sie alle hindurchbewegt wie beim Schwimmen durch Wellen, die anschwollen, ihren höchsten Punkt erreichten und dann wieder abebbten. Nach einiger Zeit hatte ich die Zuversicht entwickelt, daß ich auf diesen Wellen reiten konnte und daß die intensiven Gefühle vorübergehen würden.

Eine der erstaunlichsten Folgen jener ersten EMDR-Sitzungen, die ich als Klientin erlebt habe, war die Erkenntnis, daß ich mir ungeheuer schmerzhafte

Emotionen nicht nur vergegenwärtigen und sie verarbeiten konnte, sondern daß ich auch Liebe, Mitgefühl und Verständnis denen gegenüber empfinden konnte, die mir (nach meinem Empfinden) durch ihr Verhalten geschadet hatten. Während jener beiden Sitzungen ist mir vieles über die Ursprünge langjähriger Verhaltensmuster aufgegangen, insbesondere im Hinblick auf Vertrauen, das Gefühl, verraten zu werden, Angst, Verletzlichkeit und die Überzeugung, daß niemand außer mir selbst mich lieben könne. Ich nahm mir damals vor, später weiter an diesen Dingen zu arbeiten. Ich hatte keinerlei Zweifel mehr an der Wirksamkeit von EMDR und tiefen Respekt und Hochachtung angesichts der immensen Heilkraft, die diese Methode zu mobilisieren vermag.

Nach jenem Workshop wollte ich meinen Vater besuchen, um mit ihm seinen sechzigsten Geburtstag zu feiern. Ich fühlte mich von alldem, was ich erlebt und gelernt hatte, ziemlich erschöpft und gleichzeitig positiv angeregt. Ich hoffte, daß das ungeheure Heilungspotential von EMDR mir selbst und meinen Klienten zugute kommen würde. So erschien mir die Begegnung mit meinem Vater wie ein Test, der zeigen würde, ob sich die Wirkung von EMDR tatsächlich unmittelbar in der Alltagswirklichkeit niederschlug. Ich hatte meinen Vater wegen einer Streitigkeit zwischen uns mehr als fünf Jahre nicht gesehen. In jenem Streit spielten meine Erfahrungen als Kind mit ihm eine wichtige Rolle. Doch nachdem er in seinem Leben einen schweren Verlust erlitten hatte, hatte ich ihn angerufen, um ihm meine Unterstützung anzubieten.

Er begrüßte mich herzlich, und ich betrat sein Haus. Das war nicht mehr der wütende junge Vater meiner Kindheit. Ich sah einen netten, grauhaarigen sechzigjährigen Mann vor mir, der vor Glück strahlte, und ich war vom ersten Augenblick an verblüfft darüber, wieviel Liebe ich ihm gegenüber empfand. Die Angst und Anspannung, die bei ihm vorher stets im Hintergrund gelauert hatten, waren verschwunden. Obwohl ich nach den EMDR-Sitzungen sehr verletzlich und offen war, fühlte ich mich in seiner Gegenwart viel wohler als je zuvor. Aufgrund meiner Angst- und Wutgefühle ihm gegenüber

22

hatte ich in der Vergangenheit immer nur auf der intellektuellen Ebene Kontakt zu ihm aufgenommen und ihn dadurch in sicherem Abstand gehalten. Während dieser Begegnung und auch während späterer Interaktionen im Anschluß an die EMDR-Arbeit verspürte ich weder Wut noch Angst. Ich fühle mich seither in seiner Gegenwart viel wohler. Ich brauche weder darüber nachzudenken, noch muß ich mich zu positiven Gefühlen zwingen – es ist jetzt einfach anders als früher, und ich merke dies, während ich darüber nachdenke. Meine alte Art, zu ihm in Beziehung zu treten, existiert einfach nicht mehr.

Meine Angst und meine Wut sind von mir abgefallen, und zutage getreten ist Sehnsucht. Zum Zeitpunkt der Geburtstagsparty fühlte ich mich verletzt, weil ich mich von ihm nicht geliebt fühlte. Ich identifizierte mich mit jenem kleinen Mädchen, das sich nach der Liebe seines Papis sehnte. Ich war den Tränen nahe, als ich diese Sehnsucht spürte, die ich stets geleugnet hatte, weil ich einfach nicht glaubte, daß er mir gegenüber Liebe empfand. Doch indem ich meine Sehnsucht unterdrückte, kreierte ich andere Probleme für mich. Ich brauchte das Gefühl, geliebt zu werden.

Ich genoß die Party und den Beginn einer neuen Beziehung zu meinem Vater. Ich fühlte mich ihm näher und enger verbunden als je zuvor. Ohne den Ballast der Vergangenheit fühlte ich mich leichter und klarer.

Die beiden EMDR-Sitzungen hatten eine ungeheuer starke Auswirkung auf mein Leben. Viele völlig neue Einsichten und Gedanken kamen mir danach, und ich beschloß aufgrund dessen, diese Art der Arbeit fortzusetzen. Verletztheitsgefühle und die Überzeugung, daß kein Mann mich lieben könne, beherrschten mein Bewußtsein derart, daß sie eine Auseinandersetzung förmlich erzwangen. Überzeugungen wie diese hatten mir in den meisten meiner Beziehungen zu Männern großen Schmerz bereitet. Ich suchte mir also eine EMDR-Therapeutin, um an diesen Problemen zu arbeiten.

Das Ende einer unglücklichen Ehe

Mit meiner Ehe stand es nicht zum Besten. Obwohl ich mich mit meinem Mann recht gut verstand und wir uns viele Jahre bemüht hatten, eine gute Ehe zu führen, paßten wir als Partner einfach nicht gut zusammen. Zeitweise waren wir uns sehr nahe gewesen, doch hatte sich immer wieder erwiesen, daß wir einfach grundsätzlich nicht zusammenpaßten. Trotz großer Schwierigkeiten hatten wir aber beide nicht völlig auf unser Zusammenleben verzichten wollen. Wegen unseres Ehegelübdes und unserer vielen gemeinsamen Interessen hielten wir es für richtig, unsere Ehe ungeachtet allen Leidens und aller Frustration weiterzuführen.

Während einer EMDR-Verarbeitungssitzung konzentrierte ich mich auf mein Unglücklichsein in unserer Ehe, und ich verspürte einen starken Schmerz im Herzen und Spannungen im gesamten Körper. Während ich mir diese körperlichen Empfindungen vergegenwärtigte, folgten meine Augen den Fingern der Therapeutin, die sich horizontal hin und her bewegten und es meinem Schmerz und den damit einhergehenden Gedanken ermöglichten, sich zu entfalten. In dieser Sitzung, die mein ganzes weiteres Leben veränderte, verarbeitete ich eine große Zahl von Gefühlen, die sich auf mich selbst und meinen Mann bezogen, und mir wurde zutiefst und im vollen Ausmaß klar, *wie* unglücklich ich tatsächlich war. Ich erkannte, daß diese Ehe uns beiden nichts brachte und daß ich mich an eine Idealvorstellung von der Ehe klammerte, der ich nie würde entsprechen können. Mir wurde bewußt, daß unsere Ehe vorüber war: Wir waren über die Form hinausgewachsen und mußten sie abstreifen, so wie eine Krabbe ihren Panzer abstreift, um weiterwachsen zu können. Die Form der Ehe und unsere diesbezüglichen Ideale hinderten uns daran, emotional und spirituell zu wachsen. Dies alles erschloß sich mir spontan, scheinbar wie aus dem Nichts, so wie es in EMDR-Sitzungen oft der Fall ist. Und was sich mir da offenbarte, erschien mir absolut plausibel und zutreffend.

Als mir klar wurde, daß unsere Ehe zu Ende war, verspürte ich eine große Erleichterung, und ein ungeheuer starker Energiestrom schoß durch meinen Körper, begleitet von einem intensiven Gefühl der Freude und Freiheit. Ich war mir sicher, daß mein Mann sich meiner neuen Sichtweise anschließen würde und daß es uns beiden gelingen würde, unsere gemeinsame Vergangenheit in Ehren zu halten und uns von den Fesseln unserer Ehe zu befreien.

In den Tagen unmittelbar nach jener EMDR-Sitzung spürte ich, daß in mir ein permanenter Verarbeitungsprozeß im Gange war, und ich hatte das Bedürfnis zu schreiben. Die Zeit schien schneller zu vergehen, und viele neue Erkenntnisse erschlossen sich mir. Die Form der Ehe bot uns keine Unterstützung mehr: Wir hatten alles gemeinsam getan, was wir hatten tun können. Ich empfand immer noch Liebe und Wertschätzung für meinen Mann und war ihm für alles dankbar, was er mir in unserem Zusammenleben gegeben hatte. Gleichzeitig empfand ich eine ungeheure Erleichterung in Anbetracht unserer Entscheidung, uns zu trennen. Meine Gefühle für uns beide als Partner waren von Mitgefühl und Vergeben geprägt. Rückblickend erschien es mir keineswegs als Fehler, meinen Mann geheiratet zu haben, denn genau das war zum damaligen Zeitpunkt für mich richtig gewesen. In unserer von Offenheit und Ehrlichkeit geprägten Beziehung waren wir beide sehr gewachsen.

Ich teilte ihm meine Einsichten mit, und er schloß sich meiner Meinung an, daß wir unsere Ehe beenden sollten. Wir hatten uns zwar beide große Mühe gegeben, eine gute Ehe zu führen, doch in Wahrheit waren wir beide zutiefst unglücklich. Während ich mich an die guten Situationen erinnerte, die wir gemeinsam erlebt hatten, erfüllte mich Traurigkeit, die jedoch schon bald von Freude und einem Gefühl der Freiheit abgelöst wurde. Die EMDR-Sitzung hatte das Ende unserer danhinsiechenden Ehe beschleunigt, und ich fühlte mich nun endlich in der Lage, den sinnlosen Kampf aufzugeben.

Während meiner nächsten EMDR-Sitzungen arbeitete ich weiter an der Bewältigung meiner Ehe, und es war, als würde mein Herz von einer Blockierung befreit, die mich daran gehindert hatte, mich völlig lebendig zu fühlen. Durch die EMDR-Therapie fühlte ich mich wieder stärker mit mir selbst verbunden. Viele Gefühle, die mit dem Ende der Ehe zusammenhingen, durchfluteten mich beim Ausführen der Augenbewegungen: Angst vor dem Unbekannten, Trauer und Verlustgefühle, aber auch freudige Erwartung des neuen Lebens, das nun vor mir lag. Während dieser Sitzungen wurde mir auch klarer, was ich in meinem Leben wollte, und ich fühlte mich in Körper und Geist zunehmend freier – und körperlich leichter.

Ich bin davon überzeugt, daß EMDR mir sehr dabei geholfen hat, meine Ehe auf eine positive und klare Weise zu beenden. Das Ende war trotzdem schmerzhaft, doch glaube ich, daß die EMDR-Sitzungen die Verarbeitung der schmerzhaften Gefühle beschleunigten und es mir ermöglichten, sie schneller hinter mir zu lassen. Während der gesamten Phase der Auflösung meiner Ehe hatte ich das Gefühl, Kontakt zu einem tiefen Bereich in meinem Inneren zu haben, dem ich vertrauen konnte. Durch die EMDR-Sitzungen gelang es mir, diese Erdung im Körper aufrechtzuerhalten, was mir sehr dabei half, mit den nun auftauchenden unzensierten Gedanken und Gefühlen fertig zu werden, denn die Wahrheiten, die sich dadurch offenbarten, hatte ich bis zu jenem Zeitpunkt weder mir selbst noch irgend jemand anderem eingestanden.

Beseitigung der Hindernisse, die einer gesunden und erfüllenden Beziehung im Wege stehen

Ein Jahr nachdem ich durch meine Freundin Garnita erstmals mit EMDR in Berührung gekommen war, lernte ich in einem Yoga- und Meditationskurs die Liebe meines Lebens kennen. Da ich dank meiner EMDR-Arbeit und meines Entschlusses, meine Ehe zu beenden, glücklich und frei war, fühlte ich mich wieder viel stärker im Einklang mit mir selbst. Ich genoß meine Autonomie und verspürte keinerlei Bedürfnis, in näherer Zukunft erneut eine feste Beziehung einzugehen. Ich genoß das Seminar: das Zusammensein mit Freunden in der Wüste, die Yoga-Übungen und die Vorträge von Jean Klein am Nachmittag.

Eines abends lernte ich nach der Meditation einen wundervollen Mann kennen, zu dem ich vom ersten Augenblick an eine tiefe Verbindung spürte. Seine liebevolle Präsenz fühlte sich sehr vertraut an, und obwohl unser Kontakt größtenteils schweigend verlief, entwickelte ich eine tiefe Liebe zu ihm. Ich fühlte mich »zu Hause«, wenn ich mit ihm zusammen war. Am Ende des Seminars tauschten wir unsere Adressen aus und sprachen über ein eventuelles Treffen zu einem späteren Zeitpunkt, ohne jedoch einen festen Termin dafür zu vereinbaren.

Zwei Wochen später rief er mich an, und wir verbrachten ein paar Tage zusammen, die wir beide sehr genossen. Obwohl ich ihn nicht gut kannte, empfand ich eine starke Liebe zu ihm. Er lebte sehr weit entfernt, und als er wieder abreiste, fühlte ich mich sehr traurig, da ich nicht wußte, wann ich ihn wiedersehen würde. Doch gab er mir zu verstehen, daß er weiter mit mir in Kontakt bleiben würde.

Obwohl wir beide nicht bereit waren, eine feste Beziehung einzugehen, fühlte ich mich sehr verletzt und abgelehnt, weil ich während des folgenden Monats kaum etwas von ihm hörte. Durch dieses Erlebnis wurde mein Problem der Ablehnung durch meinen Vater in meiner Kindheit wieder aktiviert. Ich konzentrierte mich in meiner EMDR-Therapie auf dieses Gefühl der Ablehnung und kam dadurch mit einem tiefen Schmerz darüber, daß ich mich ungeliebt und ungewollt fühlte, in Kontakt. Die Augenbewegungen ermöglichten es mir, diesen Schmerz durch mich hindurchfließen zu lassen, woraufhin ich weinte. Die Lösung des Schmerzes führte zu einer Art Reinigung.

Während ich meinen Schmerz zum Ausdruck brachte, wurde ich mir der zentralen Überzeugungen bewußt, die mein bisheriges Leben und meine Beziehungen bestimmt und eingeschränkt hatten. Diese Überzeugungen waren entstanden, weil ich das Gefühl gehabt hatte, der Mangel an Liebe, den ich als Kind empfunden hatte, sei aus irgendeinem Grunde meine Schuld. »Warum konnte mein Vater mich nicht lieben? Was war mit mir nicht in Ordnung?« fragte ich mich, während sich meine Augen den Fingerbewegungen der Therapeutin folgend hin und her bewegten.

Mich überkam das Gefühl, mein Vater müsse mich abgelehnt haben, weil irgend etwas mit mir absolut nicht in Ordnung war. Gleichzeitig wurde mir aber auch klar, daß diese Gefühle jeder realen Grundlage entbehrten. Indem ich einfach in Worte faßte, was ich unterhalb meines Bewußtseins empfunden hatte, gewann ich eine gewisse Distanz zu meinen Gefühlen. Ich löste meine Identifikation mit ihnen auf. Ich fühlte mich nun nicht mehr auf irgendeine Weise unzulänglich, sondern konnte beobachten, was ich irrtümlich als den Grund für die Wut meines Vaters auf mich angesehen hatte.

Bald darauf wurde mir noch etwas anderes klar: Ich war offenbar zutiefst davon überzeugt, daß es mir unmöglich sei, die Liebe und Aufmerksamkeit anderer Menschen zu bekommen. Da ich als Kind die Erfahrung gemacht hatte, daß es sinnlos war, mich nach der Liebe meines Vaters zu sehnen, hatte ich damit aufgehört und auf diese Weise Verletzungsgefühle vermeiden können. Und genauso hatte ich es auch als Erwachsene gemacht. Um scheinbar unumgängliche Schmerzen und Enttäuschungen zu vermeiden, hatte ich darauf verzichtet, meine Partner mit meinen Wünschen zu konfrontieren. Ich hatte in Beziehungen meine tiefsten Bedürfnisse geleugnet und mich stets mit weniger zufrieden gegeben, als ich tatsächlich hatte haben wollen.

Während ich mit den Augenbewegungen fortfuhr, formulierte ich, was ich mir von meinen Beziehungen wünschte: »Ich möchte geliebt, wertgeschätzt und geachtet werden. Ich möchte, daß ich meinem Partner wichtig bin. Ich möchte einen Mann wollen, der mich will, statt einen Mann zu wollen, *weil* er mich will.« Während ich dies sagte, spürte ich, wie ich stärker wurde. Ich konnte meine Wünsche formulieren! Sie würden zwar nicht unbedingt in Erfüllung gehen, aber ich hatte das Recht, sie auszusprechen.

In einer wichtigen EMDR-Sitzung beschloß ich zusammen mit meiner Therapeutin, an jenen traumatischen Kindheitssituationen zu arbeiten, in denen ich das Gefühl gehabt hatte, daß mein Vater mich physisch bedrohte. Ich begann mit der bereits beschriebenen Situation, in der mein Vater mich mit heruntergelassener Hose im Bad gefunden hatte. Während der Verarbeitung wurde mir klar, daß ich geglaubt hatte, *ich* sei an seiner Wut schuld – daß ich ihn wütend gemacht hätte. Mein Erwachsenen-Ich hatte gewußt, daß meine Eltern »heiraten mußten«, weil meine Mutter mit mir schwanger war, und ich glaubte, daß meine Geburt sein Leben ruiniert hatte, weil er auf diese Weise an eine Frau gefesselt worden war, die er kaum kannte und mit der er nicht gut zusammenpaßte – und an ein Baby, daß er gar nicht wollte. Irgendwie schien dies alles meine Schuld zu sein. Ich hätte nie geboren werden sollen. Meine Empfängnis und meine Geburt waren ein schrecklicher Fehler. Deshalb fühlte ich mich sehr traurig und deprimiert. Rückblickend wurde mir klar, daß ich mir immer die Schuld am Zorn meines Vaters gegeben hatte. Dies tun die meisten Menschen, die als Kinder unter der Wut ihrer Eltern gelitten haben, obgleich dieselbe – bzw. der Schmerz, der jene Wut hervorgerufen hatte, in ihrem eigenen Leben begründet war. Erst im Laufe der Zeit, als mir mehr Information zur Verfügung stand, ging mir auf, was damals tatsächlich vor sich gegangen war.

Während ich diese Gefühle verarbeitete, hatte ich plötzlich ein Aha-Erlebnis. Es war, als ob ich (mein Kind-Ich) nicht mehr im Zentrum des Geschehens stünde. Ich sah oder spürte, daß die Ursprünge der Wut meines Vaters schon vor meiner Geburt lagen: Die Tatsache, daß er selbst von seiner Mutter schlecht behandelt und vernachlässigt worden war, hatte wesentlich mehr mit seiner Wut zu tun als die Tatsache, daß ich geboren worden war. Seine Wut war also nur ein Teil eines komplexen Ganzen. Nach dieser Erkenntnis empfand ich körperliche Erleichterung, geistige Klarheit und Frieden. Während der nächsten Serie von Augenbewegungen verspürte ich Liebe zu meinem Vater. Liebe und Mitgefühl ihm gegenüber erfüllten mein Herz.

Zum Abschluß der Sitzung forderte mich meine Therapeutin auf, an die Männer in meinem Leben zu denken, von denen ich glaubte, daß sie mich

geliebt hätten. Ich stellte mir das kleine Mädchen auf dem Schoß seines Großvaters vor, gehalten von seinen warmen Händen. Das Kind fühlte sich sehr
geliebt, geschützt und akzeptiert. Während ich mir dieses Gefühl zusammen
mit der damit verbundenen Überzeugung vergegenwärtigte, führte ich erneut
Augenbewegungen aus, wodurch die neu entdeckte Sichtweise meine alte, daß
kein Mann mich lieben könnte, ablöste. Beides konnte nicht gleichzeitig zu-
treffen. Manche Männer liebten mich, andere nicht, und ob sie dies konnten
oder nicht, hatte mehr mit ihnen selbst als mit mir zu tun.

Während der intensiven EMDR-Arbeit wurde ich mir auch anderer Überzeugungen bewußt, die mein bisheriges Leben geprägt hatten. Zwischen den
EMDR-Sitzungen machte ich täglich Tagebuchaufzeichnungen und arbeitete
dann in der folgenden Sitzung an den alten Überzeugungen, die mir in der
Zwischenzeit klar geworden waren. Meine innere Verarbeitung lief auf Hoch-
touren, und mir kamen ständig neue Erkenntnisse – unter der Dusche, beim
Autofahren und sogar wenn ich in einem Geschäft vor der Kasse wartete. Es
war, als ob jeder Augenblick sogleich mit einer neuen Einsicht angefüllt würde. Alles in meinem Leben wurde beschleunigt und intensiviert! Mein inneres
Vertrauen wuchs mit jeder EMDR-Sitzung, und ich hatte das Gefühl, alles,
was ein von Freude erfülltes Leben verhinderte, würde entfernt. Wenn in meinem Geist oder Körper irgendeine Blockierung auftauchte, machte ich sie in
der nächsten EMDR-Sitzung zu einem Ziel der Arbeit.

Zweieinhalb Jahre nach unserer ersten Begegnung in der Wüste heiratete ich
jenen jungen Mann in einer wunderschönen Zeremonie, an der Freunde und
Familienangehörige teilnahmen. Nachdem wir bereits zwei Jahre lang sehr
liebevoll und harmonisch zusammengelebt hatten, wollten wir durch die Zeremonie besiegeln, was ohnehin schon geschehen war. Vor dieser Feier hatte ich
einen Traum, in dem ich während einer Konferenz oder Party mit einer Gruppe von Menschen zusammen war. Ein kränkelnder, körperlich unattraktiver
und ärmlicher Mann näherte sich mir und sagte, er brauche mich und wolle
mit mir zusammen sein. Augenblicklich wurde mir mein altes Muster bewußt,

meine Tendenz, auf die Bedürfnisse eines Mannes statt auf meine eigenen einzugehen. Doch empfand ich in jener Traumsituation keinerlei derartigen Zwang. Ich sagte ihm vielmehr, ich sei mit einem Mann verheiratet, den ich sehr liebte.

Dieser Traum zeigte mir, daß mich die intensive EMDR-Therapie tatsächlich verändert hatte. Ich fühlte mich nun geliebt. Mir war klar geworden, was ich von einer Beziehung erwartete. Ich fühlte mich nicht mehr gezwungen, mit einem Mann zusammen zu sein, zu dem ich mich einfach nur deshalb hingezogen fühlte, weil er mich wollte. Ich glaubte vielmehr nun daran, daß ich mit dem Mann zusammen sein könnte, den *ich* haben wollte. Ich konnte lieben und geliebt werden.

In meiner neuen Ehe fühle ich mich geliebt und umsorgt. Unser Zusammensein ist von gegenseitiger Liebe und Fürsorge geprägt, von einem Strom unablässigen Gebens und Empfangens. Meine alten Muster haben sich größtenteils aufgelöst, und meine neue Beziehung ähnelt in keiner Hinsicht den früheren. Wir sind beide starke, glückliche Menschen, die das Leben und einander genießen.

Meine Arbeit als EMDR-Therapeutin und -Lehrerin

Meine persönlichen Erfahrungen als Klientin haben mich sehr dazu inspiriert, EMDR auch in der Arbeit mit meinen eigenen Klienten einzusetzen. Nachdem ich die erste EMDR-Ausbildung abgeschlossen hatte, fing ich an, EMDR in meiner therapeutischen Praxis anzuwenden, und die schnellen positiven Resultate, die ich dadurch erzielte, überraschten mich. In mehreren Fällen beschleunigte die Anwendung von EMDR den therapeutischen Prozeß. Die betreffenden Klienten waren nach der EMDR-Arbeit plötzlich in der Lage, Dinge wesentlich schneller durchzuarbeiten, und viele Klienten konnten ihre Therapie weitaus schneller abschließen, als dies ohne EMDR möglich gewesen wäre.

Außerdem konnte ich Klienten, die unter frühen Kindheitstraumata wie sexuellem Mißbrauch und körperlichen Mißhandlungen gelitten hatten, in relativ kurzer Zeit helfen, Symptome wie wiederholte Alpträume und Flashbacks (Erinnerungsblitze) sowie ihre negative Selbstsicht zu überwinden. Auch die Auswirkungen des frühen Mißbrauchs (bzw. der frühen Mißhandlung) konnten wir ein für alle Male beseitigen. Danach rief die Erinnerung daran keine emotionalen Belastungen mehr hervor.

Einige Monate nach Abschluß des ersten EMDR-Trainings begann ich mit der zweiten Ausbildungsstufe, die das EMDR-Institut anbietet, der Ausbildung zum EMDR-Facilitator. Dadurch wurde ich befähigt, selbst in der Ausbildung von EMDR-Therapeuten mitzuwirken. Deshalb hatte ich während der letzten Jahre Gelegenheit, Hunderte von Klienten und Therapeuten bzw. Ausbildungsteilnehmern während dieser wahrhaft lebensverändernden Therapie zu beobachten. Eine riesige Zahl von Menschen, die unter den Auswirkungen sehr beeinträchtigender Traumata litten, hat mich um Hilfe gebeten. Durch die EMDR-Therapie ist es ihnen gelungen, die traumatischen Geschehnisse völlig aus ihrem Leben und aus ihrem Körper-Geist-System zu verbannen. Ihr Leben ist nun frei von den alten Bildern, Überzeugungen und Verhaltensweisen. EMDR hat auch vielen Klienten geholfen, ihr Herz für Mitgefühl und Liebe zu öffnen, sowohl sich selbst als auch anderen gegenüber.

Zwei
Was ist EMDR und wie wirkt es

Als das verheerende Bombenattentat in Oklahoma City im Jahre 1995 allmählich aus den Schlagzeilen der Zeitungen verschwand, geriet diese schreckliche Katastrophe schon bald auch bei den meisten Menschen wieder in Vergessenheit. Doch für unzählige Bewohner jenes Gebäudes, deren Leben unmittelbar betroffen war, blieb die Erinnerung an das traumatische Ereignis nur zu lebendig.

Da das FBI voraussah, welche schrecklichen emotionalen Folgen die Katastrophe für viele Bewohner der Stadt haben würde, kontaktierte es das EMDR-Institut. Angesichts der weltweiten Anerkennung, die EMDR wegen seiner Erfolge in der Behandlung von Traumaopfern hatte erzielen können, bot sich diese Behandlungsmethode als ideales Hilfsmittel in dieser Notfallsituation an. Ein Team von EMDR-Therapeuten reiste umgehend nach Oklahoma City, wo Therapeuten aus dem ganzen Land freiwillig ihre Dienste anboten und mehr als hundert Überlebende und deren Familien sowie traumatisierte Rettungshelfer und Sanitäter behandelten.

Um die weitere Behandlung der unter der Katastrophe leidenden Bevölkerung zu sichern, bildeten EMDR-Ausbilder und -Facilitators ohne Entgelt mehr als dreihundert in Oklahoma ansässige Therapeuten in der Anwendung von EMDR aus, so daß diese anschließend eine große Zahl von Einwohnern der Stadt selbständig behandeln konnten. Ich gehörte dem Team an, das die Ausbildung für Fortgeschrittene durchführte, und ich werde nie vergessen, wie ein dankbarer Feuerwehrmann anläßlich der Feier zum Abschluß der Ausbildung mit zitternder Stimme sagte: »EMDR habe ich es zu verdanken, daß ich weiter in meinem Beruf arbeiten kann.«

Die EMDR-Behandlung umfaßt mehr als die besonders bekannt gewordenen Augenbewegungen. Es handelt sich dabei um eine komplexe, mehrere Phasen umfassende Therapie, wobei die Augenbewegungen eine wichtige, aber untergeordnete Rolle spielen. EMDR versteht dysfunktionales Verhalten als eine Folge traumatischer Erlebnisse in der Vergangenheit, die durch adäquate Identifikation als Ziele anvisiert, verarbeitet und integriert werden können, wodurch sich neue, funktionale Verhaltensweisen entwickeln, die die Integration und Adaptation des zuvor isoliert gespeicherten Erinnerungsmaterials begünstigen.

Francine Shapiros Entdeckung

Ganze acht Jahre vor jener Bitte der amerikanischen Bundesregierung um Hilfe in Oklahoma City war das Konzept, das der EMDR-Therapie zugrunde liegt, entdeckt worden – und zwar rein zufällig, so wie es bei vielen wichtigen wissenschaftlichen Neuerungen der Fall ist. An einem Frühlingstag im Jahre 1987 ging Francine Shapiro, die damals graduierte Studentin der Psychologie war, in Los Gatos in Kalifornien in einem Park spazieren. Sie war lange von belastenden Gedanken verfolgt worden, die dann ganz plötzlich verschwanden. Als sie sich die betreffenden Gedanken noch einmal absichtlich vergegenwärtigte, stellte sie fest, daß dieselben sie nun erheblich weniger belasteten. Verblüfft fing sie an, ihre Gedankenprozesse genau zu beobachten. Dabei fiel ihr auf, daß sich ihre Augen deutlich hin und her bewegten, sobald ihr ein belastender Gedanke kam. Die Augenbewegungen schienen den Gedanken aus ihrem Bewußtsein zu vertreiben. Wenn sie sich den betreffenden Gedanken anschließend bewußt erneut vergegenwärtigte, hatte er einen großen Teil seiner vorherigen negativen Kraft verloren. Später fing sie an, absichtlich an Dinge aus der Vergangenheit und Gegenwart zu denken, mit denen sie Schwierigkeiten hatte, und gleichzeitig schnell die Augen zu bewegen. Dabei verschwand jedesmal das mit dem betreffenden Gedanken verbundene Belastungsgefühl. Da sie herausfinden wollte, ob der neu entdeckte Mechanismus auch bei anderen Menschen funktionierte, probierte sie dies zunächst bei Freunden aus. Sie forderte diese auf, mit den Augen den Bewegungen ihrer Finger zu folgen, und half ihnen, die Augenbewegungen über längere Zeit weiterzuführen.

Nachdem sie die Methode an etwa siebzig Personen erprobt hatte, wurde Francine Shapiro klar, daß die Augenbewegungen die mit den Gedanken verbundenen belastenden Gefühle beseitigt hatten. Sie entwickelte die Methode daraufhin weiter, nannte sie zunächst EMD – *Eye Movement Desensitization* (»Augenbewegungsdesensibilisierung«) – und im Jahre 1990 EMDR, wobei das zusätzliche »R« für *Reprocessing* steht und auf die neu erkannte Bedeutung der Reprozessierung oder (erneuten) Verarbeitung hinweist. Durch weitere Experimente war sie zu der Überzeugung gelangt, daß die Augenbewegungen auch traumatische Erinnerungen zu verarbeiten vermochten, wodurch dieselben integrierbar und mit allen anderen Erinnerungen verbunden wurden. Während der gesamten Entstehungszeit von EMDR hat Francine Shapiro ihre Theorie stets im Einklang mit ihren Beobachtungen weiterentwickelt.

1988 testete sie ihre neue Methode in Mendocino in Kalifornien im Rahmen einer empirischen Studie mit 22 Freiwilligen. Die Teilnehmer waren entweder Vietnamveteranen oder Opfer von Vergewaltigungen oder sexuellem Mißbrauch, und sie alle litten unter verschiedenen Symptomen, die für posttraumatische Belastungsstörungen (PTBS) typisch sind: Alpträumen, Flashbacks, intrusiven Gedanken, geringer Selbstachtung, Beziehungsproblemen und ständig wiederkehrenden traumatischen Erinnerungen. Nach der Diagnose der Symptome und der Messung ihrer Stärke wurden die Teilnehmer nach dem Zufallsprinzip in zwei Gruppen aufgeteilt. Die Mitglieder der ersten Gruppe erhielten eine einmalige EMDR-Behandlung, wohingegen die Mitglieder der zweiten Gruppe gebeten wurden, statt dessen ihre traumatischen Erlebnisse genau zu beschreiben. Nach dieser einmaligen EMDR-Behandlung kam es bei den Mitgliedern der Testgruppe zu einer deutlichen Symptomverringerung. Hingegen blieb die Situation der nicht mit EMDR behandelten Gruppe praktisch gleich. Aus ethischen Gründen erhielten auch die Mitglieder der zweiten Gruppe später eine EMDR-Sitzung, woraufhin es auch bei ihnen zu einem Symptomrückgang kam. Bei einer Überprüfung nach einem Monat und einer weiteren nach drei Monaten wurden die vor Beginn des Tests durchgeführten Messungen wiederholt, und es zeigte sich, daß die positiven Auswirkungen jener einen EMDR-Behandlung weiterhin Bestand hatten.

1989 wurden die Ergebnisse dieser Studie im *Journal of Traumatic Stress Studies* veröffentlicht. Aufgrund dessen lernte Francine Shapiro John Wolpe, einen bekannten Verhaltenstherapeuten und Theoretiker, kennen und berichtete ihm über EMDR und ihre Untersuchungen. Wolpe war zunächst skeptisch, probierte die Methode jedoch selbst aus. Nachdem diese Versuche erfolgreich gewesen waren, ließ er Francine Shapiros Forschungsergebnisse im *Journal of Behavioral Therapy and Experimental Psychiatry* veröffentlichen. Im folgenden Jahr publizierte Wolpe selbst eine Studie über ein schwer traumatisiertes Vergewaltigungsopfer, eine Klientin, bei der eine traditionelle psychotherapeutische Behandlung erfolglos geblieben war und deren Situation sich nach einer zehn Sitzungen umfassenden EMDR-Behandlung deutlich gebessert hatte. Aufgrund von Wolpes Unterstützung gewann die EMDR-Methode das Ansehen, das sie benötigte, um ein größeres Publikum erreichen zu können.

Francine Shapiro informierte auch weiterhin Wissenschaftler in Universitäten und in Zentren der Veterans Administration im ganzen Land über ihre Entdeckungen und Erkenntnisse. Nach der Veröffentlichung ihrer Dissertation und mehrerer vielbeachteter Zeitschriftenbeiträge organisierte sie 1990 erstmals ein EMDR-Ausbildungsseminar.

Die Nachricht über diese neue Traumabehandlungsmethode verbreitete sich rasch, woraufhin auch andere Forscher Studien über EMDR durchführten. Eine der wichtigsten unter diesen stammt von Sandra Wilson, Robert Tinker und Lee Becker, die zuvor selbst an einer EMDR-Ausbildung teilgenommen hatten. Sandra Wilson, eine graduierte Psychologiestudentin aus Colorado Springs, entwickelte Interesse an EMDR, als ein begeisterter Kollege sie dazu überredete, an einem EMDR-Training teilzunehmen. Die Wirksamkeit der Methode bei PTBS beeindruckte sie derart, daß sie EMDR zum Thema ihrer Doktorarbeit machte.

Die von Sandra Wilson geleitete Forschergruppe versuchte, die Resultate, die Francine Shapiro selbst in ihrer ersten Untersuchung erzielt hatte, nachzuvollziehen und gleichzeitig durch Einbeziehung mehrerer Therapeuten und durch eine unabhängige Überprüfung der Ergebnisse die Untersuchungsmethode zu verbessern. Für diese Studie wurden 40 Männer und 40 Frauen ausgewählt, die unter traumatischen Erinnerungen litten. Alle Teilnehmer waren sehr skeptisch, da ihnen bisher keine Therapiemethode zu helfen vermocht hatte. Seit sie ihr Trauma erlebt hatten – in einer Zeitspanne von mindestens drei Monaten vor Beginn der Studie bis zu über fünfzig Jahren –, hatten sie unter Angstzuständen, Phobien, Schlafstörungen, Problemen mit Nähe und Depressionen gelitten. Die Männer und Frauen wurden nach dem Zufallsprinzip entweder der Testgruppe oder einer Gruppe zugeteilt, deren Behandlung erst nach einiger Zeit durchgeführt wurde, und sie alle wurden von einem von fünf beteiligten EMDR-Therapeuten behandelt. Nachdem die Mitglieder der Testgruppe drei EMDR-Sitzungen erhalten hatten, waren ihre Symptome erheblich schwächer geworden, und dies wurde nicht nur unmittelbar nach der Behandlung festgestellt, sondern auch bei einer Überprüfung nach drei Monaten wieder. Bei der zunächst nicht behandelten Gruppe blieben die Symptome unverändert. Erst nachdem diese Untersuchungsteilnehmer ebenfalls EMDR-Behandlungen erhalten hatten, gingen auch bei ihnen die Symptome zurück. 15 Monate nach der EMDR-Therapie wurde eine weitere Kontrolluntersuchung durchgeführt. Die infolge der Behandlung eingetretene Besserung bestand auch nach dieser Zeitspanne weiterhin, und viele Untersuchungsteilnehmer sagten, sie hätten mehr Selbstvertrauen und das Gefühl, mit ihrem ganzen Leben besser zurechtzukommen.

Die Geschichte der Air-Force-Sergeantin Dawn Baumgartner veranschaulicht die Resultate der Studie. Als sie im Jahr vor deren Beginn in Panama stationiert gewesen war, war sie eines abends mit einem Messer an der Kehle aufgewacht. Zwei Männer waren in ihr Haus eingebrochen, hatten es ausgeraubt und sie vergewaltigt, während sie ihre fünfjährige Tochter festhielt. Nach dem traumatischen Erlebnis in jener schrecklichen Nacht brach Dawn immer wieder in unkontrollierbares Weinen aus, sie litt unter Alpträumen, Schlaflosigkeit und Flashbacks und hatte große Schwierigkeiten, sich auf ihre Arbeit zu konzentrieren. Trotz einer sechsmonatigen therapeutischen Spezialbetreuung für Vergewaltigungsopfer waren ihre Symptome unverändert geblieben. Nach der Teilnahme an Sandra Wilsons EMDR-Studie jedoch empfand Dawn ihre Erinnerungen an die Vergewaltigung nicht mehr als belastend. Sie sagte: »Das ist jetzt in Ordnung. Es ist nun einmal in meinem Leben passiert. Ich kann es aber jetzt hinter mir lassen und weiter meinen Weg gehen.«

Auch Eric Smiths Geschichte bezeugt den Erfolg der EMDR-Therapie. Smith war Vietnamveteran und litt nach seinem Einsatz im Vietnamkrieg »seit mehr als 20 Jahren unter starken Depressionen«. Ihn quälte das Gefühl, er habe während des Kriegs nicht genug getan, um den Tod von Kameraden zu verhindern. Trotz einer jahrelangen konventionellen Therapie war es ihm nicht gelungen, seine Depression zu überwinden. Einmal hätte er sich sogar fast aus einem Fenster im sechsten Stock eines Hotels gestürzt. Durch seine Teilnahme an einem Betreuungsprogramm für Veteranen war er vor sieben

Jahren mit Francine Shapiro in Kontakt gekommen. Zu seiner Verblüffung und Freude fühlte er sich schon nach einer einzigen EMDR-Sitzung besser: »Zwei oder drei Wochen später hatte ich keinerlei Probleme mehr.« Eric setzte die EMDR-Arbeit noch über einige Wochen fort und »löste Probleme auf, über die ich mit anderen seit vier oder fünf Jahren diskutiert hatte.« Mittlerweile hat er in Santa Clara in Kalifornien eine eigene Forschungs- und Entwicklungsfirma aufgebaut, ist verheiratet und hat Kinder. »Mein Leben könnte gar nicht besser sein«, sagt er. »Alles, alles ist wundervoll.«

Das neue Prozac oder das alte Schlangenöl?

Als sich die Beweise für die Wirksamkeit von EMDR zu häufen begannen, erwachte das Interesse der Massenmedien, und allenthalben wucherten Spekulationen über diese neue »Wunderkur«. Das Magazin *Newsweek* warf damals die Frage auf: »Ist EMDR, der letzte Schrei auf dem Therapiemarkt, das neue Prozac (deutsch: Fluctin) oder das alte Schlangenöl?« Kritisiert hatten auch einige Akademiker und Kliniker die neue Methode – weil zuviel Propaganda dafür gemacht werde, sie zu schlecht erforscht sei und man zuviel dafür bezahlen müsse. Die Wahrheit ist, daß es mehr kontrollierte Studien über EMDR als über jede andere zur Traumabehandlung benutzte Methode gibt, und die meisten Studien über EMDR sind zu signifikanten Ergebnissen gekommen.

Ein großer Teil des Widerstandes gegen EMDR beruht darauf, daß diese Methode die liebgewonnenen Ansichten vieler Kliniker über Therapie in Frage stellt. Außerdem sind manche Therapeuten so eng mit einer bestimmten therapeutischen Schule oder mit einem bestimmten Therapieansatz liiert, daß sie sich durch die hohe Wirksamkeit von EMDR möglicherweise bedroht fühlen.

Doch warum sollen Klienten viele Jahre auf einer Couch verbringen und dafür Tausende von Dollars bezahlen, wenn sie sich mit Hilfe einer anderen Methode längst wieder ihres Lebens erfreuen können?

Die Erfolgsquote, die EMDR ungeachtet aller Kritik und aller Bedenken vorweisen kann, spricht für sich. Bei einer Umfrage unter Therapeuten, die an einer EMDR-Ausbildung teilgenommen und insgesamt mehr als 10.000 Klienten nach dieser Methode behandelt hatten, bezeichneten 74 Prozent der Teilnehmer EMDR gegenüber anderen, von ihnen ebenfalls benutzten Methoden als überlegen, und nur 3 Prozent hielten EMDR für schlechter als andere Methoden. Wie stark EMDR mittlerweile akzeptiert wird, zeigt auch die Zahl der Therapeuten, die die Methode in dem knappen Jahrzehnt seit der Entdeckung und Entwicklung erlernt haben. Es gibt mittlerweile weltweit über 18.000 ausgebildete EMDR-Therapeuten, die Hunderttausende von Klienten behandeln. Abgesehen von den Ausbildungen, die das EMDR Institute selbst durchführt, bieten seit 1995 auch Universitäten und psychologische Ausbildungsinstitute für ihre graduierten Studenten EMDR-Kurse an.

Die ständig wachsende Zahl von Studien und Berichten über EMDR und seine Erfolge ist ebenfalls ein deutliches Zeichen dafür, daß die Wirksamkeit dieser Therapie in zunehmendem Maße anerkannt wird. In mehr als einem Dutzend Zentren der Veterans Administration wird EMDR mittlerweile routinemäßig eingesetzt. Dr. Howard Lipke, der frühere Leiter des Behandlungsprogramms für kriegsbedingte PTBS am Veterans Hospital in Nord-Chicago, hat EMDR als die »bei weitem effektivste therapeutische Methode, über die wir verfügen,« bezeichnet. Bei 80 Prozent von fast 200 Vietnamveteranen, die er mit EMDR behandelt hat, trat eine Besserung ein. Lipkes Resultate werden erhärtet durch die Ergebnisse einer Studie mit Vietnamveteranen, die Patrick Boudewyns im medizinischen Zentrum der Veterans Administration in Augusta, Georgia, durchführte. In jener Studie erwies sich EMDR als der ansonsten üblichen Gruppentherapie überlegen. Den Veteranen, die an der Gruppentherapie teilgenommen hatten, schien es danach sogar noch ein wenig schlechter zu gehen als vorher.

Die durch EMDR gewonnenen Erkenntnisse führten zu einem Durchbruch in der Behandlung von PTBS, einer Störung, die bis dahin als fast unbehandelbar gegolten hatte, insbesondere wenn sie bei Vietnamveteranen auftrat. Die Nachwirkungen des Krieges waren so schwerwiegend, daß *die Zahl der Selbstmorde unter Kriegsveteranen höher war als die Zahl der Kriegstoten*. Die Therapeuten fühlten sich äußerst frustriert, weil sie diesen Männern und Frauen, die seit mehr als zwei Jahrzehnten unablässig alptraumhafte Kriegsszenen wiedererlebten, so wenig Hilfe bieten konnten. Vor dem Auftauchen von EMDR waren zur Behandlung dieser Klienten verschiedene Methoden der Verhaltenstherapie benutzt worden, wobei sich die Veteranen wiederholt traumatische Szenen vergegenwärtigen mußten. Die Symptome wurden durch diese Methoden meist nicht sonderlich gelindert. Mit EMDR hingegen gelang es einigen Veteranen, ihre Probleme mit einer bestimmten Erinnerung in nur einer *einzigen* Sitzung zu lösen.

Polizisten, Unfall- und Katastrophenhelfer und andere, die in Ausübung ihres Berufs Traumata erlitten hatten, haben von EMDR ebenfalls sehr profitiert. Eine Studie mit 60 Freiwilligen aus diesen Berufsgruppen wurde von Roger Soloman durchgeführt, einem international anerkannten Experten für die Behandlung von Opfern und Zeugen traumatischer Ereignisse wie Raubüberfällen, Schießereien und Unfällen. Nachdem bei den Teilnehmern jener Studie die Erinnerungen an die traumatischen Vorfälle reaktiviert worden waren, wurden sie in zwei Gruppen aufgeteilt, in eine Testgruppe, deren Mitglieder eine kurze EMDR-Sitzung erhielten, die sich ausschließlich auf die traumatischen Vorfälle konzentrierte. Die Mitglieder der anderen Gruppe erhielten keine Behandlung. Bei einer Überprüfung nach zwei Monaten und einer zweiten nach acht Monaten zeigte sich, daß Belastung und Angst bei den mit EMDR behandelten Testteilnehmern wesentlich geringer war als bei der nicht behandelten Kontrollgruppe.

EMDR ist auch zur Behandlung der Opfer von Naturkatastrophen erfolgreich eingesetzt worden. 1992 tobte der Orkan Andrew an der Küste Süd-Floridas und richtete im Leben der dortigen Bevölkerung nicht nur materiell, sondern auch emotional schwere Verwüstung an. Ein Team von EMDR-Therapeuten bot hundert besonders hart getroffenen Überlebenden jener Katastrophe seine Dienste an. Als drei Monate nach jener Behandlung der Zustand dieser Opfer überprüft wurde, stellte sich heraus, daß sie weiterhin frei von PTBS-Symptomen waren. Aufgrund der Vielfalt an Erfolgen wird EMDR heute als *revolutionäre Therapie* anerkannt, die den gesamten Bereich der Psychotherapie drastisch verändern könnte.

Wann eine EMDR-Behandlung am besten wirkt

EMDR-Therapeuten haben mit Erfolg Störungen behandelt, die durch viele unterschiedliche Arten von Traumata verursacht worden waren, beispielsweise durch Vergewaltigungen, sexuellen Mißbrauch und körperliche Mißhandlungen in der Kindheit, durch den Verlust Nahestehender, durch Unfälle sowie auch durch chronische Probleme wie Eßstörungen, Angstzustände, schwache Selbstachtung infolge von Lernbehinderungen, Blockierungen der Leistungsfähigkeit im privaten und beruflichen Bereich und dissoziative Störungen wie die der multiplen Persönlichkeit. Ebenso hat EMDR Psychotherapie-Patienten zu helfen vermocht, die aufgrund von Erlebnissen in der Vergangenheit dysfunktional lebten. Auch bei Kindern erzielen EMDR-Therapeuten ausgezeichnete Resultate.

Nun vermag EMDR zwar in allen genannten Fällen positive Resultate zu erzielen, doch wirkt die Methode am schnellsten bei Menschen, die unter den Symptomen eines einmaligen traumatischen Ereignisses leiden. Damit möchte ich nicht den Eindruck erwecken, daß die EMDR-Therapie eine »Schnellkur« ist, denn ein Problem, das scheinbar durch ein einmaliges traumatisches Erlebnis entstanden ist, kann mit einem oder mehreren im Leben des Klienten weit zurückliegenden Ereignissen gekoppelt sein, und in einem solchen Fall läßt sich Symptomfreiheit nur erzielen, wenn auch an diesen Situationen gearbeitet wird. Allgemein ausgedrückt ist ein Trauma eine Erfahrung, die bewirkt, daß wir falsche Ansichten über uns selbst oder über die Welt entwickeln. Beispielsweise kann ein Kind, das sexuell belästigt worden ist, die Überzeugung entwikkeln, es sei schlecht, und die Welt sei unsicher. Traumatische Erfahrungen werden häufig sowohl im Körper als auch im Geist eines Menschen fixiert, weil beide ein größeres Ganzes, ein Körper-Geist-System bilden. Die Auswirkungen auf dieses System können irrationale Emotionen wie geringe Selbstachtung oder Depressionen umfassen, weiterhin Energieblockaden in Form einer verringerten Motivation oder allgemeiner Antriebsgestörtheit sowie physische Symptome, beginnend mit Verdauungsstörungen bis hin zu Schmerzen, die den in der traumatischen Situation erlebten ähneln.

Francine Shapiro unterteilt Traumata in kleine und große. Als klein bezeichnet sie diejenigen, die unser Selbstvertrauen und unser Gefühl, selbst über die notwendigen Möglichkeiten zur Bewältigung eines Problems zu verfügen, schwächen. Sie engen unsere Ansichten über uns selbst und die Welt wie ein Wahrnehmungsfilter ein und hindern uns daran, unser Potential vollständig zu entfalten. Außerdem verursachen sie Leiden. Der Fall einer Klientin, die mich aufsuchte, weil sie Schwierigkeiten in ihrer beruflichen Karriere und in ihrem Privatleben hatte, ist ein Beispiel für diese »kleinen« Traumata. Ihre Selbstachtung war sehr schwach, was sie auf ihre Kindheit zurückführte, in der sie von ihrem älteren Bruder und ihrer Schwester ständig gehänselt und als fett bezeichnet worden war. In ihrer Psyche hatte sich damals die tiefe irrationale Überzeugung eingenistet, daß sie nicht gut genug sei. Obwohl sie behauptete: »Ich weiß, daß ich klüger bin als die meisten anderen Menschen«, fühlte sie sich anderen gegenüber ständig unterlegen. So sehr sie sich auch bemühte, sie konnte dieses Gefühl, das ihre Selbstsicht und ihr Verhältnis zu ihrem Leben bestimmte, einfach nicht abschütteln.

»Große« Traumata wie Vergewaltigungen, sexueller Mißbrauch und körperliche Mißhandlungen in der Kindheit, Naturkatastrophen, Unfälle und der

Verlust uns nahestehender Menschen wirken besonders stark traumatisierend auf uns. Traumata dieser Art rufen oft sehr belastende PTBS-Symptome hervor, darunter Alpträume, Flashbacks, Ängste, Phobien sowie Schwierigkeiten im Privatleben und im Beruf. Ebenso wie »kleine« Traumata beeinflussen auch sie unser Selbstvertrauen und unser Vertrauen in unsere eigenen Fähigkeiten negativ.

Die richtige Einstellung zu haben hilft

EMDR wirkt am besten bei Klienten, die dazu motiviert sind, sich zu verändern. Sie müssen bereit sein, sich von der Vergangenheit zu lösen und das Leben ohne ihre Probleme zu erfahren. Doch manchmal fürchten sich Menschen vor Veränderung. Vielleicht verschafft ihr Problem ihnen einen sogenannten »sekundären Gewinn«, und bei dem Versuch, es loszulassen, entsteht ein Interessenkonflikt. Manche Menschen sind von den Vorteilen abhängig, die sie aufgrund ihrer Probleme genießen – so beispielsweise ein Kriegsveteran, der seit Jahren unter seinen Problemen leidet und deshalb eine monatliche Rente bezieht, oder ein Unfallopfer, das den Verursacher wegen seiner emotionalen Probleme infolge des Unfalls verklagt hat, oder eine Witwe, die vom Mitleid ihrer Mitmenschen lebt. Obwohl ein solches negatives Selbstbild eine Therapie zunächst behindern kann, läßt sich mit Hilfe von EMDR effektiv daran arbeiten.

EMDR wirkt am besten bei Klienten, die bereit sind, sich ihre unangenehmen Gefühle einzugestehen und belastende Gedanken zuzulassen. Zu Beginn der EMDR-Verarbeitung werden die belastenden Erinnerungen der Behandelten durch die Augenbewegungen häufig intensiviert. In diesem Fall fordert der behandelnde Therapeut den Klienten auf, bei seinen Gefühlen zu bleiben und sie weder zu verändern noch zu versuchen, sie zu verdrängen. Manchmal wird die körperliche oder emotionale Intensität unerträglich, oder Klienten »schalten ab« und sind nicht mehr in der Lage, sich auf das gewählte Bild zu konzentrieren. Ein EMDR-Therapeut kann einen solchen Punkt der Stagnation durcharbeiten und dem Klienten dadurch allmählich Fortschritte ermöglichen.

Auch EMDR hat Grenzen

Obwohl EMDR-Behandlungen bei den verschiedenartigsten Menschen mit einer Vielzahl von Problemen erstaunlich erfolgreich waren, hat auch diese Methode trotz ihrer enormen Leistungsfähigkeit ihre Grenzen. Schwere, seit langem bestehende Probleme wie Schizophrenie, tiefverwurzelte Persönlichkeitsstörungen und Zwangsneurosen lassen sich mit EMDR bisher nur schwer behandeln, wobei anzumerken ist, daß wir dabei sind, die Chancen zur Lösung derartiger Probleme durch Entwicklung neuer, spezieller Protokolle für ihre Behandlung zu vergrößern. Störungen dieser Art zu beseitigen dauert erheblich länger, weil dabei oft biologische Ursachen im Spiel sind, die sich mit tiefen Mehrfachtraumatisierungen verbunden haben können. Obwohl nicht immer so erstaunliche Behandlungsresultate möglich sind wie bei der Behandlung einmaliger traumatischer Erfahrungen, erzielen EMDR-Therapeuten bei fast allen Patienten gewisse positive Ergebnisse. Auch Menschen, die unter Herz- oder Atemproblemen leiden, eignen sich nicht immer für eine EMDR-Therapie, weil sie aufgrund ihrer körperlichen Probleme nur ein begrenztes Maß an Streß ertragen können.

Manchmal können Klienten eine bestimmte Erinnerung aus neurologischen Gründen nicht verarbeiten. In anderen Fällen sind sie ganz einfach nicht bereit, zu ihren Emotionen in Kontakt zu treten; obwohl sie behaupten, sie wollten dies, wird es durch eine psychische Blockade verhindert. Die Behandlungsbereitschaft von Klienten hat entscheidenden Einfluß auf das Ergebnis einer EMDR-Therapie, weil dieselbe erfordert, daß die Betreffenden tief in unbekannte Bereiche ihres Inneren vordringen.

Manchmal läßt sich das Unbehagen von Klienten nicht auf ein bestimmtes Ereignis zurückführen, so daß der behandelnde Therapeut kein Ziel identifizieren und deshalb auch nicht an einem spezifischen Erinnerungsnetzwerk arbeiten kann. Chronische traumatische Erfahrungen lassen sich ebenso schwer behandeln. Menschen, deren Probleme durch eine generell strafende Haltung ihrer Eltern ihnen gegenüber oder durch die tiefe Konditionierung fundamentalistischer religiöser Richtungen entstanden sind, fällt es gewöhnlich schwer, ihre Abwehrmechanismen so weit zu lockern, daß eine EMDR-Behandlung möglich wird. So das Beispiel eines chronisch depressiven Klienten, Daniel, der sich von sich selbst und vom Leben abgeschnitten fühlte. Er war in einer streng fundamentalistischen christlichen Familie aufgewachsen, in der Gefühle nie ausgedrückt wurden. Aufgrund seiner Erziehung entwickelte sich in ihm ein starker innerer Kritiker, der ihn ständig beurteilte. Er gestattete es sich nie, das Leben zu genießen, und er fühlte sich entfremdet und unglücklich. Während der EMDR-Sitzungen blockierte sein innerer Kritiker seine Gefühle. Dies änderte sich zwar zeitweilig, doch waren diese Veränderungen nicht von Dauer. Meiner Meinung nach verhinderte in diesem Fall die frühe Konditionierung, daß EMDR seine Wirkung entfalten konnte. Nach mehrmonatigen allmählichen Fortschritten erreichten wir in der Behandlung eine Stabilisierung. Aufgrund seiner Gewohnheit, alles, was geschah, intellektuell zu bewältigen, statt seine Gefühle darüber zuzulassen, empfahl ich ihm einen Therapeuten, der darauf spezialisiert war, den Zugang zu den Emotionen durch Körperarbeit zu erschließen.

Ein anderer Klient erwies sich als nicht mit EMDR behandelbar, weil er sich fest vorgenommen hatte, um keinen Preis die Kontrolle zu verlieren. Jedesmal wenn ich ihn durch eine Serie von Augenbewegungen geleitete, sagte er, er

46

fühle sich ausgezeichnet. Ich wußte jedoch, daß er seine tatsächlichen inneren Erfahrungen unterdrückte. Seine zentrale Überzeugung, daß man Gefühle generell unterdrücken sollte, behinderte seine Motivation, sich zu verändern.

Manchen schwer depressiven Klienten vermag EMDR nur teilweise zu helfen, weil ihre Depression biochemische Ursachen hat. Zwar lindert die EMDR-Behandlung die Wirkung ihrer traumatischen Erinnerungen, doch ändert sich nichts an ihrer Stimmungslage. Solchen Klienten sollten EMDR-Therapeuten empfehlen, einen Psychiater aufzusuchen, der ihnen ein Antidepressivum verschreiben kann. Da Arzneimittel dieser Art die EMDR-Behandlung nicht zu behindern scheinen, kann der Klient die EMDR-Therapie fortsetzen, falls dies als vorteilhaft erscheint.

Diese wenigen Beispiele, die die bisher bekannten Grenzen der Wirksamkeit von EMDR veranschaulichen, betreffen eine relativ kleine Zahl von Menschen, wenn man es mit der Zahl derjenigen vergleicht, die von einer EMDR-Therapie ungeheuer profitieren können.

Auch die individuelle Fähigkeit und das Maß an Erfahrung, das ein EMDR-Therapeut mit der Methode hat, kann den Behandlungserfolg einschränken. Deshalb sollten diejenigen, die sich für eine EMDR-Therapie interessieren, möglichst im voraus Fragen klären wie: Wieviel Erfahrung hat eine bestimmte Therapeutin in der Behandlung eines bestimmten Problems? Wie lange arbeitet sie schon mit EMDR? Hat sie EMDR auch schon bei Problemen der Art angewendet, unter denen ich leide? Eine EMDR-Therapie ist ganz sicher *nicht* in jedem Fall die beste Wahl.

Wie funktioniert die EMDR-Verarbeitung?

Es gibt mehrere theoretische Erklärungen dafür, weshalb die EMDR-Verarbeitung so wirkt, wie sie wirkt, doch ist keine von ihnen bisher wissenschaftlich bewiesen. Auf der Suche nach einer Antwort auf diese Frage werden weiter Untersuchungen durchgeführt, und Therapeuten sammeln in ihrer Praxis Erkenntnisse, indem sie ihre Beobachtungen während der Arbeit mit Klienten und ihre Erfahrungen mit EMDR in der Klientenrolle aufzeichnen.

Ich habe bereits früher darauf hingewiesen, daß EMDR nicht einfach aus »Augenbewegungen« besteht. Vielmehr setzt sich diese komplexe Behandlungsmethode aus einer Anamnese, der Beurteilung des Klienten, der Herstellung einer guten therapeutischen Beziehung und der Vorbereitung auf den eigentlichen EMDR-Prozeß zusammen – insgesamt ein diffiziles Verfahren, das eine gründliche Ausbildung erfordert. Augenbewegungen, die bestimmten Mustern folgen, ermöglichen es in Verbindung mit Elementen einer traditionellen Gesprächstherapie, emotionale, kognitive und physische Blockaden zu entfernen oder aufzulösen. Dem liegt die Prämisse zugrunde, daß die traumatischen Erfahrungen der Klienten eine Spur unverarbeiteter Erinnerungen, Gefühle und Gedanken hinterlassen haben und daß diese durch bestimmte Arten von Augenbewegungen als Ziele anvisiert und verarbeitet oder »verdaut« werden können. Die Augenbewegungen, die in ihrer Wirkung dem REM- *(rapid eye movement)* oder Traumschlaf ähneln, unterstützen die Verarbeitung der blockierten Information und ermöglichen es dadurch dem Körper-Geist-System, die Informationsblockade aufzulösen.

Unsere nächtlichen Träume reinigen unser Körper-Geist-System von den Relikten des vergangenen Tages. Gewisse besonders starke Träume, die mit Ereignissen der Vergangenheit zusammenhängen, scheinen Heilungsversuche des Körper-Geist-Systems zu sein. Doch werden die Augenbewegungen während belastender Träume häufig unterbrochen, und wir wachen auf, bevor der REM-Schlaf seine Aufgabe zum Abschluß zu bringen vermag. Während des EMDR-Verarbeitungsprozesses führt der Therapeut die Augen des Klienten in regelmäßigen Bewegungen und hilft ihm, sich auf das traumatische Erlebnis zu konzentrieren. Dadurch wird die vollständige Reaktivierung und Verarbeitung des betreffenden Erlebnisses möglich.

Manche Klienten arbeiten lieber mit geschlossenen Augen, weil sie sich dann besser auf innere Vorgänge konzentrieren können. Und natürlich gibt es auch Klienten, die blind sind oder unter anderen Augenproblemen leiden. In solchen (und anderen) Fällen muß die Verarbeitung statt durch Augenbewegungen auf andere Weise aktiviert werden. Beispielsweise weinen Klienten manchmal so heftig, daß sie nicht in der Lage sind, mit ihren Augen den Fingern des Therapeuten zu folgen. Das Material, an dem gearbeitet werden soll, kann dann auch durch abwechselndes Tippen auf die Hände oder Knie des Klienten oder durch abwechselndes Fingerschnippen zu beiden Seiten seines Kopfes effektiv stimuliert werden. Solche Formen bilateraler Stimulation scheinen die gleiche Wirkung hervorzurufen wie die Augenbewegungen, und manchmal sind sie sogar eindeutig vorzuziehen. Obwohl ich mich im weiteren Verlauf dieses Buches hauptsächlich auf die Augenbewegungen beziehen werde, möchte ich darauf hinweisen, daß ich oft auch andere Stimulationsarten, so die soeben beschriebenen, eingesetzt habe.

Möglicherweise reaktiviert diese Stimulation das dysfunktionale Material, das infolge eines kleinen oder großen Traumas im Körper-Geist-System erstarrt ist. Einer anderen Theorie zufolge wirken die Augenbewegungen auf einen Teil des Gehirns mit Namen Hippocampus ein, der bei der Zusammenfassung von Erinnerungen eine wichtige Rolle spielt. Wieder eine andere Theorie besagt, daß die gleichzeitige Fokussierung der Aufmerksamkeit des Klienten auf zwei Ziele, nämlich einerseits die mit dem betreffenden Ereignis verbundenen Gefühle und andererseits auf die Augenbewegungen, dem so aktivierten Gehirn die Verarbeitung dessen ermöglicht, womit es sich gerade beschäftigt.

Seit Hunderten von Jahren verwenden Yoga-Übende Augenbewegungen zur Beruhigung ihres Geistes. Möglicherweise hat Francine Shapiro nicht nur einen grundlegenden biologischen Mechanismus zur Reinigung des Geistes von akuten Störungen entdeckt, sondern außerdem eine Möglichkeit, mit Hilfe der Augenbewegungen gespeichertes psychisches Material zu erschließen. Doch all dies sind bisher nur Theorien, und es könnte noch viele Jahre dauern, dieselben durch wissenschaftliche Untersuchungen zu erhärten.

Beschleunigte Informationsverarbeitung

Die Theorie der beschleunigten Informationsverarbeitung entwickelte Francine Shapiro, um die schnellen Behandlungsresultate zu erklären, die sie bei Klienten beobachtet hatte, und um die Prinzipien zu erläutern, die der Anwendung von EMDR zugrunde liegen. Wenn ein Mensch ein kleines oder ein großes Trauma erlebt, so scheint dieses genau so, wie der Betreffende das Ereignis erlebt hat, in einem Erinnerungsnetzwerk verkapselt zu werden – die Bilder, die physischen Empfindungen, die Geschmäcke, Gerüche, Geräusche und Überzeugungen –, so als würde all dies im Geist-Körper-System erstarren. Ein Mann, der ein Zugunglück überlebt, entwickelt danach eine generelle Angst vor Zügen. Ihr Anblick und sogar ihre Geräusche rufen bei ihm Panik hervor, weil alle mit dem Unfall zusammenhängenden Erinnerungen unverarbeitet in seinem Nervensystem fixiert sind. Es war ihm nicht möglich, sie zu verarbeiten. Durch von innen oder von außen initiierte Erinnerungen an den Unfall tritt die traumatische Erfahrung wieder in ihrer ursprünglichen Form in sein Bewußtsein.

Gewöhnliche Ereignisse, die wir jeden Tag erleben, durchfließen uns, ohne eine Spur zu hinterlassen. Traumatische Erlebnisse hingegen scheinen Blockierungen hervorzurufen. Wie eine defekte Schallplatte wiederholen sie sich unablässig in unserem Körper und Geist. Alpträume könnten Versuche unseres Geistes sein, diese blockierte Information zu verarbeiten; doch bleibt die Erinnerung an das Trauma trotz derartiger Träume bestehen. Vielleicht war der Mechanismus, der traumatische Erlebnisse in ihrer ursprünglichen Form erstarren läßt, ein Adaptationsmechanismus, der die frühen Menschen davor schützen sollte, Fehler zu wiederholen. Er könnte unseren frühen Vorfahren geholfen haben, wachsam zu bleiben, um nicht von einem Säbelzahntiger gefressen zu werden. Durch die fortschreitende Evolution wurde dieser Mechanismus jedoch später zu einem Hindernis, denn statt uns zu schützen, trübt er unsere Wahrnehmungen und Emotionen. Beispielsweise kommt es vor, daß sich eine Frau, die als kleines Mädchen von einem Mann sexuell mißbraucht worden ist, noch als Erwachsene vor allen Männern fürchtet. Diese Furcht behindert ihre Fähigkeit, im Erwachsenenalter eine enge Beziehung zu einem Mann einzugehen, und sie kann außerdem zur Folge haben, daß die Betreffende in ihrem Beruf Schwierigkeiten mit männlichen Vorgesetzten hat. Manchmal ist diese Männer betreffende Angst sehr stark, und sie weiß nicht einmal warum.

Grundsätzlich bemüht sich ein gehirneigenes Informationsverarbeitungssystem, einen ausgewogenen Zustand geistiger Gesundheit aufrechtzuerhalten, so wie unser Körper versucht, physische Verletzungen zu heilen. Er heilt Wunden normalerweise automatisch, doch wenn in einer Wunde ein Fremdkörper zurückbleibt, eitert sie und stört den Heilungsprozeß. Wird unser Nervensystem mit einem Trauma konfrontiert, versagt sein natürliches Bestreben, jenes Gleichgewicht aufrechtzuerhalten, das wir geistige Gesundheit nennen – ebenso wie eine Wunde nicht heilen kann, wenn sie verschmutzt ist. Die Folge ist das Auftreten der typischen PTBS-Symptome.

Um mit der EMDR-Arbeit beginnen zu können, hilft der Therapeut dem Klienten im Rahmen der Anamnese, adäquate Ziele für die Verarbeitung zu identifizieren. Dies kann je nach Fähigkeiten des Therapeuten und Bereitschaft des Klienten unter Umständen Wochen dauern. Um mit der Auflösung von Blockaden im System zu beginnen, bittet der EMDR-Therapeut den Klienten, auf ein mit dem Trauma zusammenhängendes »Ziel« zu fokussieren. Dieses kann eine Erinnerung oder ein Traumbild sein, ebenso eine Person, ein tatsächliches, phantasiertes oder projiziertes Ereignis oder ein Teil der traumatischen Erfahrung – beispielsweise eine Körperempfindung oder ein Gedanke. Das Kontaktieren dieses Ziels dient der Stimulation des Erinnerungsnetzwerks, in dem das Trauma gespeichert ist. Gleichzeitig scheinen die Augenbewegungen bzw. ein entsprechender anderer Stimulus einen Mechanismus zu aktivieren, der die Fähigkeit des Systems, Informationen zu verarbeiten, wiederherstellt und ihm dadurch die Nutzung von Informationen aus einem anderen Erinnerungsnetzwerk ermöglicht, wodurch der Klient Erkenntnisse und Verständnis entwickeln kann. Die beiden Netzwerke kommunizieren dann Informationen in einer Art schneller freier Assoziation, die »beschleunigte Informationsverarbeitung« genannt wird. Jede Serie von Augenbewegungen erschließt die belastende Information stärker und beschleunigt ihre Verarbeitung, bis schließlich die völlige Adaptation eintritt, wobei die negativen Gedanken, Gefühle, Bilder und Emotionen zerstreut und spontan durch eine allgemein positive Haltung abgelöst werden.

EMDR wirkt bei einmaligen traumatischen Erlebnissen am schnellsten, weil Klienten in einem solchen Fall leichter ein Ziel identifizieren können. Man könnte ein solches Ziel mit einem einzelnen Baumstamm vergleichen, der das Fließen eines Gewässers behindert und dadurch viel Schaden anrichtet. Gelingt es, diesen einen Baumstamm zu entfernen, kann das Körper-Geist-System wieder seine natürliche Funktion erfüllen. Deshalb lassen sich mit Hilfe von EMDR oft in einer einzigen Behandlungssitzung dramatische Erfolge erzielen. Ist das behandelte Trauma jedoch mit anderen Traumata verknüpft, müssen auch diese aufgelöst werden, damit der Fluß im gesamten System wiederhergestellt wird.

Der Unterschied zwischen EMDR und Hypnose

Häufig wird gefragt, wie sich EMDR von Hypnose unterscheidet. In der Hypnose scheint ein Klient, der eine traumatische Erinnerung wiedererlebt, das gesamte Ereignis in Realzeit, also Augenblick für Augenblick, wiederzuerleben, selbst wenn bei der Hypnose Techniken der Zeitverzerrung angewandt werden. Bei einer EMDR-Behandlung hingegen scheint die Verarbeitung vier- bis fünfmal schneller vonstatten zu gehen. Der EMDR-Prozeß ist eine Methode beschleunigter Informationsverarbeitung, wobei Informationen aus allen Teilen des Systems gleichzeitig kontaktiert werden. Möglicherweise braucht der Klient nur auf eine einzige Szene des Traumas zu fokussieren, um das ganze Ereignis zu verarbeiten. So kann es ausreichen, wenn das Opfer eines Raubüberfalls nur auf die Situation fokussiert, in der es den Angreifer erstmals bemerkte, ohne den gesamten Vorfall Szene für Szene erneut durchspielen zu müssen.

Außerdem haben Klienten bei einer EMDR-Therapie wesentlich mehr Einfluß auf das Geschehen als bei einer Hypnosebehandlung. Sie gelangen spontan zu Erkenntnissen und entwickeln neue, adäquate Vorstellungen, ohne daß ihre Therapeuten Anstöße dazu geben. Letztere bemühen sich sogar, den Klienten so weit wie möglich aus dem Weg zu gehen, nur dem Prozeß zu folgen und der natürlichen Heilkraft zur Entfaltung zu verhelfen.

Was EMDR-Therapeuten beherrschen müssen

Ebenso wie bei jeder anderen Therapie, die das Leben von Menschen zu verändern vermag, kann auch EMDR, von einem schlecht ausgebildeten oder unfähigen Therapeuten angewandt, Schaden verursachen. Man könnte EMDR als hocheffizientes Werkzeug bezeichnen, das bei falscher oder inadäquater Benutzung eine Menge Schaden anrichten kann. Da EMDR bei Klienten häufig völlig unerwartete Öffnungen bewirkt, müssen Therapeuten, die mit dieser Methode arbeiten, in ganz besonderem Maße fähig sein, ihren Schutzbefohlenen über Schwierigkeiten hinwegzuhelfen. Manchmal ist es sogar erforderlich, eine Sitzung augenblicklich zu beenden. Deshalb müssen Therapeuten unbedingt in der Lage sein, eine solche Situation richtig einzuschätzen und sich aufgrund dieser Einschätzung in angemessener Weise um ihre Klienten zu kümmern. Die Behandlungsbereitschaft von Klienten richtig einzuschätzen, EMDR-Interviews richtig durchzuführen, die Kunst des richtigen Timings und die Anwendung der Technik des kognitiven Einwebens erlernen EMDR-Therapeuten in der zweiten Phase ihrer Ausbildung. Die letztgenannte Methode, auf die ich später in diesem Kapitel ausführlicher eingehen werde, erfordert eine erhebliche Kunstfertigkeit.

Die Anwendung von EMDR kann die Fähigkeiten eines relativ unerfahrenen Therapeuten überfordern. Um über die minimalen Qualifikationen für den Einsatz dieser Therapie zu verfügen, müssen Therapeuten die EMDR-Ausbildung vollständig abgeschlossen haben. Francine Shapiro ist von einigen kritisiert worden, weil sie die EMDR-Ausbildung so stark reglementiert. Doch wäre es unverantwortlich, würde sie nicht mit allen verfügbaren Mitteln zu verhindern versuchen, daß Therapeuten ohne adäquate Ausbildung nach der Methode zu arbeiten versuchen. EMDR kann, von gut ausgebildeten, kompetenten Therapeuten angewandt, sehr positiv, in den Händen von Menschen, die die Methode nicht richtig beherrschen, hingegen sehr schädlich wirken. Da der Zugang zu bisher blockierten Erinnerungen erschlossen wird, werden Klienten im Laufe einer Behandlung oft unerwartet von traumatischen Bildern und Emotionen heimgesucht. EMDR-Therapeuten müssen mit diesem hochexplosiven Material umgehen können. Ich habe selbst miterlebt, wie Klienten dabei in fürchterliche Angstzustände gerieten und sogar den Kontakt zur Realität verloren. Eine Klientin wurde in so starke Erregung versetzt und erlebte traumatische Erinnerungen derart stark wieder, daß sie mich für den Täter hielt, aus ihrem Stuhl aufsprang und sich in einer Ecke meines Behandlungsraums zusammenkauerte. Ich mußte alle meine klinischen und intuitiven Fähigkeiten mobilisieren, um ihr aus diesem Zustand herauszuhelfen, den Kontakt zwischen mir und ihr wiederherzustellen und die Verarbeitung der Erinnerung, bei der sie in diesen Zustand geraten war, zum Abschluß zu bringen.

54

Es gibt zahlreiche Berichte darüber, wie Menschen durch Therapeuten geschädigt wurden, die ohne reguläre EMDR-Ausbildung mit den Augenbewegungen zu arbeiten versucht hatten. So haben Therapeuten Klienten den Zugang zu sehr belastendem Material erschlossen und sie dann am Ende der Sitzung, als sie sich in einem äußerst schwierigen emotionalen Zustand befanden, ohne jede Hilfe in den Alltag entlassen. Einige Klienten haben daraufhin versucht, Selbstmord zu begehen. Therapeuten, die so etwas zulassen, verhalten sich unverantwortlich und ethisch fragwürdig.

Doch auch eine reguläre EMDR-Ausbildung allein garantiert noch nicht, daß ein Therapeut wirklich in der Lage ist, eine EMDR-Therapie durchzuführen. Ich habe als Facilitator oft erlebt, daß Therapeuten zwar das Training ordnungsgemäß abschlossen, aber danach noch nicht in der Lage waren, das EMDR-Protokoll richtig anzuwenden. Bisher gibt es für EMDR noch kein Zertifikationsverfahren; allerdings ist das EMDR Institute dabei, ein Verfahren zur Beurteilung der Fähigkeiten eines EMDR-Therapeuten zu entwickeln. (Siehe Anhang A: Wie man einen EMDR-Therapeuten findet.)

Abgesehen von guten allgemeinen therapeutischen Fähigkeiten und dem Abschluß der grundlegenden EMDR-Ausbildung sollte ein Therapeut auch ein mitfühlendes Herz haben und in der Lage sein, eine tiefe Verbindung zu seinen Klienten herzustellen. In einer liebevollen therapeutischen Beziehung entsteht ein Raum, in dem sich Klienten sicher genug fühlen, um sich tiefen, schmerzhaften Gefühlen und Erfahrungen öffnen zu können. Eine solche Beziehung gleicht einem Sicherheitsnetz oder einer Rettungsleine, die den Klienten das Gefühl vermittelt, daß sie unversehrt bleiben werden, wenn sie sich zutiefst mit den erschütternden Ereignissen ihrer Vergangenheit konfrontieren. Sie brauchen die Sicherheit, daß ihr Therapeut mit ihnen in Kontakt ist und auf ihre Bedürfnisse eingeht und daß er sie sicher durch die Turbulenzen geleitet wird, die bei der Verarbeitung traumatischer Ereignisse auftreten können. Obwohl EMDR Unkundigen als sehr »technisch« erscheinen mag, handelt es sich bei dieser Methode um einen äußerst intuitiven Prozeß, der auf die Bedürfnisse jedes einzelnen Patienten abgestimmt werden sollte.

Außerdem müssen EMDR-Therapeuten in der Lage sein, ihre eigenen Überzeugungen darüber, was durch eine Therapie geheilt werden kann und wie lange dies vermutlich dauern wird, objektiv zu sehen. Insbesondere wenn sie glauben, mindestens ein Jahr müsse vergehen, bevor Klienten die Trauer über den Tod eines ihnen nahestehenden Menschen überwunden haben könnten, kann eine solche Überzeugung einschränkend wirken und die Überwindung des Problems in kürzerer Zeit verhindern. Vermag die behandelnde Therapeutin zu akzeptieren, daß ein Mißbrauchsopfer traumatische Erlebnisse durch EMDR in nur drei Monaten völlig überwinden kann? Daß eine Mutter, die ihr Kind verloren hat, von diesem Trauma in weniger als zwei Monaten genesen kann? Daß eine Alkoholikerin auf die AA-Gruppe verzichten kann, weil sie die Traumata, die der Grund für ihre Alkoholsucht waren, schnell auflöst?

Therapeuten müssen auch bereit sein, ihre Überzeugungen darüber, wann ein Prozeß zum Abschluß gelangt ist, zu hinterfragen. Wenn ein Klient beispielsweise nach mehrminütiger intensiver EMDR-Verarbeitung entspannt und erleichtert seufzt, ist dies zwar eine Veränderung, doch bedeutet diese nicht unbedingt, daß die Reinigungsarbeit des Betreffenden schon abgeschlossen ist. Ich erinnere mich an eine Trainingssitzung von zwei Therapeuten, in welcher der »Klient« ungefähr dreißig Minuten lang eine Vielzahl von Gefühlen verarbeitete, die mit dem Tod seines Vaters in Zusammenhang standen. Nachdem er sich aus einem Gefühl tiefer Traurigkeit gelöst hatte, glaubte er ebenso wie sein »Therapeut«, die Arbeit sei damit beendet. Beide hätten die Arbeit an diesem Punkt abgebrochen, doch war mir klar, daß es für den Klienten nützlich sein könnte, weiterzumachen und dadurch seine Überzeugung, daß Traurigkeit der Endpunkt sei, zu hinterfragen. Ich forderte ihn auf, mit den Augenbewegungen fortzufahren und zu schauen, was daraufhin geschehen würde. Zehn Minuten später hatte er die Traurigkeit tatsächlich überwunden, und er empfand Liebe, Freude und Frieden.

EMDR ist ständig in der Weiterentwicklung begriffen. Die Methode läßt sich potentiell mit jeder anderen Art von Therapie verbinden, mit einer Gestalttherapie ebenso wie mit einer psychoanalytisch orientierten Psychotherapie. Zwar erlernen alle ausgebildeten EMDR-Therapeuten die gleichen grundlegenden Protokolle und Verfahren, doch passen sie die Anwendung der Methode ihrem jeweiligen eigenen Stil und den individuellen Bedürfnissen ihrer Klienten an.

Verlauf einer EMDR-Sitzung

Eine typische EMDR-Behandlung beginnt damit, daß ein Klient das Bedürfnis entwickelt, von einem Trauma geheilt zu werden, eine Behinderung seiner Leistungsfähigkeit zu überwinden oder mit einem belastenden Aspekt seines Lebens besser fertig zu werden. Bei einer EMDR-Behandlung erstellen Therapeuten als erstes eine sorgfältige Anamnese und bemühen sich, ihre Klienten kennenzulernen. Dies nimmt gewöhnlich einige Sitzungen in Anspruch, kann aber manchmal noch wesentlich länger dauern. Zwischen Therapeut und Klient muß ein Gefühl der Verbundenheit, der beidseitigen Sympathie und von seiten des Klienten dem Therapeuten gegenüber ein Gefühl der Sicherheit entstehen. Sind diese Voraussetzungen erfüllt, kann die eigentliche EMDR-Arbeit beginnen.

Normalerweise dauert eine EMDR-Sitzung 90 Minuten. Je nach Art des Problems, das behandelt werden soll, geraten manche Klienten in fast jeder EMDR-Sitzung in eine Verarbeitung, andere hingegen nur gelegentlich. Arbeitet ein Klient an einem traumatischen Mißbrauchserlebnis aus seiner Kindheit, kann einer 90minütigen EMDR-Sitzung noch in der gleichen Woche eine 50minütige gesprächstherapeutische Sitzung folgen, in der das während der Verarbeitungssitzung aufgetauchte Material integriert wird. Bei anderen Klienten sind schnell aufeinanderfolgende intensive EMDR-Verarbeitungssitzungen die beste Behandlungsmethode. Einmal kam ein Klient aus einem anderen Bundesstaat der USA zu mir, um an seiner Sucht nach selbstzerstörerischen Beziehungen zu arbeiten. Nach vier 90minütigen EMDR-Sitzungen im Laufe einer Woche hatten wir das Problem aufgelöst. Der Klient kehrte daraufhin nach Hause zurück und beendete die problematische Beziehung. Ein Jahr später erzählte er mir, das Suchtmuster sei nie mehr aufgetreten.

Bei einer EMDR-Behandlung fungiert der Therapeut als Helfer, der den Klienten durch seinen Prozeß der Öffnung geleitet. Es folgt nun eine schrittweise Beschreibung dieses Prozesses, die durch Auszüge aus meinem Dialog mit einer Frau namens Renee während einer EMDR-Verarbeitungssitzung veranschaulicht wird.

Renee fühlte sich schon so lange deprimiert, daß sie sich nicht erinnern konnte, jemals anders gewesen zu sein, und sie hatte außerdem Probleme in einer intimen Beziehung. Nachdem ich ihre Vorgeschichte kennengelernt hatte, beschloß ich, die EMDR-Verarbeitung mit der Arbeit an einer traumatischen Erinnerung zu beginnen, die sie ständig beschäftigte und in Form von Alpträumen verfolgte.

Drei Jahre zuvor hatte sie mit ein paar Freunden zusammen eine Kanufahrt auf einem Fluß unternommen. Es hatte der Gruppe großen Spaß gemacht, gemütlich den Fluß hinab zu paddeln und hin und wieder ins Wasser zu springen, um sich zu erfrischen. Nachdem sie alle etwas Marihuana geraucht hatten und davon sehr high geworden waren, schwamm Renee allein zu einer tieferen Stelle des Flusses, während ihre Freunde und das Kanu am Flußufer zurückblieben. Plötzlich sah sie einen Mann, der im Wasser wild um sich schlug und im nächsten Augenblick untertauchte. Als er wieder auftauchte, wurde ihr trotz ihrer marihuanabedingten Benommenheit klar, daß der Fremde kurz vor dem Ertrinken stand. Völlig erschreckt rief sie ihren Freund zur Hilfe. Der Mann tauchte schon zum zweiten Mal unter. Ihr Freund schien einige Zeit zu brauchen, um seine Schuhe auszuziehen und zu dem Ertrinkenden zu schwimmen, der sich eineinhalb Meter vor ihr befand. Alles geschah wie in Zeitlupe. Bevor der Ertrinkende zum dritten und letzten Mal untertauchte, schaute er Renee direkt in die Augen und brüllte: »Hilf mir!« Wie gelähmt starrte sie auf die Stelle im Wasser, wo der Mann verschwunden war. Als herbeigeholte Sanitäter seinen Leichnam später an einer weit unterhalb gelegenen Stelle des Flusses fanden, war es für eine Wiederbelebung zu spät. Von jenem Augenblick an hatte Renee geglaubt, sie sei am Tod des Mannes schuld, und sich wie eine Mörderin gefühlt.

Als Renee mir diese Geschichte erzählte, zitterte sie und wurde bleich. Von jenem Tag an hatte das um Hilfe flehende Gesicht des Ertrinkenden sie verfolgt. Sie war völlig von ihrer Schuld überzeugt. Seit jenem schrecklichen Erlebnis war sie nicht mehr geschwommen und hatte besonders große Angst vor kaltem Wasser. Schon in der Nähe von Wasser bekam sie ein schreckliches Gefühl in der Magengrube und fing heftig an zu zittern.

Zu Beginn der ersten EMDR-Sitzung fordere ich meine Klienten stets auf, auf ein mit dem Trauma zusammenhängendes Ziel zu fokussieren. Anschließend bitte ich sie, eine damit verbundene Überzeugung oder »negative Kognition« zu nennen, die sich einschränkend auf ihr Alltagsleben auswirkt. Als nächstes müssen sie eine »positive Kognition« formulieren – eine Aussage darüber, wie sie sich in Anbetracht des gewählten Bildes gern selbst sähen. Danach lasse ich sie berichten, welche Emotionen und physische Empfindungen beim Visualisieren jenes Bildes auftauchen. Bei alldem geht es mir darum, das Erinnerungsnetzwerk zu stimulieren, in dem die traumatische Erinnerung fixiert ist, damit ihre einzelnen Komponenten verarbeitet werden können. Meine Sitzung mit Renee begann wie folgt:

L.: Welches Bild von dem Vorfall belastet Sie am stärksten?

R.: Das Bild, wie der Mann mich anschaut und brüllt: »Hilf mir!«

L.: Was denken Sie über sich selbst, wenn Sie sich dieses Bild vergegenwärtigen?

R.: Ich habe ihn getötet. [Negative Kognition]

L.: Was würden Sie lieber über sich denken?

R.: Ich habe mein Bestes getan. [Positive Kognition]

L.: Was spüren Sie in Ihrem Körper?
R.: Ich fühle mich wie weggetreten und erstarrt.

Dann bitte ich die Klienten zu bewerten, als wie belastend sie das Ziel auf einer Skala von null bis zehn einschätzen. Mit Hilfe der Skala des subjektiven Belastungs- oder Angstniveaus (*Subjective Units of Disturbance* oder SUD) kann ich beurteilen, ein wie großer Teil des traumatischen Materials die Klienten bereits verarbeitet haben. Um den Fortschritt der Arbeit festzustellen, führe ich zu verschiedenen Zeitpunkten während der Verarbeitung SUD-Messungen durch. Nach der ersten SUD-Messung bitte ich die Klienten, sich das belastende Bild und alle damit zusammenhängenden Geräusche und Empfindungen sowie die negative Kognition zu vergegenwärtigen, außerdem mit den Augen meinen Fingern zu folgen und alles, was bei ihnen auftaucht, unzensiert zuzulassen. Bei den Klienten können infolgedessen Bilder, Körperempfindungen, die verschiedenartigsten Emotionen, Einsichten, gewöhnliche Gedanken oder nichts von alldem auftauchen.

L.: Wenn Sie sich das Bild von dem Ertrinkenden und den Gedanken »Ich habe ihn umgebracht« vergegenwärtigen, als wie belastend empfinden Sie dies dann auf einer Skala von null bis zehn?
R.: Als zehn.
L.: Vergegenwärtigen Sie sich das Bild von dem Ertrinkenden, den Gedanken »Ich habe ihn umgebracht« und die damit verbundenen Körperempfindungen, und folgen Sie mit Ihren Augen den Bewegungen meiner Finger. Lassen Sie einfach zu, was dann geschieht. Wir werden damit eine Zeitlang fortfahren, bis ich Sie bitten werde, innezuhalten und mir zu erzählen, was geschehen ist. Auch Sie können die Arbeit jederzeit unterbrechen, bevor ich Sie dazu auffordere.

Beim Ausführen der Augenbewegungen durchleben die Klienten ein multidimensionales Universum der freien Assoziation von Gedanken, Gefühlen und

Körperempfindungen. Einige machen dabei erstaunlich vielfältige Erfahrungen: Sie erleben schreckliche Bilder und starke Emotionen, mörderische Gefühle, überwältigenden Schrecken, Trauer, Liebe und Verzeihen; sie erinnern sich an Dinge, die ihnen bisher noch nie zu Bewußtsein gekommen waren, darunter auch Szenen, die auf Erlebnisse vor der Geburt und im Säuglingsalter hindeuten, und schließlich auch sehr detail- und symbolreiche Traumbilder. Während all dieser Erfahrungen fordere ich die Klienten auf: »Bleiben Sie dabei« oder: »Lassen Sie das alles einfach durch sich hindurchfließen«, oder ich versichere ihnen: »Das ist altes Zeug.« EMDR ermöglicht ein sehr direktes und tiefes Wiedererleben vergangener Geschehnisse in jener unverarbeiteten Form, in der sie im Körper-Geist-System fixiert worden sind. Die Klienten erleben ein »Zeugenbewußtsein«, das ihnen die Möglichkeit eröffnet, die Entfaltung des Materials zuzulassen, ohne in diesen Prozeß einzugreifen.

Intuitiv trete ich zu meinen Klienten in Rapport und bleibe ihnen in ihrer Erfahrung nahe. Meine Finger leiten ihre Augen, bis ich das Gefühl habe, daß die Verarbeitung einer bestimmten Information abgeschlossen ist. Eine solche Veränderung mag fast nicht erkennbar sein, doch einem Therapeuten mit einer guten EMDR-Ausbildung entgeht sie nicht. Wenn Klienten sehr emotional reagieren, setze ich die Augenbewegungen so lange fort, bis sich die Betreffenden beruhigen. Auf diese Weise ermögliche ich es ihnen, einen Teil des traumatischen Erlebnisses vollständig aufzulösen. Außerdem bitte ich sie, mir zu signalisieren, wenn sie die Arbeit unterbrechen möchten. Bezüglich der Geschwindigkeit der Augenbewegungen hat jeder Klient seine eigenen Vorlieben. Einige erzielen die besten Ergebnisse, wenn sie pro Serie nur jeweils zehn oder fünfzehn Augenbewegungen ausführen; anderen hingegen ist es lieber, wenn es Hunderte sind. Nach jeder Serie frage ich: »Was ist jetzt los?« oder: »Was taucht jetzt auf?« Die Klienten berichten daraufhin über ihre Erlebnisse, und wir wechseln anschließend zu einem anderen Ziel über und lassen eine weitere Serie von Augenbewegungen folgen.

Nachdem ich Renee einige Minuten lang durch die Augenbewegungen geleitet hatte, überprüfte ich, was bei ihr vor sich ging.

L.: Was passiert jetzt?

R.: Ich fühle mich unwohl.

L.: Bleiben Sie dabei.

Sie setzte die Augenbewegungen weitere sechs Minuten lang fort.

L.: Was taucht jetzt auf?

R.: Ich spüre Wasser in meiner Lunge, als ob ich selbst es wäre.

Während einer weiteren langen Serie von Augenbewegungen sehe ich an ihrem Gesichtsausdruck, daß sie sehr mit der Verarbeitung beschäftigt ist.

L.: Was passiert jetzt?

R.: Ich weiß nicht. ... Es macht mir angst. Ich bin hilflos. Ich möchte etwas tun, kann es aber nicht. Ich fühle mich im Wasser nicht wohl. Ich schlukke Wasser. Ich habe Angst.

Eine andere Erinnerung, die mit dem traumatischen Vorfall zusammenhing, tauchte auf. Als kleines Mädchen war Renee öfter mit ein paar Freunden zu einem See gegangen. Es hatte den Kindern großen Spaß gemacht, vom Pier in das seichte Wasser zu springen. In einem Sommer war das Wasser viel tiefer als vorher gewesen, doch wußten die Kinder das nicht. Ein etwa neunjähriges Mädchen sprang und wurde vom Wasser überspült. Das Kind konnte nicht schwimmen und flehte die von oben zuschauenden Kinder an, sie sollten ihm helfen. Renee sprang ins Wasser, um das andere Mädchen zu retten, doch als sie dies versuchte, zerrte das andere Kind in seiner Panik so an ihr, daß sie selbst zu ertrinken drohte. Mit letzter Kraft gelang es der kleinen Helferin schließlich, die Ertrinkende zum nahen Ufer zu bringen. Beide Mädchen waren völlig erschöpft und hatten viel Wasser geschluckt. An jenem Tag hatte Renee erlebt, wie stark und wie gefährlich Ertrinkende sein können.

L.: Wie fühlen Sie sich jetzt?

R.: Ich habe Angst.

L.: Bleiben Sie dabei. ... Was taucht jetzt auf?

R.: Ein Gefühl, festzusitzen. Ich kann mich nicht daraus befreien. Das Wasser ist kalt und gleichzeitig auch nicht. [Sie spricht langsam und mit gesenkter Stimme. Sie erlebt eine Erinnerung an den Marihuanarausch.] Ich sitze fest.

L.: Bleiben Sie bei dem Gefühl festzusitzen.

R.: Ich habe das Gefühl, daß ein Gewicht auf mir lastet. ... Wenn dieses Gewicht nicht da wäre ... Ich fühle mich schwer und angespannt ... Ich könnte etwas tun. [Sie erlebt weitere Körpererinnerungen. Sie erinnert sich vollständig an den Vorfall, ihre Gedanken und Empfindungen dabei.]

L.: Spüren Sie jetzt das Gewicht und die Anspannung.

R.: Ich fühle mich sehr angespannt.

Dieser Prozeß der Ausführung von Augenbewegungen und des Überprüfens dessen, was dieselben in der Klientin auslösen, wird bis zum Ende der Sitzung fortgesetzt. Zum Schluß kehre ich zu dem Bild zurück, mit dem wir begonnen haben, und messe erneut den SUD-Wert. Wenn Klienten sich frei von emotionalen Belastungen fühlen und den SUD-Wert auf Null einschätzen, frage ich sie, wie sie die bearbeitete Situation einschätzen. Dieses Formulieren einer positiven Kognition am Ende des Verarbeitungsprozesses ist ein wichtiger Bestandteil der EMDR-Methode. Sobald das Belastungsniveau auf den Wert null gefallen ist und die Klientin sich unbeschwert fühlt, gebe ich ihr Gelegenheit, ihr neues Selbstverständnis und ihre aktuelle Selbstsicht zum Ausdruck zu bringen. Die Klienten müssen diese positiven Kognitionen ohne jede Hilfe ihrer Therapeuten formulieren, und dieselben müssen völlig ihrer subjektiven Erfahrung entsprechen. Es kann sich dabei um Aussagen handeln wie: »Ich bin jetzt in Sicherheit«, »Ich habe das Beste getan, was ich damals tun konnte« oder: »Das ist jetzt Vergangenheit.« Anschließend »verankere« ich die positive

Kognition, indem ich die Klienten bitte, gleichzeitig an ihre positive Aussage und an das zuvor belastende Bild zu denken (das sich dann oft verändert, indem es kleiner oder schwächer wird, in schwarzweiß statt in Farbe erscheint oder auf irgendeine Weise weniger bedrohlich wirkt) und unterdessen ein paar Serien von Augenbewegungen ausführe. Dadurch erhalten sie die Möglichkeit, das Bild in einem völlig neuen Licht zu sehen. An diesem Punkt überprüfe ich stets, ob irgendwelches neue Material auftaucht, das verarbeitet werden muß. Ist dies der Fall, versuche ich entweder noch in der gleichen Sitzung daran zu arbeiten, oder ich mache mir eine Notiz darüber und komme in der folgenden Sitzung darauf zurück.

L.: Wir werden jetzt noch einmal auf das ursprüngliche Bild zurückkommen, das Bild von dem Mann, der Sie anschaut und »Hilf mir« schreit. Was taucht jetzt in Zusammenhang damit auf? [Ich überprüfe, ob sie sich im Verarbeitungsprozeß befindet. Hat sich das Bild verändert?]

R.: Ich sehe sein Gesicht. Ich fühle mich aufgewühlt, wenn ich sein Gesicht anschaue.

L.: Bleiben Sie dabei.

R.: Ich sehe sein Gesicht und seine Augen. Ich fühle mich schwer.

L.: Was denken Sie über sich selbst, wenn Sie jetzt auf das Bild schauen? [Ich überprüfe, ob ihre Überzeugungen über sich selbst und die Szene sich verändert haben.]

R.: Ein Mann war dabei zu ertrinken, und ich war anwesend. Ich konnte praktisch nichts daran ändern. Ich hätte nichts tun können, um es zu verhindern. Ich habe das Gefühl, festgefahren zu sein. [Ihre Stimme klingt traurig sowie ziemlich leise und ausdruckslos.]

L.: Bleiben Sie bei »Ich konnte nichts tun.« [Mir war klar, daß es tatsächlich so gewesen war. Sie persönlich hätte diesen Mann nicht retten können. Sie war nicht stark genug dazu, und durch die Erfahrung, die sie als kleines Mädchen gemacht hatte, wußte sie, daß ein Ertrinkender gefährlich werden kann. Ein Teil von ihr wußte, daß sie ihn nicht retten konnte,

64

doch sie konnte das Gefühl der Hilflosigkeit nicht ertragen. Indem ich sie bat, bei »Ich konnte nichts tun« zu bleiben, half ich ihr, die Wahrheit, die ihr zwar klar war, die sie aber noch nicht völlig akzeptiert hatte, zu integrieren.]

R.: Es gab nichts, was ich hätte tun können. [Als Tatsache formuliert.] Ich verspüre eine gewisse Erleichterung. Erstaunlich! [Sie lacht, weil ihr nun völlig klar ist, daß dies die Wahrheit ist.]

L.: Was glauben Sie nun über sich selbst?

R.: Es war schrecklich, diese Szene mitzuerleben. ... Aber was passiert ist, war nicht meine Schuld, und ich war machtlos, ihm zu helfen.

L.: Bleiben Sie dabei. [Die positive Kognition »Ich war machtlos, ihm zu helfen« tritt an die Stelle der ursprünglichen negativen Kognition »Ich habe ihn getötet«. Ihr ist nun völlig klar, daß sie ihn nicht getötet hat.]

R.: Es ist so, als wäre ich eine unbeteiligte Person, die die Szene miterlebt. Ich sehe, was vor sich geht. ... Es sind keine Beschuldigungen und Vorwürfe mehr da. Ich habe Distanz zu der Situation. Ich fühle mich nicht mehr so stark persönlich daran beteiligt. [Ihre Stimme ist ruhig, und sie spricht sachlich über das, was sie beobachtet.] Das Ganze war ein Unglücksfall. Ich fühle mich nicht mehr schuldig. Es ist vorbei. Es war ein Unglück. Erstaunlich!

L.: Wenn Sie sich jetzt das Bild vergegenwärtigen, wie bewerten Sie dann Ihre Gefühle auf einer Skala von null bis zehn? [Ich überprüfe den SUD-Wert, um festzustellen, ob sie das Trauma überwunden hat.]

R.: Ich fühle mich gut. Es ist eine Null.

L.: Was geschieht jetzt?

R.: Ich fühle mich wundervoll! Es ist immer noch so, als würde ich das Ganze als unbeteiligte Beobachterin sehen. Es ist vorüber. Ich hätte *nichts* anderes tun können.

In den letzten fünf Minuten der Sitzung sprach ich mit Renee über das, was sie erlebt hatte. Sie sagte, sie sei EMDR gegenüber sehr skeptisch gewesen, doch habe sie verzweifelt nach einer Möglichkeit gesucht, ihr Leiden zu lindern. Daß die Therapie ihren Zweck erfüllt hätte, habe sie völlig überrascht. Ich riet ihr, während der folgenden Woche auf ihre Träume, Gedanken und Gefühle zu achten und sich Aufzeichnungen darüber zu machen. Falls irgend etwas wichtiges auftauche, würden wir uns in der folgenden Sitzung damit beschäftigen.

Als Renee in der folgenden Woche zur Behandlung kam, berichtete sie gutgelaunt, sie habe am Wochenende an einer Floßfahrt teilgenommen, und es sei eine ziemlich wilde Fahrt gewesen. Dies war ihr erster Kontakt mit einem Fluß seit ihrem traumatischen Erlebnis gewesen, und es war keine Spur von ihren alten Gefühlen aufgetaucht. Sie sagte, sie fühle sich glücklich, erleichtert und sei sehr dankbar für diese positive Entwicklung. Einige Monate später teilte sie mir mit, es gehe ihr immer noch ausgezeichnet.

Daß es so wie bei Renee nach einer einzigen EMDR-Sitzung zu einem völligen Umschwung kommt, ist keineswegs immer der Fall. Wenn Klienten ihr Problem am Ende der ersten Sitzung nicht gelöst haben, bringe ich die Sitzung zu einem gewissen vorläufigen Abschluß, indem ich den Bezug der Betreffenden zur Gegenwart und zum eigenen Körper wiederherzustellen versuche. Es muß dafür gesorgt sein, daß sich die Klienten ihrer selbst sicher fühlen und daß sie nach Verlassen des Behandlungsraums keinen emotionalen Zusammenbruch erleiden. Ein solches Gefühl des Abschlusses der Sitzung zu erzeugen ist deshalb wichtig, weil EMDR Material aktiviert, das sehr belastend wirken kann. Wird eine noch nicht abgeschlossene Verarbeitung nicht sachgerecht unterbrochen, können die aktivierten Gefühle außer Kontrolle geraten, es können depressive Stimmungen und sogar Selbstmordabsichten aufkommen, die betroffenen Klienten können in der Erfüllung ihrer beruflichen und häuslichen Pflichten beeinträchtigt sein, und sie können Angst vor der Fortsetzung der EMDR-Therapie oder sogar jeder Art von Therapie entwickeln. Manchen Klienten empfehle ich, nach Verlassen des Behandlungsraums und bevor sie sich ans Steuer ihres Autos setzen einen kurzen Spaziergang zu machen und möglichst am gleichen Tag nicht mehr zur Arbeit zu gehen.

Da die Verarbeitung des Materials in der Zeit zwischen den EMDR-Sitzungen oft automatisch fortgesetzt wird, rate ich allen Klienten, diese natürliche Verarbeitung durch Aufschreiben ihrer Träume und Erkenntnisse in einem Tagebuch sowie durch Zeichnen und Malen oder durch andere Arten von künstlerischem Ausdruck zu unterstützen. Um ihnen den Umgang mit eventuell auftretendem Streß zu erleichtern, bringe ich ihnen oft Meditations- und Streßreduzierungsmethoden bei.

Das Einweben: Hilfen zur Aktivierung der Informationsverarbeitung

Manchmal reichen die Arbeit mit den Augenbewegungen und die Begleitung des Klienten nicht aus, um die unverarbeitet fixierte Information zu integrieren. Es kommt vor, daß Klienten sich in kognitiven oder emotionalen Schleifen verfangen und sie die gleichen Gedanken oder Gefühle (oder beides) unablässig wiederholen. In solchen Fällen müssen Therapeuten zum »Einweben« greifen, einer EMDR-Strategie zur Auflösung von Blockierungen der Verarbeitung. Dabei verläßt sich die Therapeutin nicht nur auf die beim Klienten selbst auftauchende Information, sondern bringt selbst Information in den Prozeß ein. Die Aussagen oder Bilder, die sie in diesem Zusammenhang anbietet, dienen dazu, Erinnerungsnetzwerke und Assoziationen miteinander zu verbinden, die die Klienten selbst nicht in Beziehung zu setzen vermögen. Durch das Einweben wird dem Prozeß eine neue Perspektive hinzugefügt, und die Klienten werden mit neuen Informationen konfrontiert oder mit solchen, die ihnen zwar bekannt sind, zu denen sie jedoch derzeit keinen Zugang haben. Es gibt viele Methoden des Einwebens, und die Wahl der jeweils geeigneten Methode hängt von der spezifischen Situation ab. Traumatische

67

Erlebnisse scheinen häufig in einem Teil des Geist-Körper-Systems gespeichert zu sein, in dem sie von aktuelleren Informationen isoliert bleiben. Das Einweben stellt zwischen bisher getrennten Bereichen im Geiste des Klienten eine Verbindung her, wodurch es oft gelingt, die Verarbeitung wieder in Gang zu bringen.

Die Technik des Einwebens ist besonders wirksam, wenn Erwachsene als Kinder ein Trauma erlebt haben und die betreffende Erfahrung immer noch aus der Perspektive des Kindes zu sehen scheinen. So war es bei Louisa, die als kleines Mädchen von ihren älteren Brüdern brutal mißhandelt und sexuell mißbraucht worden war. Wir waren mit der Verarbeitung in eine Sackgasse geraten, weil sie fest davon überzeugt war, daß sie schlecht sei. Sie war sich dessen so sicher, daß sie sich schämte, mit der Arbeit fortzufahren. Louisas Kind-Ich glaubte, wegen der Dinge, die man ihr angetan hatte, sei sie schlecht. In ihrer Familie galt die Regel: »Wenn dir etwas Schlechtes passiert ist, dann ist das deine eigene Schuld, denn du hast zugelassen, daß es passieren konnte.«

Da ich wußte, daß Louisa eine neunjährige Nichte hatte, die sie innig liebte, forderte ich sie auf, sich vorzustellen, daß ihre Nichte so behandelt würde, wie es ihr selbst als Kind passiert war. Ich fragte sie, ob sie in diesem Fall auch sagen würde, ihre Nichte sei selbst schuld? Entrüstet rief Louisa aus: »Nein!«

Natürlich hatte ihr Erwachsenen-Ich diese Antwort gegeben. Indem ich mich an dieses wendete, gelang es mir, Louisa zur Fortsetzung der Augenbewegungen zu bringen. Die beiden Erinnerungsnetzwerke traten augenblicklich in Kontakt zueinander, und sie platzte heraus: »Meine Brüder waren die Schlechten. Ich war nur ein unschuldiges Kind.«

Das Einweben ist auch nützlich bei traumatischen Erlebnissen, die im Körper erstarrt sind. Fast in jeder EMDR-Sitzung erleben die Klienten geistige und körperliche Veränderungen. Letztere können sich als Entspannungsreaktionen, als Gefühl des Energiezuwachses oder als Gefühl der Loslösung von bestimmten Dingen manifestieren. Melanie litt seit ihrer Kindheit unter chronischen Rückenschmerzen, und sie wollte deren Ursprung herausfinden. Aufgrund ihrer starken Beschwerden im Unterrücken konnte sie nur kurze Strekken gehen und kaum in ihrem geliebten Garten arbeiten. Auf mein Anraten hin suchte sie einen Orthopäden auf und begann mit einem Trainingsprogramm. Doch dies half nichts. Während einer unserer Sitzungen bemerkte Melanie, daß ihre Rückenschmerzen während und nach der EMDR-Arbeit stärker wurden. Wir wählten den Schmerz als Ziel unserer Arbeit, und ich fragte sie, wie sie sich selbst sehe. Sie sagte, sie glaube, daß in ihrem Unterrücken irgend etwas nicht in Ordnung sei. Ich forderte sie auf, bei dieser Überzeugung zu bleiben, sich gleichzeitig ihre Empfindung zu vergegenwärtigen und mit ihren Augen den Bewegungen meiner Finger zu folgen. Sofort wurde Melanie in ihren Zustand als Kind versetzt, und sie sagte, so wie es der Überzeugung entsprach, die sie als Erwachsene hatte: »Da ist irgendwas in meinem Rücken.« Wir setzten die Augenbewegungen fort, um dieses Gefühl zu verarbeiten, woraufhin das Bild von einer analen Vergewaltigung durch ihren Onkel sowie die damit verbundenen Gefühle auftauchten. Ihr Kind-Ich glaubte, der Penis des Täters befinde sich immer noch in ihrem Rektum. Wir untersuchten, wie der Penis entfernt werden könnte, und kamen auf die Idee, daß eine Gynäkologin, der sie vertraute, dies tun könne. Ich forderte die Klientin auf, sich dies vorzustellen, während sie die Augen weiter hin und her bewegte. (Auf diese Weise wurde ein heilend wirkendes Bild in die Situation eingewoben.) Sie berichtete freudig, die Ärztin hätte sie von dem häßlichen atrophierten Penis befreit und ihn in den Abfall geworfen. Nachdem ich sie aufgefordert hatte, darüber nachzudenken und erneut die Augen zu bewegen, sagte sie: »Der Penis ist aus meinem Rücken verschwunden, und auch der Schmerz ist nicht mehr da.« Sie war außer sich vor Freude! Ein Jahr später war Melanie immer noch frei von Schmerzen, und sie genoß es, wieder wandern und im Garten arbeiten zu können.

Die hier wiedergegebenen Fallgeschichten über EMDR-Behandlungen zeigen, daß EMDR in Körper und Geist fixierte Informationen aufzulösen vermag, *ohne irgend etwas Nützliches oder Notwendiges zu entfernen.* Opfer sexueller Belästigung beispielsweise werden nach einer erfolgreichen EMDR-Therapie nicht mehr von Alpträumen und blitzartigen Erinnerungen (Flashbacks) an traumatische Erlebnisse geplagt, vergessen das Geschehene aber auch nicht völlig. Statt weiter zu glauben, daß sie niemandem vertrauen können, wird ihnen klar, daß *manche* Menschen durchaus vertrauenswürdig sind. Francine Shapiro hat gesagt: »Wenn die Information so aufgelöst wird, daß sie adaptiert werden kann, steht sie zur weiteren Nutzung zur Verfügung. EMDR nimmt den Patienten nichts, was für sie wichtig ist, und erzeugt auch keine Amnesie.« Ein Grundprinzip der EMDR-Therapie ist die Bezugnahme auf jenen Zustand grundlegender Gesundheit, der in uns allen gegenwärtig ist. EMDR entfernt Blockierungen, die durch negative Bilder, Überzeugungen und Körperempfindungen verursacht worden sind, und ermöglicht es dadurch jenem natürlichen Zustand der Gesundheit, wieder zutage zu treten und seine Heilungsaufgaben zu erfüllen.

Drei
Über die Genesung hinaus

Eine junge Frau, deren Herz heftig pocht, weint und ist völlig angespannt. Sie verarbeitet eine schreckliche und demütigende Erinnerung daran, wie sie im Alter von sechs Jahren von zwei Männern auf einem Bett festgehalten wird. Der eine der beiden spreizt gewaltsam ihre Beine und dringt in sie ein, was ihr unerträglich weh tut. Während sie diese schreckliche Erfahrung unter Anleitung ihrer Therapeutin erneut durchlebt, verspürt sie zunächst Angst, Schuld und Wut und wird dann plötzlich ganz ruhig. Sie seufzt, lächelt und berichtet, ihr sei klar geworden, daß diese Männer schon seit langem tot seien und daß sie ihnen nie mehr begegnen werde. Nach der nächsten Serie von Augenbewegungen sagt sie, alles werde nun gut werden. Nach erneuten Augenbewegungen stellt sie nüchtern fest, ihr Körper sei nur eine Hülle, die geformt werden könne, doch ihre wundervolle Seele sei von dieser ganzen Erfahrung unberührt geblieben. Am Ende der Sitzung ist ihr klar, daß sie mehr ist als ihr Körper. Die ursprüngliche traumatische Szene belastet sie nicht mehr. Sie fühlt sich völlig ruhig, wenn sie daran zurückdenkt.

EMDR-Therapeuten tauschen gern Geschichten über inspirierende Transformationen aus, deren Zeugen sie während ihrer Arbeit geworden sind. Ich habe mit Therapeuten aus der ganzen Welt über Erlebnisse in meiner Praxis gesprochen, und ich habe festgestellt, daß es ihnen allen ebenso wie mir selbst wichtig ist, ihre bewegenden Geschichten über spirituelle und psychische Transformationen zu erzählen. Wir alle staunen immer wieder darüber, was unsere Klienten in unserem Beisein durchleben. Doch haben wir darüber bisher kaum in schriftlicher Form berichtet, weil wir fürchteten, EMDR könnte als neuer »kalifornischer New-Age-Kult« mißverstanden werden, und dadurch würde der Wert dieser Methode für die therapeutische Arbeit Schaden leiden.

Ich glaube, daß das, was wir im Rahmen der EMDR-Arbeit erleben, der Theorie über die Wirkungsweise von EMDR entspricht. EMDR bringt uns wieder mit einem natürlichen Gleichgewichtszustand oder mit der Ganzheit in Kontakt. Nachdem wir eine Wunde gereinigt haben, treten die natürlichen Heilkräfte unseres Körpers in Aktion und heilen die Verletzung. Wenn EMDR Blockierungen der natürlichen Heilkraft des Körper-Geist-Systems aufgelöst hat, werden Ganzheit und Gleichgewicht wiederhergestellt, und dies führt zu Erfahrungen des Friedens, des Gleichmuts, der Freude, des Verstehens, der Weisheit, der Liebe und des Mitgefühls. EMDR beseitigt Blockaden, die die Ganzheit behindern, entfernt jedoch nicht, was adäquat und funktionell ist. Wut, Angst, Trauer und Aversion werden durch die EMDR-Arbeit aufgelöst, und an ihre Stelle treten Gefühle der Ruhe, des Friedens und der Liebe. Diese positiven Gefühle werden durch weitere Serien von Augenbewegungen verstärkt, wohingegen Wut, Angst und dergleichen immer schwächer werden.

EMDR hat meine Ansichten darüber, was möglich ist, erweitert. Ich glaube, daß Klarheit, Weisheit und Mitgefühl feste Bestandteile unserer Wesensnatur sind und daß unser aktueller Zustand unsere Kenntnis der Essenz trübt. Deshalb bringen wir unsere wahre Essenz nicht zum Ausdruck. Wenn wir älter werden, definieren wir uns mit Hilfe von Überzeugungen und Konzepten und halten diese für die Wahrheit über uns selbst. Wenn unsere essentielle Natur der Sonne gleicht, entspricht das, was gewöhnlich geschieht, dem Aufziehen von Wolken am Himmel, die die Sonne verdecken. Tatsächlich ist unsere Sonne stets da; sie ist nur verborgen. Indem die EMDR-Verarbeitung die Wolken beseitigt, macht sie die Sonne wieder sichtbar.

Bei der EMDR-Arbeit *erfahren* viele Klienten Klarheit, Mitgefühl und Verstehen, die ihrem wahren Wesen entsprechen. Oft formulieren sie dann Weisheiten, über die sie selbst staunen. Im Laufe von EMDR-Sitzungen wallt in ihnen häufig ein starkes Gefühl der Liebe zu sich selbst und anderen auf.

Liebe, Frieden, Weisheit, Verstehen und Ganzheit sind unser Geburtsrecht und unser natürlicher Zustand. Dieses Kapitel zeigt das ganze Spektrum der starken und oft unerwarteten Auswirkungen einer EMDR-Therapie. In den folgenden Abschnitten werden dieselben dann noch detaillierter beleuchtet.

EMDR und psychologische Erinnerungen

Die EMDR-Therapie scheint zu reinigen, was Jean Klein als »psychologische Erinnerungen« bezeichnet – Erinnerungen, die mit Affekten verbunden, lebendig, gegenwartsbezogen und sehr persönlich sind. Für das Nachdenken über die psychischen Erlebnisse der Vergangenheit und für deren Aufrechterhaltung wenden Menschen gewöhnlich ungeheuer viel Energie auf. Diese Erinnerungen bilden die Grundlage unserer Identität, denn wir glauben, daß wir mit unserer Geschichte identisch sind. Unser Körper und Geist hält diese Erinnerungen fest, und wir sind ihre Gefangenen. Solange wir uns mit ihnen identifizieren, können wir nicht völlig in der Gegenwart leben.

Melissa beispielsweise, eine 45jährige Frau, wurde vom Bild des Sterbens ihrer geliebten Mutter in einem Krankenhaus verfolgt. Zum Zeitpunkt des Todes der Mutter war Melissa zwölf Jahre alt gewesen. Durch den emotionalen Schmerz, den sie wegen des Verlustes ihrer Mutter empfand, entstand in ihr die Überzeugung, daß es »zu unsicher ist, jemanden zu lieben, weil man diesen Menschen verlieren kann.« Melissa baute ihr Leben weitgehend auf dieser Prämisse auf. Sie hatte Schwierigkeiten in Beziehungen und ließ nicht zu, daß irgendein anderer Mensch ihr wirklich nahe kam. Immer wenn in einer Beziehung eine zu große Nähe entstand, fand sie einen Grund, die Beziehung zu beenden, oder sie brachte den Partner dazu, sie zu verlassen. Melissas Schmerz wurde im Laufe der Zeit immer stärker und wirkte sich sehr nachteilig auf ihre Selbstachtung aus. Bilder von fehlgeschlagenen Beziehungen in Verbindung mit Überzeugungen wie »Ich bin unzulänglich« oder: »Ich bin zu einer normalen dauerhaften Beziehung einfach nicht in der Lage« bildeten neue Schichten ihrer Identität. Infolge dessen entwickelte sie eine Lebensweise und eine berufliche Situation, die ihr das Aufrechterhalten einer langfristigen engen Beziehung schwierig, wenn nicht gar unmöglich machte.

EMDR dringt zu den Ursprüngen solcher einschränkenden Muster vor und löst sie durch die Arbeit mit Ziel-Erinnerungen und negativen Überzeugungen auf. Oft entsteht am Ende einer abgeschlossenen EMDR-Sitzung eine »objektive Erinnerung«. Solche Erinnerungen sind nicht mehr durch Affekte belastet; die traumatischen Erlebnisse werden nun einfach als Tatsachen erinnert. Die Erinnerungen sind, wenn sie diesen Aggregatzustand erreichen, nicht mehr in der Gegenwart lebendig, sondern sie werden als Teil der Vergangenheit erlebt. Nach EMDR-Sitzungen berichten die Klienten gewöhnlich, Erinnerungen, die für sie lange Zeit sehr belastend gewesen seien (psychologische Erinnerungen), schienen nicht mehr zu ihnen zu gehören. Sie sagen beispielsweise: »Es ist vorüber« oder: »Es ist so, als würde ich in der Zeitung darüber lesen.« Alte Erinnerungen, etwa solche an schreckliche Mißhandlungs- und Mißbrauchserlebnisse, betrachten die Klienten nicht mehr als einen Teil von sich selbst. Sie haben nicht mehr das Gefühl: »Das ist mir zugestoßen«, sondern empfinden: »Es ist geschehen.« Es findet ein Wechsel von »Das sind meine Erinnerungen« zu »Dies sind Erinnerungen« statt. Die Klienten können nun akzeptieren, daß diese Dinge geschehen sind (objektive Erinnerung), und sie loslassen, statt sich weiter mit ihrer persönlichen Geschichte zu identifizieren.

Jane, eine 29jährige Krankenschwester, war als Kind von ihrem Vater sexuell belästigt worden. Nach dreimonatiger intensiver EMDR-Therapie, in der sie die Erinnerungen an den Mißbrauch verarbeitete, berichtete sie, sie könne nun völlig unbelastet an jenes Erlebnis zurückdenken. Bei vielen Menschen verwandelt sich durch EMDR das Gefühl, etwas sei »mein Leben« oder »meine Erinnerung« in: »Es ist geschehen.« Sie vergessen das Erlebte gewöhnlich nicht, doch erscheint es ihnen nicht mehr so wichtig.

Die bereits erwähnte Melissa berichtete am Ende einer EMDR-Sitzung, wenn sie sich das Bild vergegenwärtige, das für sie den Verlust ihrer Mutter repräsentiere, dann sei dies nicht mehr so schmerzhaft – sie habe nun das Gefühl, es stamme aus ferner Vergangenheit. Melissa empfand Mitleid mit ihrem Kind-Ich, weil dieses einen so schweren Verlust erlitten hatte. Außerdem wurde ihr klar, wie sehr dieses Bild ihr in Beziehungen zu Männern und in der Strukturierung ihres Lebens geschadet hatte, und sie ersetzte ihre dysfunktionale Überzeugung durch eine, die ihr nun als zutreffend erschien: Der Verlust ihrer Mutter war Vergangenheit, und Melissa konnte lieben und die Liebe anderer zulassen.

Oft sehen Klienten am Ende einer EMDR-Sitzung das Bild ihres traumatischen Erlebnisses so, als befänden sie sich über der Szene. Sie sehen sich zwar noch als einen Teil der Szene, aber nicht mehr in deren Zentrum. Ihnen ist klargeworden, daß sie nur ein Teil des Gesamtbildes sind. Dadurch entwickeln sie eine völlig neue Orientierung, und durch diese Erweiterung ihrer persönlichen Sicht werden ihre zuvor fixierten Verhaltensmuster und Überzeugungen verändert und aufgelöst.

Ein Beispiel für diesen Wechsel zu einer umfassenderen Perspektive wird in Kapitel 1 geschildert. Dort berichtete ich über meine Arbeit mit dem Bild meines Vaters, der wütend auf mich war, weil ich mir in die Hose gemacht hatte. In jener Sitzung verarbeitete ich den Schrecken, den ich in der Situation empfunden hatte, und die Überzeugung, daß ich für seine Wut verantwortlich sei. Am Ende der Sitzung staunte ich über die starke Veränderung meiner Perspektive: Ich spürte, daß ich ein Teil eines wesentlich größeren Ganzen war.

Ich sah meine Familiengeschichte von oben – nicht im visuellen Sinne, sondern mit Hilfe einer wesentlich umfassenderen Wahrnehmungsform. Ich stand nicht mehr im Zentrum der Erfahrung, sondern hatte nur teil an etwas, das größer war als die beteiligten Individuen.

Objektives Vergeben

Objektives Vergeben tritt gewöhnlich durch vollständige Verarbeitung eines traumatischen Ereignisses ein. Sie zeigt an, daß die psychologische Erinnerung sich in eine objektive Erinnerung verwandelt hat. Objektives Vergeben ist nicht sentimental, sondern die Klienten verstehen unabhängig von ihren Emotionen, warum jemand ihnen geschadet hat. Oft treten Verstehen und Frieden an die Stelle des Verlangens nach Rache oder Gerechtigkeit. Die Betroffenen haben das Gefühl, daß die Vergangenheit nun wirklich Vergangenheit ist.

Am Ende meiner ersten EMDR-Sitzung hatte ich das Gefühl, daß mein Vater sich mir gegenüber so schrecklich verhalten hatte, weil er selbst unter der Ablehnung und Mißhandlung seiner kalten, lieblosen Mutter gelitten hatte. Nach der Sitzung war ich nicht mehr wütend auf ihn, und ich wollte auch nicht mehr, daß er sich bei mir entschuldigte. Ich hatte das Gefühl, daß seine Wut auf mich in weiter Ferne lag. Seit ich erwachsen war, schien sich das Verhalten meines Vaters mir gegenüber ohnehin völlig verändert zu haben. Er wirkte nun nicht mehr so bedrohlich auf mich, wie ich ihn als Kind empfunden hatte, und er war glücklicher. Wir hatten beide in ähnlicher Weise unter der Ablehnung unserer Eltern gelitten.

Beim objektiven Vergeben ist Objektivität das entscheidende Element. Sie kommt einem Akzeptieren gleich, nicht der Resignation, und sie erzeugt eine Art von innerem Frieden.

Das objektive Vergeben bezieht sich auf den Klienten selbst ebenso wie auf andere Menschen. Häufig leiden Menschen ihr Leben lang unter dem Gefühl, ihr Unglück selbst verschuldet zu haben und ihr Tun niemals in ausreichender Weise bereuen zu können: Der Veteran, der zwar zwei seiner Kameraden retten konnte, den dritten jedoch nicht; die Mutter, die ihren Mann nicht daran hinderte, ihre Kinder zu mißhandeln; der Eisenbahnarbeiter, der es nicht schaffte, einen Zug anzuhalten, bevor dieser ein Auto mit einer vierköpfigen Familie erfaßte; oder der Erwachsene, der als Kind seine jüngere Schwester sexuell mißbrauchte. Selbsthaß, Schuldgefühle und Selbstverurteilung verhindern die emotionale Heilung. Nach der völligen Auflösung ihrer traumatischen Erlebnisse verstehen Klienten, warum sie sich so und nicht anders verhalten haben, sie erfahren dies als einen Teil der Vergangenheit, und sie erleben sich selbst in umfassenderer Weise in der Gegenwart.

Einem Polizisten, der sich ungeheure Vorwürfe gemacht hatte, weil es ihm nicht gelungen war, seinen Kollegen aus der Schußlinie zu stoßen, als ein Gangster einen tödlichen Schuß abfeuerte, wurde durch die EMDR-Arbeit klar, daß er *das Beste getan hatte, was er zum betreffenden Zeitpunkt hatte tun können*. Dies war keine intellektuelle Rationalisierung, sondern eine Aussage, die er als absolut zutreffend und befreiend empfand. Ein Gefühl der Erleichterung durchfloß ihn, als er diese Erkenntnis mitteilte, und er fühlte sich zum erstenmal seit langem im Frieden mit sich selbst. Danach hatte er das Gefühl, endlich wieder normal leben zu können.

In Fällen, in denen Menschen wissentlich anderen geschadet haben, könnte man sich natürlich fragen, ob es wirklich so positiv ist, wenn die Betreffenden lernen, sich selbst zu vergeben. Ich habe jedoch festgestellt, daß Menschen durch eine EMDR-Therapie in die Lage versetzt werden, die Verantwortung für ihr früheres Tun zu übernehmen, und daß sie danach das Bedürfnis verspüren, das Geschehene wiedergutzumachen. Täter erkennen durch EMDR, daß sie das, was geschehen ist, zwar nicht mehr ändern, aber in der Gegenwart Gutes tun können.

Verändern zentraler Überzeugungen und unerwünschter Verhaltensmuster

So wie die EMDR-Therapie psychologische Erinnerungen in objektive Erinnerungen verwandelt, verändert sie auch negative Überzeugungen der Klienten über sich selbst und die Welt. Mißbrauchsopfer, die jahrzehntelang mit der Überzeugung gelebt haben, sie seien schlecht, schmutzig, nicht liebenswert, entehrt und könnten niemals mehr irgend jemandem vertrauen, haben durch EMDR erkannt, daß diese Überzeugungen unzutreffend waren und auf früheren falschen Wahrnehmungen basierten. Überzeugungen wie »Ich bin okay«, »Ich bin liebenswert«, »Ich bin ehrenwert« und »Ich kann manchen Menschen vertrauen« treten bei ihnen spontan an die Stelle der alten negativen Überzeugungen und verändern Selbstwahrnehmung und Selbstwertgefühl. Menschen, die infolge traumatischer Kindheitserlebnisse chronisch unter einem schwachen Selbstwertgefühl litten, haben durch EMDR eine erheblich stärkere Selbstachtung entwickelt.

Ebenso kommt es bei vielen EMDR-Klienten durch die Behandlung zu umfangreichen Verhaltensveränderungen. Schädliche Verhaltensmuster wurden aufgelöst, und neue, adäquate Reaktionen entwickelten sich, nachdem EMDR die emotionalen Hindernisse aus dem Körper-Geist-System des Betreffenden beseitigt hatte. Der folgende Bericht einer 32jährigen Frau veranschaulicht, wie sich durch Verarbeitung einer traumatischen Erinnerung ihre Überzeugungen und ihr Verhalten veränderten.

In meiner ersten EMDR-Sitzung entschied ich mich, an einer ständig wiederkehrenden Erinnerung zu arbeiten. Ich gehe als Kind in einem öffentlichen Schwimmbad mit meiner Mutter die Betontreppe zum Schwimmbecken hinab. Der Erinnerung zufolge ist mein Badetuch um meinen ganzen Körper einschließlich meiner Arme geschlungen. Meine Mutter schaut zu mir hinunter und rät mir, die Arme frei zu lassen. Sie unterstreicht ihren Rat durch eine Geschichte von einem anderen kleinen Mädchen, das eine Treppe hinuntergefallen und auf den Kopf aufgeschlagen war. Weil es sich in seinem eigenen Badetuch verfangen hatte, hatte es sich nicht festhalten können.

Als besonders belastendes Bild wählte ich die Szene aus, wie ich an jenem Tag hilflos die Treppenstufen hinabfiel. Ich war zwar *tatsächlich* gar nicht die Stufen hinabgefallen, doch hatte mich dieses Phantasiebild verfolgt, seit mir meine Mutter jene Geschichte erzählt hatte. Irgendwie war es für mich so, als wäre dies tatsächlich passiert.

Die mit dem Bild verbundene negative Kognition war: »Ich habe keine Kontrolle über mein eigenes Leben«, und davon war ich tatsächlich seit langem überzeugt. Mir ging also an diesem Punkt nichts auf, dessen ich mir nicht schon seit langem bewußt war. Nachdem ich jedoch mit den Augenbewegungen begonnen hatte, trat das ein, was Francine Shapiro als beschleunigte Verarbeitung bezeichnet. In sehr kurzer Zeit wechselte ich von lähmender Angst zu rasender Wut und schließlich zu einem Gefühl kraftvoller Zentriertheit, das es als überflüssig erscheinen ließ, irgend jemanden anzugreifen. Während sich dieses Gefühl meiner eigenen Kraft entwickelte, empfand ich eine starke sexuelle Energie und war über diese Verbindung sehr erstaunt.

Ich arbeitete weiter an dieser Ziel-Erinnerung und fühlte mich zunächst verwirrt und frustriert, weil das Bild, auf dem ich mich als kleines Mädchen die Treppenstufen hinunterpurzeln sah, sich nicht veränderte. Allerdings entwickelte ich allmählich eine immer größere Distanz zu dem Bild, als würde ich mich von ihm zurückziehen. Ich sagte zu meiner Therapeutin, es belaste mich zwar immer noch, daß das kleine Mädchen die Treppe hinabfalle, doch mein Angstgefühl sei verschwunden. Die Therapeutin forderte mich auf, bei dieser Erfahrung zu bleiben und mit den Augenbewegungen fortzufahren. Während der nächsten Serie von Augenbewegungen wurde mir plötzlich klar, daß *das kleine Mädchen, das die Treppenstufen hinabfiel, niemand anders als meine Mutter war!* Ich fing an zu lachen und verspürte eine ungeheure Erleichterung. Die positive Kognition »Ich bin in der Lage, mein Leben zu meistern, und ich habe die Kontrolle über mein Leben« setzte sich fast augenblicklich in meinem Zentrum fest, und ich *fühlte* sie wirklich. Sie fühlte sich völlig zutreffend an.

Die Erkenntnis, daß ein großer Teil meines Angstgefühls und meines Gefühls mangelnder Kontrolle über mein Leben einfach eine Folge dessen war, daß ich die *Erfahrung meiner Mutter* verinnerlicht hatte, war völlig neu für mich. Noch wichtiger jedoch war, daß ich während des EMDR-Prozesses den Unterschied zwischen mir und meiner Mutter erlebte. Ich war völlig anders als sie und völlig unabhängig von ihr. Infolge dieses plötzlichen Bewußtwerdens der Getrenntheit von ihr wurde mein Gefühl, Herrin meiner selbst und im Vollbesitz meiner Kraft zu sein, noch stärker.

Kurz nach dieser speziellen EMDR-Sitzung besuchte ich zu Weihnachten meine Eltern. *Ich bemerkte sofort ein neuartiges Gefühl der Verbundenheit zwischen mir und meiner Mutter. Ich sah ihre Angst als einen Teil von ihr und versuchte nicht mehr nach alter Gewohnheit, sie zu beruhigen. Ich war in der Lage, Kontakt zu meinem eigenen Zentrum aufzunehmen und darin zu ruhen.*

Die ganzheitliche innere Empfindung der Wahrheit

Nach meinen Beobachtungen verhilft EMDR Klienten zu einem besseren Kontakt mit ihrem somatischen Empfinden der »Richtigkeit« oder »Wahrheit«. Sie fühlen sich in ihre eigene innere Wahrheit ein, die sie als Kinder zu zensieren oder zu mißachten gelernt haben. Der EMDR-Prozeß unterstützt die Entwicklung dieses unterdrückten körperzentrierten Wissens.

In der EMDR-Therapie begleiten die Therapeuten den Prozeß der Klienten und unterstützen ihn. Wenn sie einen Vorschlag machen oder eine Bestätigung geben, die ein Klient als nicht richtig oder nicht passend empfindet, machen sie diese Intervention sofort wieder rückgängig. Das Belastungsniveau nimmt nur ab, wenn die Eingriffe der Therapeuten adäquat sind. Nur etwas, das adäquat ist, kann in das System Eingang finden. Auf diese Weise lernen die Klienten, sich auf ihren Körper und Geist einzustimmen und zu spüren, was sie als wahr und zutreffend empfinden.

Ein wichtiger Bestandteil der EMDR-Therapie ist das Verankern einer positiven Kognition, die hilft, dieses körpergebundene Wissen zu erschließen. Die positive Kognition ist, wie Sie sich vielleicht noch erinnern werden, eine positive Aussage des Klienten über sich selbst (eine »Selbstaussage«), die diesem am Ende einer EMDR-Sitzung, wenn das Belastungsniveau verringert worden ist, bewußt wird. Die positive Kognition ist eine neue Selbstsicht des Klienten, und wenn dieselbe mit seinem ursprünglichen belastenden Bild verbunden wird, entwickelt er eine völlig neue Sichtweise des traumatischen Ereignisses.

Die EMDR-Methode basiert darauf, den von den Klienten selbst berichteten Erfahrungen zu folgen und einfach und objektiv dem gerecht zu werden, was die Klienten als wahr empfinden. Dies ermöglicht es ihnen, ihre Erfahrungen zu beobachten und ohne verurteilende und aversive Haltung über sie zu berichten, sich außerdem selbst zuzuhören und aufgrund dieser Information statt aufgrund alter Konditionierungen zu handeln. Oft berichten Klienten, sie hätten ein Gefühl, als sei ein Teil eines Puzzles wie von selbst genau an die richtige Stelle gefallen. Die EMDR-Therapie entwickelt und stärkt bei den Klienten ihr Gefühl für Wahrheit und ihre innere Weisheit.

Rosemarie, eine 45jährige Sekretärin, profitierte in dieser Hinsicht erheblich von der Therapie. Als Kind war sie von einer weiblichen Verwandten sexuell mißbraucht worden. Als sie mit der Therapie begann, litt sie unter Alpträumen, in denen es darum ging, daß ihre Familie sie als »verrückt« bezeichnete und sie in eine psychiatrische Anstalt einweisen lassen wollte. Diese äußerst beunruhigenden Träume bereiteten ihr tagsüber große Angst und belasteten sie sehr. Nachdem sie diesen Traum in einer EMDR-Sitzung verarbeitet hatte, gestand sie, sie habe große Angst davor, die Verwandte, die sie mißbraucht habe, anläßlich eines Familientreffens wiederzusehen. Rosemarie war wegen dieses bevorstehenden Treffens völlig aufgewühlt. Offenbar beruhte ein großer Teil ihrer Belastung darauf, daß niemand in ihrer Familie etwas von dem Mißbrauch wußte und alle Familienmitglieder die Verwandte, die die Tat begangen hatte, für liebevoll und freundlich hielten. Ich schlug ihr vor, sie solle an ein Familienmitglied denken, dem sie von dem Mißbrauch erzählen könnte, und sich dann vorstellen, sie würde dies tatsächlich tun. Während Rosemarie Augenbewegungen ausführte, nahm ihre Angst, die zuvor sehr stark gewesen war, ab, und sie fühlte sich völlig ruhig. Sie hatte das Gefühl, daß plötzlich ein Teil des Puzzles an den richtigen Platz gerückt war: Wenn sie jemandem von dem Vorfall erzählen würde, wäre außer ihr noch jemandem klar, daß sie nicht verrückt war.

Ich habe festgestellt, daß viele meiner Klienten durch EMDR lernen, dieses ganzheitliche innere Empfinden der Richtigkeit in ihr Alltagsleben zu integrieren. Sie entwickeln ein inneres Gefühl dafür, wem sie vertrauen können, sowie ein Gefühl für die Korrektheit eines Urteils. Sie werden sensibler für ein körperliches Empfinden von Richtig und Falsch, und sie lernen, der Weisheit ihres Körpers zuzuhören und zu vertrauen.

Vertrauen zum Leben und Selbstvertrauen

Viele Klienten entwickeln durch EMDR ein stärkeres Vertrauen zum Leben, und ihre Fähigkeit, alles, was das Leben mit sich bringt, in umfassenderer Weise zu erfahren, wird gestärkt. Die EMDR-Methode scheint Klienten die Auflösung ihrer Identifikation mit ihrer Geschichte und die Entwicklung eines objektiveren Verhältnisses zu derselben zu ermöglichen (d.h., sie nicht mehr als einen Teil ihrer selbst zu empfinden). Außerdem können sie sich nach einer solchen Behandlung besser mit schwierigen Gefühlen und Gedanken auseinandersetzen. Infolgedessen lassen sich durch eine EMDR-Therapie schnell Fortschritte erzielen, und daraus kann sich eine völlig neue Einstellung zum Leben entwickeln. Die Klienten lernen, eine Erfahrung durch ihr Gewahrsein fließen zu lassen und »dabei zu sein«, so wie es auch während der EMDR-Sitzungen war. Sie lernen, Verhaltensmuster schneller zu erkennen und dieselben entweder ohne EMDR selbständig zu verarbeiten oder sich in der nächsten EMDR-Sitzung damit auseinanderzusetzen.

Viele meiner EMDR-Klienten verstehen schnell, was Alan Watts als »Weisheit der Unsicherheit« bezeichnet hat. Sie lernen, allem, was auftaucht, zu begegnen, ohne zu versuchen, es ihrer Kontrolle zu unterwerfen oder sich dagegen zu verteidigen. Ebenso wie sie sich in der EMDR-Therapie dem Prozeß anvertraut haben, der sich nach seinen eigenen Gesetzmäßigkeiten entfaltet – die intensivsten Gefühle zu durchleben und die undenkbarsten Gedanken zu denken –, fällt es ihnen nun auch leichter, den Geschehnissen in ihrem Leben zu vertrauen. Ich kenne Klienten mit schrecklichen Mißbrauchserfahrungen, die sich ihrem Leben in neuartiger Weise öffneten und die ihr Erleben nicht mehr einer strengen Kontrolle zu unterwerfen brauchten. Durch EMDR haben sie gelernt, daß sie bei allem, was in ihrem Leben auftaucht, einfach »sein« können.

Dieses vertiefte Vertrauen in die eigene Fähigkeit, mit schmerzhaften Emotionen umzugehen, veranschaulicht der Fall von Barbara, einer 36jährigen Frau, die im Alter zwischen zwei und drei Jahren von ihrem älteren Bruder sexuell belästigt worden war und dadurch starke Gefühle der Angst und Hilflosigkeit entwickelt hatte. Obwohl Barbara bereits in einer konventionellen Therapie gewesen war, hatte sie es bisher vermieden, an ihren Inzesterinnerungen zu arbeiten. Die EMDR-Therapie erschien ihr als ihre letzte Chance: Ihr Mann hatte ihr angedroht, sie zu verlassen, unter anderem weil sie ihm gegenüber emotional sehr distanziert war.

Barbara hatte ihre Gefühle zeitlebens gefürchtet und vermieden. Mit Hilfe von EMDR gelang es ihr, zu ihren stärksten Ängsten und Erinnerungen in Kontakt zu treten, woraufhin sie sich besser fühlte. Zum ersten Mal seit ihrem Mißbrauchserlebnis spürte sie ihren Körper wieder vollständig. Außerdem wurde ihr klar, daß es für sie in Ordnung wäre, wenn ihr Mann sie verlassen würde. Sie sagte: »Ich habe jetzt nicht mehr so große Angst davor, allein zu sein. Ich kann diese Gefühle verkraften.«

Ihr Erfolg im Umgang mit so intensiven Gefühlen während unserer EMDR-Sitzungen stärkte ihr Selbstvertrauen und vermittelte ihr das körperliche Wissen, auch das Hindurchfließen anderer Emotionen durch ihr Körper-Geist-System zulassen zu können. Nachdem sie ihr Inzesttrauma wiedererlebt und sich danach »okay« gefühlt hatte, wußte sie, daß sie auch mit anderen Gefühlen, wie Trauer über einen Verlust, fertig werden würde.

Einen solchen Zuwachs an Selbstvertrauen und Kraft scheinen die meisten EMDR-Klienten zu erleben, und sie scheinen wesentlich autonomer zu werden als Klienten, die nach einer traditionelleren Methode psychotherapeutisch behandelt werden. EMDR-Therapeuten verlassen sich in starkem Maße auf die innere Erfahrung der Klienten. Sie schenken Übertragungsproblemen kaum Beachtung wie auch der Frage, was in der Beziehung zwischen Klient und Therapeut geschieht. Die Klienten fühlen sich von ihren Therapeuten unabhängiger, weil sie das Gefühl haben, daß ihre Heilung und ihre Erkenntnisse aus ihnen selbst, nicht aus einer äußeren Quelle stammen.

Therapeuten, die mit EMDR arbeiten wollen, müssen bereit sein, in unbekanntes Gebiet vorzudringen. Es darf für sie kein Problem sein, nicht zu wissen, was als nächstes geschehen wird. Bei meiner Arbeit mit Klienten habe ich oft keine genaue Vorstellung davon, was mit diesen im nächsten Augenblick geschehen wird. Dennoch kann ich mich, wenn es darum geht, Klienten aus »Sackgassen« herauszuführen, und den Fortgang der Verarbeitung zu unterstützen, auf eine dem Prozeß inhärente Weisheit verlassen. Solange es mir gelingt, den Prozeß des Klienten in Gang zu halten, kann geschehen, was immer als nächstes geschehen mag.

Zur Veranschaulichung möchte ich die Geschichte von Karen wiedergeben, die nach der Geburt eines Kindes unter einer schrecklichen Depression litt und die ständig von intrusiven Phantasien und Gedanken verfolgt wurde, sie könnte dem Baby Schaden zufügen. Während einer EMDR-Sitzung tauchte ihre Angst auf, sie könnte ihr Baby mit einem Messer erstechen. Sie war darüber sehr beunruhigt und wollte den Gedanken und das damit verbundene Bild aus ihrem Bewußtsein verbannen. Ich forderte sie ruhig auf, dem Bild, wie sie ihr Baby ersticht, zu folgen. Während sie sich die Situation vorstellte, schluchzte sie herzerweichend – doch dann fing sie plötzlich an zu lachen. Nach der Verarbeitungsserie erzählte sie mir, während sie das Baby erstochen habe, habe es gelacht, als sei nichts geschehen. Karen wurde auf diese Weise klar: »Ich *kann* mein Baby nicht verletzen«, und dies erleichterte sie ungeheuer. Als ich sie aufgefordert hatte, sich vorzustellen, wie sie ihr Baby ersticht, hatte ich nicht die geringste Ahnung, was daraufhin geschehen würde. Doch haben mich frühere Erfahrungen gelehrt, darauf zu vertrauen, daß alles, was geschehen würde, aus Karens Perspektive betrachtet geschehen mußte und auch von ihr zugelassen werden mußte, damit sie geheilt werden konnte.

Viele meiner EMDR-Klienten begegnen ihrem Leben nach der Behandlung mit neuartiger Offenheit und Frische und beziehen sich bei Entscheidungen nicht mehr so sehr auf ihre persönliche Geschichte. Sie schauen sich alle Facetten der Situation an – einschließlich dessen, was sie in ihrem Körper und Geist erfahren –, und sie stellen immer wieder fest, daß die gesuchte Lösung spontan auftaucht. Dadurch entwickeln sie ein größeres Vertrauen zum Leben, und ihre Ängste und Sorgen bezüglich der Zukunft nehmen ab.

Diese Entwicklung habe ich auch bei Lisa beobachtet, einer jungen Frau, die als Kind sexuell mißbraucht worden war. Während unserer Zusammenarbeit wurde sie auf ihre Hoffnungslosigkeit und Depression aufmerksam, und es gelang ihr daraufhin, sich immer mehr von ihrer Vergangenheit zu lösen. Ich hatte ihr mehrmals empfohlen, sich mit anderen Frauen, die ähnliches erlebt hatten, in einer Gruppe zu unterhalten, doch hatte sie dies immer wieder abgelehnt, weil sie sich dazu noch nicht in der Lage fühlte. Obwohl sie immer noch etwas ängstlich war, erklärte sie sich schließlich bereit, an einer solchen Gruppe teilzunehmen, weil sich der Zeitpunkt dafür nun »richtig anfühlte«.

Freisetzung starker Energien

Die Auflösung alter psychischer Probleme kann einen starken Einfluß auf die Energie in unserem Körper haben. Häufig berichten Klienten, daß sich während und nach den Serien von Augenbewegungen die Energie in ihrem Körper verändert. Manchmal manifestieren sich diese Energieveränderungen als stärkere oder schwächere Atemaktivität, als Weinen, Lachen, Zittern oder in Form tiefen Seufzens – eine deutlich erkennbare Entspannungsreaktion –; wenn sich Klienten von belastenden psychologischen Erinnerungen befreit haben, verspüren sie häufig ein Gefühl der Leichtigkeit in Körper und Geist. Viele Klienten erleben in dieser Situation zum ersten Mal, daß ihr Körper frei von Spannungen ist.

Eine Klientin sagte, dieses Gefühl sei so, als würden Zementblöcke von ihrem Körper entfernt. Andere haben mir erzählt, sie spürten, wie Energie durch ihren Körper fließe, daß etwas zuvor Blockiertes in ihrem Kopf, ihrem Herzen, ihrer Kehle oder ihrem Solarplexus nun frei geworden sei und daß eine sehr angenehme und positive Energie in ihrer Wirbelsäule aufsteige. In vielen Fällen waren die energetischen Veränderungen ungeheuer stark.

Amy, eine 55jährige Managerin von angenehmem Wesen, litt unter ihrem schwachen Selbstwertgefühl, ihrem schwachen Selbstvertrauen und ihrem Mangel an sexuellem Verlangen. In einer EMDR-Sitzung berichtete sie von einer Erinnerung an eine Situation, in der ihr Vater sie, als sie zwölf Jahre alt gewesen war, sexuell belästigt hatte. Während sie diese Erinnerung verarbeitete, wurde ihr klar, daß sie ihre Energie im Genitalbereich zurückhielt. Sie war überzeugt: »Meine Energie ist gefährlich, meine Energie ist schlecht.« Ihr wurde klar, daß sie als Kind geglaubt hatte, *sie* sei schuld daran, daß ihr Vater sie belästigt hatte, und deshalb hatte sie sich entschlossen, ihre Energie ständig unter Kontrolle zu halten. In unserer EMDR-Sitzung spürte sie dies, und ihr wurde klar, daß ihre unzutreffende Überzeugung sie in ihrem kreativen, intellektuellen und sexuellen Ausdruck eingeschränkt hatte.

Sie konzentrierte ihre Aufmerksamkeit auf ihre Fortpflanzungsorgane und Genitalien, während sie die Augen hin und her bewegte, und schon bald berichtete sie, sie spüre, daß sich ihre Energie verändere. »Ich kann meine Eierstöcke spüren«, sagte sie. Am Ende der Sitzung berichtete sie, die Energie habe sich bewegt und den Bereich ihrer Fortpflanzungsorgane »geöffnet«. Nun glaubte sie: »Es war Sache meines Vaters, sich unter Kontrolle zu halten. Ich kann meine Energie zulassen.« Amy war glücklich, und sie berichtete, sie hätte das Gefühl, viel mehr Kraft zu haben.

In unserer nächsten Sitzung erzählte sie, auch in der Zwischenzeit habe sich ihre Energie immer wieder verändert. Auch ihr Akupunkteur – bei dem sie gleichzeitig in Behandlung war – war sehr beeindruckt gewesen und hatte starke energetische Veränderungen bemerkt. Die EMDR-Arbeit hatte zuvor blockierte Bereiche in ihrem Körper-Geist-System geöffnet, und dies hatte zu einer Stärkung ihrer Vitalität, ihrer Energie und ihres Selbstvertrauens geführt.

Berichte darüber, daß nach EMDR-Sitzungen Energieblockaden besonders im Bereich des Herzens beseitigt werden, gibt es ziemlich häufig. Die Klienten erleben Gefühle der Wärme und Offenheit, die sich in Form von Mitgefühl sich selbst und anderen gegenüber manifestieren. Erinnerungen sowie dysfunktionale Verhaltensweisen und Überzeugungen scheinen den natürlichen Fluß der Energie zu blockieren, und EMDR scheint diese Blockaden auf allen genannten Ebenen aufzulösen und dadurch den natürlichen Energiefluß im Körper wiederherzustellen. Das natürliche Fließen der Energie wird als Frieden, Liebe, Offenheit und Freude erfahren. Dies zu erleben ist unser Geburtsrecht. Wenn die psychischen Blockierungen des Energieflusses aufgelöst worden sind, gelangen wir zu unserem natürlichen Sein.

Transformierende spirituelle Erfahrungen

Gewöhnlich empfinden Klienten nach Abschluß eines belastenden Erlebnisses tiefe Ruhe und ein Gefühl innerer Weite. Manche sprechen über spirituelle Einblicke, tiefe Erfahrungen des Friedens, der Liebe und der Freude, oder über Kontakt zum Wunder des Lebens. Sogar spontane Einblicke in parapsychische Bereiche wurden Klienten ermöglicht, die zuvor keinerlei Interesse daran und auch keinerlei dementsprechende Erfahrungen hatten.

Viele meiner Klienten fingen nach Abschluß des größten Teils der Arbeit an belastendem Material aus der Vergangenheit an, sich mit tiefergehenden Lebensfragen zu beschäftigen und ein starkes Interesse an der Spiritualität zu entwickeln. Ihnen wird in zunehmendem Maße klar, daß sie nicht mit ihren Erinnerungen, die das Konzept des »Ich« einschließen, identisch sind. Doch wer sind sie dann? »Ich weiß, was ich *nicht* bin«, berichtete ein Klient, der zuvor ungeheuer viele extrem belastende Erinnerungen durchgearbeitet hatte, »aber ich weiß nicht, *wer* ich bin.« Eine andere Klientin hatte schon als Kind ihren traditionellen religiösen Glauben verloren, weil ihr dieser nach dem Tod ihrer jüngeren Schwester als leer und sinnlos erschien. Nach der Auflösung der meisten ihrer schrecklichen Erinnerungen entwickelte sie ein tiefes neuartiges Verhältnis zur Spiritualität.

Karen, die ich schon vorher erwähnt habe, war eine junge arbeitssüchtige Frau mit einem neugeborenen Baby. Auch sie entwickelte im Anschluß an die EMDR-Arbeit ein neuartiges Verhältnis zur Spiritualität. Obwohl sie sich sehr vor dem Tod fürchtete, wurde sie von beängstigenden Vorstellungen darüber, daß sie sich selbst umbringen würde, geplagt. Ich forderte sie auf, sich während einer Serie von Augenbewegungen vorzustellen, wie sie sich selbst umbrachte. Dies tat sie und sah sich schließlich tot daliegen. In diesem Augenblick wurde sie von einem tiefen Gefühl des Friedens und der Ruhe erfüllt, woraufhin in ihr zum ersten Mal der Wunsch erwachte, sich ihrer Spiritualität zu widmen. Karen wurde klar, daß sie durch ihr zwanghaftes Arbeiten ihren Geist beschäftigt hielt und sie sich so daran hinderte, sich mit der Frage ihrer eigenen Sterblichkeit, vor der sie so große Angst hatte, zu beschäftigen. Ihre Zwanghaftigkeit hielt sie also von einer Konfrontation mit ihrem tiefsten Inneren ab. Die EMDR-Therapie verringerte ihre Angst, und daraufhin beschloß sie, die Dinge gemächlicher anzugehen, das Zusammensein mit ihrem Baby zu genießen, nicht mehr so lange zu arbeiten und ihre Spiritualität weiterzuentwickeln. Diese Einsicht kam ihr ebenso spontan, wie sie anschließend Konsequenzen daraus zog.

Wie bereits erwähnt wurde, hilft EMDR Klienten zu sehen, daß sie nicht mit ihrer Geschichte oder mit ihren Geschichten identisch sind. Bei vielen heute praktizierten Therapiemethoden identifizieren sich die Klienten als Überlebende der einen oder anderen Art – eine sehr einschränkende Identität, weil wir *nicht* unsere Vergangenheit sind. Identifikation mit der Vergangenheit bindet uns an diese, wohingegen das Loslassen einer solchen Identifikation uns befreit.

Ich arbeitete drei Monate lang intensiv mit Betty, die sehr unter frühem sexuellen Mißbrauch sowie unter körperlichen Mißhandlungen und unter der Schmerzmittelsucht ihrer Mutter litt. Nach der Verarbeitung des größten Teils dieser Erinnerungen war sie immer noch sehr aufgebracht wegen ihrer »sehr traurigen Lebensgeschichte«, wie sie es nannte. Als sie dies sagte, forderte ich sie auf: »Stellen Sie sich diese als Geschichte vor« und geleitete sie gleichzeitig durch eine Serie von Augenbewegungen. Dabei veränderte sich die Szene vor ihrem inneren Auge. Sie sah eine Mutter, die einem kleinen Mädchen eine traurige Geschichte vorlas – Bettys Lebensgeschichte. Trotz der Traurigkeit der Geschichte wandten sich die beiden anschließend etwas anderem zu. Daraufhin empfand Betty eine ungeheure Veränderung in ihrem Körper und Geist, und sie verspürte ein Gefühl tiefen Verstehens und der Befreiung. Ihr wurde klar, daß sie selbst eine *Geschichte* über ihr Leben geschaffen hatte; ihre Geschichte war nicht das Leben. Betty fühlte sich von der selbstauferlegten

Begrenzung befreit, nachdem sie ihre Identifikation mit der Geschichte, die für sie ihr Leben verkörperte, aufgelöst hatte. Sicherlich war ihre Geschichte traurig, doch diese hatte keinen Einfluß auf ihr tiefstes Wesen. Betty kam noch ein letztes Mal zu einer Sitzung und strahlte während dieser Frieden, Gleichmut und Freude aus.

Einige meiner Klienten haben während unserer EMDR-Sitzungen spontan parapsychische Erfahrungen gemacht. Sie »sahen« plötzlich ihnen nahestehende Verstorbene, die von einem Lichtschein umgeben waren, und kommunizierten mit ihnen. Derartige Erfahrungen lindern oft die Trauer von Klienten und vermitteln ihnen ein Gefühl tiefen Friedens des Geistes und des Herzens. Eine Klientin hat durch die EMDR-Behandlung sogar gelernt, zu spüren, was andere Menschen fühlen. Sie hatte vorher nie Interesse an parapsychischen Phänomen gehabt und war ziemlich überrascht darüber, daß sie plötzlich über diese Fähigkeit verfügte. Seither hat sie ihre intuitive Gabe weiterentwickelt.

Erfahrungen dieser Art treten stets spontan auf, ohne daß ich sie auf irgendeine Weise forciere. Ich versuche auch nicht, sie zu interpretieren, sondern gebe den Klienten die Möglichkeit, ihren Sinn selbst zu finden. Als ich einmal von einer überraschten und schockierten Klientin gefragt wurde, was ihre Erfahrung bedeute, entgegnete ich ihr: »Was bedeutet sie denn für Sie? Wie wirkt diese Erfahrung auf Sie? Leben Sie damit, und berichten Sie mir, wenn Sie es herausgefunden haben.« Ich kann nicht so tun, als würde ich wissen, welche Bedeutung diese Erfahrungen für einen bestimmten Klienten haben. Meine Aufgabe ist es, den Klienten nicht im Weg zu stehen und ihnen die Möglichkeit zu geben, selbst zu entdecken, was ihre Erfahrungen für sie bedeuten. Für alle Klienten hat das, was sie erleben, eine tiefe persönliche Bedeutung, die ihr Leben verändert.

Vier
Schnelle Genesung von einem Trauma

Traumatische Ereignisse, so wie Unfälle, Vergewaltigungen, Gewalttaten und Katastrophen, können eine verheerende Wirkung auf das Leben eines Menschen haben. Sie können bewirken, daß wir unsere Ansichten über uns selbst und über die Welt verändern, und sie können die Grundlagen unseres Lebens erschüttern. So kann beispielsweise ein Mann, der voller Selbstvertrauen und Selbstsicherheit war, nach einem Raubüberfall zu einem ängstlichen, unselbständigen und mißtrauischen Menschen werden. Obwohl er vor jenem Erlebnis offen und gesellig war, zieht er sich danach immer stärker zurück und vermeidet alles, was ihn an den Vorfall erinnert. Vielleicht schämt er sich, weil er nicht in der Lage war, den Überfall zu verhindern, und vielleicht verspürt er eine Schwächung seiner Selbstachtung. Außerdem kann er auch unter sich wiederholenden Alpträumen und Erinnerungsblitzen (Flashbacks) leiden.

Traumatische Ereignisse wirken sich jedoch nicht nur auf die direkt daran Beteiligten aus; auch Freunde der Opfer und ihnen Nahestehende leiden häufig unter ihren Auswirkungen. Im soeben angeführten Fall könnte es beispielsweise sein, daß der Mann, der überfallen wurde, seine Wut über dieses Erlebnis an seiner Frau ausläßt. Es kann auch sein, daß er aufgrund seiner belastenden Gedanken und Gefühle Probleme im intimen Kontakt mit ihr hat. Oder er meidet aufgrund seiner Scham- und Angstgefühle den Kontakt mit Freunden. Außerdem kann er im Beruf unter Konzentrationsschwäche leiden, und auch seine berufliche Motivation könnte gelitten haben.

Bevor es die EMDR-Therapie gab, machten Therapeuten immer wieder die Feststellung, daß sich die beeinträchtigenden Gedanken, Bilder und Verhaltensweisen infolge des Geschehens trotz einer gewissen Desensibilisierungswirkung, die durch das Sprechen über ein traumatisches Erlebnis eintrat, allen Veränderungsversuchen widersetzten. Viele Klienten, denen ich durch EMDR helfen konnte, hatten zuvor eine traditionellere Therapieform ausprobiert, und obwohl dadurch eine gewisse Desensibilisierung erreicht worden war, war die emotionale Belastung bestehen geblieben.

In unserer Kultur sind viele zutiefst davon überzeugt, daß ein Mensch, der einmal ein Trauma erlebt hat, für sein ganzes weiteres Leben geschädigt ist und mit den Folgen dieser Situation leben muß – was ähnlich zu verstehen ist, als müsse man ohne einen Arm oder ein Bein zurechtkommen. Die EMDR-Arbeit hat meine Ansichten über Ausmaß und Dauer von Heilungsprozessen völlig umgewandelt. Natürlich verändert sich ein Mensch, wenn er ein Verbrechen oder eine große Naturkatastrophe miterlebt hat. Wir lernen aus allem, was uns im Leben widerfährt. Doch ist EMDR in der Lage, *das Gefühl einer dauerhaften Schädigung zu beseitigen. Das Gefühl und die Überzeugung, ein Opfer welcher Art auch immer zu sein, verschwindet durch diese Art der Behandlung.* Das traumatische Ereignis verliert seinen emotionalen Affekt, und inadäquate Überzeugungen und entsprechende Verhaltensweisen lösen sich auf.

Abgesehen davon, daß EMDR das Trauma aus dem gesamten Körper-Geist-System zu entfernen vermag, *wirkt diese Methode auch sehr schnell.* Durch einmalige traumatische Erlebnisse entstandene Traumata können, wie ich immer wieder festgestellt habe, in *einer einzige*n EMDR-Sitzung aufgelöst werden. Außerdem habe ich sowohl in meiner Privatpraxis als auch in EMDR-Ausbildungen immer wieder miterlebt, daß seit langem bestehende Folgeprobleme früherer traumatischer Erlebnisse sich in sehr kurzer Zeit auflösen ließen.

EMDR ist insofern eine »zeitunabhängige« Therapie, als es für diese Methode keine Rolle spielt, wie lange ein Trauma zurückliegt. Da unser Nervensystem ein Trauma in »Gegenwartsform« speichert, kann ein Veteran des Zweiten Weltkriegs durch EMDR ebenso von seinen Alpträumen erlöst werden wie ein Veteran des Vietnamkriegs oder der Operation Wüstensturm. Es ist unerheblich, wann jemand ein Trauma erlebt hat, weil sich emotionale Blockaden stets auf die gleiche Weise auflösen.

Es folgen drei erstaunliche und inspirierende Geschichten darüber, wie Menschen von schrecklichen Traumata geheilt wurden. Alle drei Frauen, um die es darin geht, konnten in nur einer einzigen EMDR-Verarbeitungssitzung von ihren Problemen befreit werden. In allen Fällen hatte ich die betreffenden Frauen entweder schon vor dem Einsatz von EMDR über längere Zeit therapeutisch betreut, oder sie setzten im Anschluß daran wegen anderer Probleme die Behandlung noch eine Zeitlang bei mir fort.

Veronikas Geschichte

Veronika war eine aufgeweckte, lebhafte und redselige 19jährige Frau, die mich auf Drängen ihrer besorgten Mutter hin aufsuchte. Sie war wegen ihres Problems vorher schon für kurze Zeit bei einem anderen Therapeuten in Behandlung gewesen, doch hatte sich keine Besserung eingestellt.

Bei ihrem ersten Besuch ließ sich Veronika auf meine Couch fallen, schlug die Beine übereinander und erzählte mir sofort, weshalb sie zu mir gekommen war. Sie war begierig, die so dringend benötigte Hilfe zu bekommen, und zwischen uns entstand sofort ein angenehmer Kontakt.

Veronika war als jüngstes von fünf Kindern, allesamt Mädchen, in einem gutsituierten Mittelklasseviertel aufgewachsen. Ihre beiden Eltern waren Selbständige und arbeiteten außerhalb ihres Hauses. Mit ihrem selbstsicheren Auftreten überspielte Veronika die Angst, unter der sie tagtäglich litt. Sie fürchtete sich, allein zu sein, wo auch immer sie war, und sie litt schon so lange, wie sie sich zurückerinnern konnte, unter Schlafstörungen. Beim leisesten Geräusch schreckte sie hellwach aus dem Schlaf hoch. In manchen Nächten wachte sie immer wieder durch die Geräusche des alten Hauses, in dem die Familie wohnte, auf, und die Laute von Nachttieren oder der Wind machten es ihr schwer, wieder einzuschlafen.

Bevor Veronika sich schlafen legte, wiederholte sie Abend für Abend ein kompliziertes Ritual: Mit einem schweren Baseballschläger bewaffnet überprüfte sie jeden Winkel im ganzen Haus. Sie schloß alle Fenster, verriegelte die Türen und zog alle Vorhänge zu. Sogar die Dusche untersuchte sie. Trotz all dieser Sicherheitsmaßnahmen hatte sie ständig das Gefühl, daß jemand sie von oben beobachtete, weshalb sie sich weiterhin unwohl fühlte. Während sie schlief, ließ sie das Licht in ihrem Zimmer brennen. Verzweifelt stellte sie fest: »Ich kann tun, was ich will, ich fühle mich einfach nicht sicher.«

Als Kind hatte sie zu große Angst, um bei Freundinnen zu übernachten, und als junge Erwachsene, die noch zu Hause lebte, konnte sie es nicht ertragen, nachts allein zu sein. Stets mußte ein anderes Mitglied der Familie oder eine Freundin bei ihr bleiben. Veronikas Angst war so stark, daß sie sich übermäßig von anderen Menschen abhängig machte und ihre Selbstachtung und ihr Selbstvertrauen dadurch negativ beeinflußt wurden. Im Laufe der Zeit wirkten sich ihre Probleme auch auf viele andere Bereiche ihres Lebens aus.

Sie sagte, ihre Schwierigkeiten seien Folgen eines Traumas, das sie im Alter von fünf Jahren erlitten habe. Sie erinnerte sich noch vage daran, daß in jener Zeit mehrere Wochen lang ein Mann nachts in ihr Schlafzimmer gekommen sei und »sich an mir zu schaffen gemacht« hatte. Zwei Erinnerungen standen ihr noch ziemlich klar vor Augen. Die erste war: »Ich bin im Bett, und ich spüre einen Bart, einen Schnäuzer und eine Brille.« Die zweite war: »Ich wache auf und spüre, wie jemand oralen Sex mit mir macht. Ich spüre Kopfhaar auf meinem Körper.« Trotz der Angst und des Ekels, die diese beiden Erinnerungen, während sie darüber sprach, bei ihr auslösten, war Veronika in der Lage, das Gespräch mit mir fortzusetzen. Sie sagte, eine ihrer Schwestern sei ebenfalls von dem Fremden belästigt worden. Außerdem erinnere sich auch ihre Schwester Jennifer daran, daß der Fremde »sich an ihr zu schaffen gemacht habe«.

Veronika beharrte darauf, sie habe den Schatten des Eindringlings im Türrahmen gesehen, und wenn sie sich dieses Bild vergegenwärtigte, rief es bei ihr Furcht und Schrecken hervor. Die Schwestern hatten ihrer Mutter erzählt, ein Fremder sei in ihr Schlafzimmer gekommen, und Veronika sagte, er habe »ihren Popo angefaßt«. Doch obwohl Jennifer Veronikas Darstellung bestätigte, glaubte die Mutter den beiden nicht. Der Eindringling tauchte noch mehrmals auf und belästigte die beiden Mädchen. Nach Veronikas Darstellung folgten seine »Besuche« einem bestimmten Muster, weshalb die beiden Schwestern wußten, wann er kommen würde. Als Veronika einmal das Gefühl hatte, er würde in der betreffenden Nacht kommen, bat sie ihre Eltern, in deren Bett schlafen zu dürfen. Diese waren jedoch der Meinung, das Mädchen mache sich zu abhängig von ihnen und müsse über seine Angst hinwegkommen, weshalb sie es ablehnten, seiner Bitte nachzukommen, und darauf bestanden, daß keine Gefahr bestehe. In jener Nacht tauchte der Täter tatsächlich wieder auf.

Der Eindringling kam noch mehrere Male, bis Veronikas Vater ihn eines nachts erwischte und ihn nach seiner Flucht aus dem Haus auf der Straße verfolgte. Es gelang ihm zwar nicht, den Mann zu fangen, doch stellte sich bald heraus, daß derselbe noch mehrere andere Mädchen in der Umgebung belästigt hatte. Schließlich wurde er festgenommen und zu einer Gefängnisstrafe verurteilt. Wie es oft der Fall ist, sprach danach niemand mehr über den Vorfall.

Seit jenem schrecklichen Erlebnis glaubte Veronika: »Ich bin nicht in Sicherheit«, und diese Überzeugung prägte seither ihr gesamtes Leben. Sie fühlte sich überall unsicher. »Ich habe Angst, daß draußen jemand lauern könnte.«

Veronika wählte zu Beginn der EMDR-Sitzung das belastendste *Bild*, das für sie das Trauma repräsentierte. Es war das Bild eines merkwürdigen Mannes, der in der Dunkelheit in ihrem Schlafzimmer stand. Mit diesem Bild verband sie die *Überzeugungen* »Ich bin nicht sicher« und »Ich bin machtlos«. Mit alldem waren für sie die *Emotionen* Angst und Schrecken verbunden. Veronika schaute mich an und sagte, sie empfinde im Bauch Übelkeit und in ihrer Kehle eine Angespanntheit. Wir begannen mit den Augenbewegungen, und Veronika teilte mir unterdessen fortlaufend ihre inneren Erfahrungen mit.

Ich habe festgestellt, daß manche Klienten während der Augenbewegungen gern reden, weil sie dann das Gefühl haben, besser mit mir verbunden zu sein, und weil ihnen dies hilft, ihre Aufmerksamkeit auf ihre inneren Erfahrungen zu konzentrieren. Statt meiner Hand oder meiner Finger benutze ich häufig eine Leuchte, die speziell für die EMDR-Arbeit entwickelt worden ist, doch wirkt es auf viele Klienten ablenkend, wenn sie sich auf das Licht konzentrieren. Wenn sie ihre Erfahrungen beschreiben, fällt es ihnen leichter, ihre innere Fokussierung aufrechtzuerhalten. Ich beobachte meine Klienten sehr genau, und falls ich den Eindruck habe, daß sie sich bedrängt fühlen, wenn ich während der Arbeit mit ihnen spreche, überprüfe ich nach einer Serie von Augenbewegungen, ob die Verarbeitung bei ihnen tatsächlich aktiviert ist.

Während Veronika auf das beängstigende Bild des Eindringlings im Schatten sowie auf die Überzeugung »Ich bin machtlos« und die Gefühle der Furcht und des Schreckens fokussierte, begann sie schnell mit der Verarbeitung des Traumas.

V.: Ich empfinde Angst. Ich hatte Angst, er könnte mich verletzen. Was konnte ich tun, um ihn zum Gehen zu bringen? [Sie hält lange inne, bewegt aber die Augen weiter hin und her.] Ich erinnere mich daran, daß ich mich im Bett viel herumgewälzt habe. Manchmal funktionierte das, aber nicht immer. [Sie berichtet über wachsende Angst und Wut, atmet schneller und scheint ihre Erfahrung sehr intensiv wiederzuerleben.] Ich fühlte mich so schrecklich! [Dieser Ausruf kommt sehr plötzlich.] Ich war schon beschmutzt. Ich hatte meine Jungfräulichkeit nicht bewahren können. Bis ich John [ihren Freund] kennenlernte, war Sex für mich ohne jede Bedeutung. [Ihr wird klar, welche Auswirkungen diese Belästigung auf ihre Selbstwahrnehmung und ihre Sexualität gehabt hatte. Sie wirkt zunehmend verwirrt und sichtlich aufgebracht.] Ich kann deshalb nicht allein leben – ich kann nicht allein schlafen – das würde mich verrückt machen. [Die Angst vor einer erneuten Belästigung ist für sie unerträglich.]

L.: Okay. Schließen Sie die Augen, atmen Sie tief durch, und sagen Sie mir, was dann geschieht.

V.: Ich habe Angst davor, noch einmal zum Opfer zu werden – und Wut auf diesen kranken Mann [den Eindringling]. Ich möchte ihn treffen und ihm sagen, was ich über ihn denke. Er hat unser ganzes Leben verdorben.

L.: Bleiben Sie dabei. [Sie beginnt mit einer langen Serie von Augenbewegungen.]

V.: Ich habe mich deswegen so hoffnungslos gefühlt, als ich noch so jung war. [Sie wirkt sehr traurig.] Man muß schon ziemlich krank sein, um so etwas zu tun. [Ihr Gefühlsausdruck wechselt zur Wut.] Sexualtäter verdienen es nicht weiterzuleben. Ich habe das Gefühl, daß er mein ganzes Leben ruiniert hat. Ich werde immer benutzt werden, ein Opfer sein und unter Schlafstörungen leiden. Das hat *er* mir angetan! Er hat mir meinen Mut und meine Stärke ausgesaugt. Ich muß mich auf andere stützen, weil er mir meine eigene Kraft genommen hat. [Die langfristigen Auswirkungen des Mißbrauchs werden ihr immer klarer.]

L.: Schließen Sie die Augen. Was geschieht nun?

V.: Ich habe Angst davor, daß ich nie mehr unabhängig sein werde. Ich habe keine Kraft.

L.: Denken Sie daran.

In der nächsten Serie von Augenbewegungen entdeckte Veronika ihre Stärke wieder. Sie beschrieb, wie sie einen zur Gewalttätigkeit neigenden Freund verlassen hatte und erkannte, daß es Stärke erforderte, so etwas zu tun. An diesem Punkt wurde eine Verbindung zu einem anderen Erinnerungsnetzwerk erkennbar, und es gelang Veronika, den Kontakt zu Informationen herzustellen, die an einem anderen Ort gespeichert waren. Diese zusätzliche Information half ihr dabei, ihre vorherige Überzeugung, sie sei ein hilfloses Opfer, zu verändern. Wut, Traurigkeit und Frustration darüber, daß ihre Mutter ihr nicht hatte glauben wollen, als sie ihr über den Mißbrauch berichtet hatte, tauchten nun auf.

Nach einer weiteren Serie von Augenbewegungen forderte ich sie auf, mir mitzuteilen, was sie sehe, wenn sie sich das ursprüngliche mentale Bild vergegenwärtigte – dasjenige des Eindringlings, der in ihrem Schlafzimmer in der Dunkelheit stand. Auf diese Weise konnte ich feststellen, ob sich das Bild verändert hatte.

V.: [Ihre Stimme ist selbstsicher und stark.] Ich kann mir vieles vorstellen, was ich tun könnte – brüllen, ihn treten, ihn kratzen ...

L.: Bleiben Sie dabei.

V.: Ich würde ihn so kräftig in die Eier treten, daß sie nicht mehr funktionieren würden. Ich würde ihm die Zunge herauszerren und jeden einzelnen seiner Finger abschneiden ... ihn so oft ins Gesicht treten, bis seine Augen schwarz und blau wären. Er verdient es nicht, Hände zu haben, mit denen er andere verletzen kann, oder Augen, um damit noch jemals zu sehen. [Sie beschreibt, wie sie den Täter mißhandeln würde, und entwickelt dadurch Kraft und Selbstvertrauen.] Ihm die Augen ausstechen ... Dinge nach ihm werfen, ihn mit einem Baseballschläger plattmachen, ihn verhöhnen – er sieht ja nicht, was als nächstes geschehen wird – ihn die Angst spüren lassen, die ich selbst gehabt habe – das ist es, was er verdient!

Dann bat ich sie, wieder zum anfangs gewählten Bild zurückzukehren und mir zu sagen, was sie dabei empfände. Sie fuhr mit neuer Kraft fort, ihre Wutgefühle dem Täter gegenüber zum Ausdruck zu bringen.

V.: Es gibt 1001 Dinge, die ich ihm gern antun würde. [Sie stellt sich nun vor, was sie dem Mann in der Gegenwart antun würde – als Erwachsenen-Ich. Sie ist spontan vom Kind-Ich zum Erwachsenen-Ich übergewechselt.]

L.: Bleiben Sie dabei. [Sie beginnt mit einer weiteren Serie von Augenbewegungen.]

V.: Ich würde ihm mein Knie in die Leiste rammen, so daß er vor Schmerzen umfallen würde. Ich möchte ihn immer wieder schlagen. Ich sehe, wie man ihm Handschellen anlegt und ihn auf den Rücksitz eines Polizeiautos wirft. Mach, daß du fort kommst, und verrotte in der Hölle!

Als sie danach wieder zum ursprünglich gewählten Bild zurückkehrte, berichtete sie erfreut, sie habe nicht mehr viel Angst. »Ich kann mir 1001 Dinge vorstellen, die ich ihm mental und körperlich antun würde. Ich fühle mich jetzt nicht mehr verletzlich. So wie ich jetzt bin, könnte ich mich gegen ihn wehren.« Mit ihrer neu gefundenen Stärke fuhr sie fort: »Ich war damals noch ein kleines Kind, und ich wußte nicht, was ich hätte anders machen können. Jetzt habe ich die Kraft, die man braucht, um etwas zu tun.« Diese Erkenntnisse kamen ihr über die Lippen, ohne daß sie Einfluß darauf gehabt hätte. »Was ich erlebt habe, hat mich stärker gemacht. Ich bin nicht mehr jenes schwache, verletzliche kleine Wesen.«

Um den Erfolg unserer Arbeit zu überprüfen und um ihr neues Gefühl der eigenen Kraft in ihrem zukünftigen Leben zu verankern, bat ich sie, sich vorzustellen, wie sie am Abend des gleichen Tages zu Bett ginge, und mir zu sagen, wie sie sich dabei fühle. Veronika antwortete selbstsicher: »Ich kann mir vorstellen, wie ich ruhig und friedlich in meinem Bett liege, und meine Katze liegt zusammengerollt neben mir. Ich sehe das jetzt vor mir.« Ich bat sie, sich diese friedvolle Szene weiter zu vergegenwärtigen und gleichzeitig eine Serie von Augenbewegungen auszuführen. Dadurch wurde ihr Gefühl der eigenen Kraft noch stärker. Leichten Herzens, selbstsicher und ohne jede Furcht verließ sie den Behandlungsraum.

Zwei Wochen später, als wir uns wiedersahen, war Veronika außer sich vor Freude. Sie hüpfte im Behandlungsraum umher und erzählte mir über all das, was sich aufgrund unserer EMDR-Arbeit in ihrem Leben verändert hatte. Sie sagte, sie schlafe nun gut, und wenn sie nachts durch Geräusche aufwache, schlafe sie anschließend schnell wieder ein. »Das ist kein Problem mehr für mich. Adrenalinstöße gibt es nicht mehr!« Am Wochenende nach unserer Sitzung war sie mit Freunden zum Camping gefahren und hatte »wunderbar geschlafen«. Zuvor hatte sie dies aus Angst nie gewagt.

Später auf dieser Reise hatte sie eine Nacht in einem Hotel verbracht und dort »wie ein Baby geschlafen«. Sie sagte: »EMDR hat mir meine Angst genommen.« Veronika überprüfte auch nicht mehr den Rücksitz, bevor sie ins Auto stieg.

»Es macht mir nichts mehr aus, daß all dies passiert ist. Ich weiß jetzt, daß es eine Menge Dinge gibt, die ich ihm antun könnte. *Ich fühle mich nicht mehr hilflos!*« Die Erinnerung an das Trauma war nun für sie nicht mehr mit einer emotionalen Belastung verbunden, und sie war sich sicher, daß sie sich nötigenfalls auf ihre eigene Kraft und Stärke verlassen konnte.

Sie fühlte sich auch nicht mehr von ihren Eltern und Freunden abhängig. Zuvor hatte sie stets nur in deren Begleitung einkaufen oder in einen Film gehen können. Nun konnte sie solche Dinge problemlos allein tun. »Ich weiß, daß sich das nicht besonders großartig anhört, aber ich bin Mitglied in einem Video-Verleih geworden. Ich dachte mir, warum nicht? Und ich habe mir sogar allein ein Video angeschaut!«

Sechs Monate später setzte ich mich mit Veronika noch einmal in Verbindung, um festzustellen, wie es ihr ging, und um sie um Erlaubnis zu bitten, etwas über unsere gemeinsame Arbeit schreiben zu können. Sie war hocherfreut darüber, daß andere von jenem Wendepunkt in ihrem Leben erfahren würden. Sie hatte keinerlei Schlafstörungen mehr, und sie konnte problemlos allein und ohne Licht im Haus ihrer Eltern schlafen. Kürzlich hatte sie sogar ein ganzes Wochenende allein zu Hause verbracht, ohne daß irgendwelche Probleme aufgetreten waren. »Meine Katze schläft bei mir auf dem Bett. Wenn ein Eindringling auftauchen würde, würde sie irgendwie darauf reagieren, und dadurch würde ich wach werden. Wenn nichts ist, drehe ich mich einfach um und schlafe wieder ein.« Veronika hatte nach unserer EMDR-Sitzung ihre nächtlichen Hausrundgänge mit dem Baseballschläger beendet und auch später nie mehr damit angefangen. »Ich denke nicht einmal mehr daran, daß mich jemand beobachten könnte. Ich fühle mich wie ein völlig normaler Mensch. Ich weiß, daß nicht an jedem Fenster ein Psychotiker steht. Es gibt zwar Psychotiker, aber nicht viele, und nicht in der Gegend, wo ich wohne.«

Donnas Geschichte

Donna, eine lieblich und leise sprechende Frau Ende Zwanzig, kam in meinen Behandlungsraum und setzte sich ruhig auf die Couch. Sie war nachdenklich, intelligent, sehr ausdrucksvoll und schien eine unergründliche Tiefe zu haben. Wir arbeiteten schon einige Monate an Themen, die mit einem frühen Kindheitstrauma zusammenhingen. In dieser Sitzung jedoch wollte sie an etwas anderem arbeiten, das sie schon seit mehreren Jahren quälte.

Als sie das zweite Jahr auf dem College gewesen war, war dort im Wohntrakt ein schreckliches Feuer ausgebrochen, bei dem zehn junge Frauen umgekommen waren. Sie wurde durch den Feueralarm aus dem Schlaf gerissen, als ihr Zimmer schon voller Rauch war. Es dauerte jedoch eine Weile, bis ihr die Gefährlichkeit der Situation völlig bewußt wurde. Nur mit ihrem Nachtgewand bekleidet, rannte sie barfuß aus ihrem Zimmer im dritten Stock des Gebäudes. Schreie schallten über den Flur, und Rauch und Panik erfüllten die Luft, während sie zusammen mit ihrer Zimmergenossin um ihr Leben rannte. »Ich hörte Sirenengeheul, die letzten Schreie von Frauen, die in den Tod sprangen, und die Schreie meiner Freundinnen, die um Hilfe riefen, während sie verzweifelt versuchten, Rauch und Flammen zu entkommen. Wir schauten hilflos, schockiert ... vom Schrecken gelähmt zu.« Donna hatte einen höllischen Alptraum miterlebt.

Am stärksten verfolgte sie das Bild einer nackten jungen Frau, die die schon blutbeschmierten Stufen hinter ihr hinablief. Ihr mit grauer Asche bedeckter Körper brannte lichterloh. Sie kam Donna wie ein Gespenst vor. Gleichzeitig lief eine andere junge Frau, deren mit Asche bedecktes Gesicht von Angst und Schmerz verzerrt war, die Treppe hinauf in das brennende Wohngebäude. Sie war zurückgekehrt, um ihre verletzte Zimmergenossin zu retten, die sich nicht aus eigener Kraft hatte in Sicherheit bringen können. Traurig erzählte Donna, die brennende Frau, die hinter ihr die Treppe hinabgerannt sei, und die Zimmergenossin der Frau, die zurück in das Gebäude wollte, seien unter den zehn im Feuer umgekommenen Frauen gewesen.

»Am nächsten Tag und noch Monate danach bekam ich immer wieder Panikgefühle, Erinnerungsblitze und Hautausschläge. Ich hatte Alpträume und fühlte mich von allen anderen Menschen sehr isoliert. Andere bezeichneten mich als hypersensibel und reizbar. Am Jahrestag des schrecklichen Unglücks erlebte ich einen Flashback nach dem anderen, während ich in den Armen meiner Freundin Mary Schutz und Trost suchte. Und jetzt, Jahre nach dem Ereignis, leide ich immer noch unter Symptomen, die mit jenem Feuer zusammenhängen. Ich bekomme Panik, wenn ich eine Sirene höre, und leide immer wieder unter Flashbacks und Schuldgefühlen, weil ich überlebt habe und nicht mehr getan habe, um den anderen Frauen zu helfen. Außerdem kann ich jetzt, zehn Jahre später, immer noch nicht über das Unglück sprechen, ohne dabei zu zittern!«

Dies war eine der schrecklichsten Geschichten, die ich je gehört hatte. Während ich mir Donnas Bericht über die schrecklichen Ereignisse anhörte, wurde mein Geist von Bildern überschwemmt, und Angst erfaßte mein Herz. Trotz der langen Zeit, die seit jenem Vorfall vergangen war und obwohl Donna deswegen bereits früher therapeutisch behandelt worden war, empfand sie immer noch starke Angst, wenn sie darüber sprach.

Wir begannen die EMDR-Arbeit mit dem Bild der brennenden Frau, die hinter Donna herlief, und der anderen Frau, die die Treppe hinaufrannte. Donna hatte die Überzeugungen »Ich bin nicht okay«, »Ich bin ein Feigling« und »Ich bin eine schreckliche Person« verinnerlicht. Sie hatte ungeheure Schuldgefühle, weil sie vor der brennenden Frau, die wie ein Ungeheuer ausgesehen hatte, davongelaufen war. Donna versetzte sich augenblicklich wieder in ihr Erlebnis des schrecklichen Feuers. Ihre Augen weiteten sich, und ihr Atem wurde immer wieder sehr schnell. Es war, als würde sie sich einen Horrorfilm anschauen, der ihre Aufmerksamkeit völlig fesselte. Im Gegensatz zu Veronika zog Donna es vor, während langer Serien von Augenbewegungen zu schweigen, und sie signalisierte durch ein Zeichen, wenn sie eine Pause wollte.

Nach der ersten Serie beschrieb sie ruhig und mit leiser Stimme einen Teil dessen, was sie während der Verarbeitung gesehen und verstanden hatte. Sie sagte, sie habe fälschlich geglaubt, sie sei vor der brennenden Frau davongelaufen, die ihr in ihrem eigenen verwirrten Zustand wie ein Ungeheuer vorgekommen sei. Während der Verarbeitung wurde Donna klar, daß *nicht sie vor der Frau, sondern sie beide vor dem Feuer geflohen waren*. Durch diese Erkenntnis löste sich Donnas Überzeugung, sie sei ein schrecklicher Mensch, auf. Außerdem wurde ihr klar, daß sie nichts hätte tun können, um die anderen in dem brennenden Gebäude gefangenen Frauen zu retten. Die Frau, die in das Wohngebäude zurückgekehrt war, um ihre Zimmergenossin zu retten, hatte dies beim ersten Versuch nicht geschafft, weil die andere Frau zu schwer gewesen war und sie sie nicht hatte tragen können. Sie hatte ihre Zimmergenossin zurücklassen und um ihr Leben laufen müssen. Auch Donnas Gefühl, ihre Pflicht nicht erfüllt zu haben, löste sich während der Augenbewegungen auf, so daß nur noch die Erkenntnis übrig blieb, daß jenes Feuer eine schreckliche Tragödie gewesen war.

Donna erzählte mir, sie habe die »Orte des Schreckens« – die traumatischen Orte – erneut aufgesucht und sie mit Hilfe der Augenbewegungen »wie aus einer Distanz« verarbeitet. Sie sagte, EMDR habe es ihr ermöglicht, jeden Ort des Schreckens zu untersuchen und zu heilen, ohne daß sie dabei erneut vom Schrecken überwältigt worden sei.

Als sie wieder zum ursprünglichen Bild zurückkehrte, um festzustellen, ob es sich verändert hätte, berichtete sie, die Belastung habe erheblich nachgelassen. Tatsächlich hatte sie in sehr kurzer Zeit einen großen Teil ihres Traumas verarbeitet. Als nächstes wollte sie die Traumaszene aufsuchen und mit den Frauen sprechen, die gestorben waren. Sie begann mit einer sehr langen Serie von Augenbewegungen; diese dauerte etwa 15 Minuten.

Zutiefst darauf vertrauend, daß sie das belastende Material mit Hilfe von EMDR verarbeiten könnte, kehrte sie zu dem Bild von dem brennenden Wohngebäude zurück und begann sofort mit einer intensiven Verarbeitung. Anzeichen von Angst tauchten auf ihrem Gesicht auf, ihr Atem wurde schneller – und plötzlich rannen Tränen über ihre Wangen. Sie wirkte traurig. Doch bald darauf veränderte sich ihr Gesicht erneut, und diesmal wirkte sie sehr ruhig. Als sie mir das Zeichen gab, mit den Bewegungen der Leuchte aufzuhören, schaute sie mich an, als sei sie soeben aus einem Traum erwacht. Sie war an einem anderen Ort und in einer anderen Zeit gewesen.

Donna war in dieser Sitzung und in ihrer Vorstellung spontan an den Ort der Tragödie zurückgekehrt und hatte selbst neue Szenen kreiert, um ihr Erlebnis zum Abschluß zu bringen. Sie hatte gegenüber allen Frauen, die gestorben waren, ihre Traurigkeit über das Geschehene zum Ausdruck gebracht sowie auch ihr Bedauern darüber, daß sie sie nicht habe retten können. Besonders wichtig war es Donna, mit der brennenden Frau zu sprechen, die hinter ihr die Treppe hinabgelaufen war.

»Ich stellte mir vor, mit der Frau zu sprechen, die hinter mir hergelaufen und später gestorben war ... Ich sagte ihr, wie leid es mir tue, daß ich ihr nicht geholfen hätte. Sie umarmte mich und vergab mir, und auch ich selbst vergab mir.« Donna fühlte sich nun völlig im Frieden mit sich selbst.

Als ich sie aufforderte, sich die ursprüngliche Szene erneut zu vergegenwärtigen, so daß ich das Ausmaß der Veränderung feststellen konnte, berichtete sie, Angst und Schrecken seien verschwunden. Sachlich stellte sie fest, daß das Trauma nun in der Vergangenheit liege. Obwohl Donna immer noch traurig war, glaubte sie, sie habe das Trauma nun verarbeitet, so weit dies möglich sei. Da ich jedoch vom Abschluß der Verarbeitung nicht überzeugt war, bat ich sie, auf ihre Trauer zu fokussieren und noch eine weitere Serie von Augenbewegungen auszuführen. Nach wenigen Minuten tiefer Konzentration auf ihr inneres Erleben gab sie mir das Signal, mit den Bewegungen aufzuhören. Ehrfürchtig beschrieb sie einen spirituellen Abschluß des Geschehens.

Während dieser letzten Serie von Augenbewegungen hatte Donna erkannt, wie sehr sie durch das Chaos und die Verwirrung nach dem Feuer traumatisiert worden war. Längere Zeit hatte niemand genau gewußt, wer umgekommen war und wer überlebt hatte. Die eng verbundene Gemeinschaft der Frauen war in jener Nacht zerbrochen, denn viele der Überlebenden waren nie mehr in das College zurückgekehrt. Nicht einmal die Überlebenden hatten sich voneinander verabschiedet, ganz zu schweigen von deren Abschied von den Opfern. Wie Zombies hatten die Überlebenden alle einzeln versucht, mit diesem Erlebnis fertig zu werden, das schlimmer als ihre schlimmsten Alpträume gewesen war.

Nach dieser Erkenntnis trat Donna spontan ein heilendes Bild vor Augen. Sie stand auf dem Hof vor dem Wohngebäude. Alle Frauen – sowohl die überlebenden als auch die umgekommenen – hatten einen Kreis gebildet und hielten sich an den Händen. Die zerrissene Gemeinschaft der Frauen war wieder zusammengekommen und erlebte die Verbundenheit ihrer Gemeinschaft. Die toten Frauen sahen aus wie »himmlische Wesen, golden, friedvoll, hell und durchlässig«. Alle Frauen gaben einander die Hände, tanzten im Kreis und beteten. Allmählich und still verließen die Seelen der Toten die übrigen Frauen und erhoben sich in den Himmel. Dort oben bildeten sie einen eigenen Kreis und begannen, freudig zu tanzen. Die Frauen unten setzten ihr irdisches Leben fort, während die toten Frauen – die nun Geister waren und ihren Frieden gefunden hatten – auf einer anderen Ebene existierten und nicht mehr mit dem Trauma des Feuers lebten. Die Frauen unten bildeten einen starken Gegensatz dazu, da ihr scheinbar so wichtiges Alltagsleben auf ihnen lastete. Donna fühlte sich angesichts dieses Bildes zufrieden und glücklich, und sie wurde von einem Gefühl der Vollendung erfüllt. »Nach dem Tanz wußte ich, daß ich nie mehr von jenem Feuer verfolgt werden würde, weder im Wachzustand noch im Schlaf. Das Feuer war aus meinem Körper-Geist-System entfernt worden und nur noch eine harmlose Erinnerung.«

Als ich Donna ein Jahr später anrief, um festzustellen, wie es ihr ging, und sie zu fragen, ob ich etwas über ihre Erfahrung schreiben dürfte, erklärte sie sich begeistert einverstanden und bestätigte außerdem, daß sie nicht mehr von Sirenen verfolgt werde und daß das Feuer für sie mittlerweile wirklich zur Vergangenheit geworden sei. Ihre Angstreaktion am Jahrestag der Feuerkatastrophe war nicht mehr aufgetreten, und das wunderschöne und friedvolle Bild der Geister der toten Frauen, die freudig tanzten, war ihr in Erinnerung geblieben. Die Tiefe ihrer Vision ist weiterhin in ihr lebendig geblieben.

Bevs Geschichte

Bev war eine bezaubernd schöne Frau Anfang Vierzig, mit kurzem blondem Haar und leuchtend blauen Augen. Sie war eine intelligente und gewandte Business-Frau, die sich auffallend gut kleidete und dabei ein gutes Auge für Details bewies. Bev war zu mir gekommen, weil sie von einem Freund gehört hatte, ich würde eine sehr wirksame neue Methode zur Linderung von Traumasymptomen einsetzen.

Bev arbeitete in einem Bürogebäude, in dem ein Verrückter mit einem Revolver Amok gelaufen war und auf mehreren Etagen Menschen umgebracht hatte. Sekretärinnen waren erbarmungslos an ihrem Schreibtisch niedergeschossen worden, ohne daß sie die geringste Chance gehabt hatten, Schutz zu suchen. Als Bev zu mir kam, wußte sie nicht mehr, was sie tun sollte. Obwohl sie zum Zeitpunkt jener Katastrophe nicht in dem Gebäude gewesen war, litt sie unter extremer Angst und Panik bei dem Gedanken, zur Arbeit zurückkehren zu müssen. Sie schämte sich ihrer Angst und glaubte, irgend etwas sei nicht in Ordnung mit ihr, weil jenes Ereignis sie so belaste. Schließlich war sie selbst zum Zeitpunkt des Amoklaufs gar nicht in dem Gebäude gewesen. Ihre Firma bestärkte diese Überzeugung noch dadurch, daß nur Angestellte, die zum Zeitpunkt des Geschehens im Gebäude gewesen waren, untersucht wurden und ihnen anschließend eine Beratung angeboten wurde.

Während Bev über die Tragödie sprach, wurde sie immer wieder von Emotionen überwältigt. Sie zitterte und weinte. Keines der Opfer war besonders eng mit Bev befreundet gewesen, aber sie hatte mit vielen beruflich Kontakt gehabt und gelegentlich auch privat zusammengesessen. Beim Mittagessen und in Kaffeepausen hatten sie oft über ihre Kinder oder Ehepartner gesprochen, und durch diese freundschaftlichen Kontakte waren unter den Angestellten informelle Bekanntschaften entstanden.

Gemeinsam untersuchten wir Bevs Reaktionen auf den Vorfall. Sie wurde von schrecklichen Bildern davon, wie ihre Kolleginnen an ihren Schreibtischen niedergeschossen wurden, verfolgt. Sie sah den Ausdruck des Schocks und des Erschreckens auf ihren Gesichtern, als sie erschossen wurden. Überall sah sie Blut – sogar auf den Familienfotos, die auf den Schreibtischen der Toten standen. Bev fühlte sich so, als sei sie dort gewesen. Da diese grausigen Bilder sie unablässig verfolgten, hatte sie das Gefühl, »verrückt zu werden«.

Bevs stärkste irrationale Überzeugung in Zusammenhang mit diesen Bildern war: »Ich hätte dort sein sollen.« Sie fühlte sich ungeheuer schuldig, weil sie während der Schießerei nicht dort gewesen war. Sie wußte nicht, warum sie sich so fühlte, und sie verstand ihre Gefühle auch nicht.

Ich vermutete, daß Bev unter *sekundärer Traumatisierung (vicarious traumatization)* litt, einem Phänomen, das ich bei meiner EMDR-Arbeit häufig beobachtet habe. Sekundäre Traumatisierungen können auf verschiedene Weisen entstehen, unter anderem durch Lesen oder Hören über ein traumatisches Ereignis, durch Sehen eines belastenden Films, durch Hören über die traumatischen Erlebnisse eines anderen Menschen oder durch Miterleben derselben – insbesondere wenn man mit der intensiven emotionalen Reaktion eines anderen Menschen auf ein traumatisches Erlebnis konfrontiert wird, und durch reale, wenn auch unbeteiligte Anwesenheit bei einem traumatischen Geschehen. Ich habe beobachtet, daß Menschen, die von einem schrecklichen Geschehen hören – und insbesondere wenn sie dieses persönlich berührt –, in ihrem Geist Bilder, Emotionen und Überzeugungen über das Ereignis kreieren. Diese Bilder führen im Körper-Geist-System des Betreffenden ein Eigenleben, *als ob es sich um tatsächliche Erlebnisse handeln würde.*

Oft aktivieren solche tragischen Ereignisse in uns Erinnerungen an selbst erlebte Traumata. Viele der Menschen, die nach dem Bombenattentat in Oklahoma City unter posttraumatischen Belastungsstörungen litten, waren gar nicht am Ort des Geschehens gewesen, und sie waren auch keine engen Freunde oder Familienangehörige von Opfern des Anschlags. Vielmehr hatten sie sich vorgestellt, sie seien in jenem Gebäude gewesen, und sie hatten sich auf irgendeine Weise mit den Opfern identifiziert. Beispielsweise hatte der Bombenanschlag bei vielen Vietnamveteranen, die geglaubt hatten, in Oklahoma in völliger Sicherheit zu sein, belastende Erinnerungen und Emotionen heraufbeschworen. Bev hatte viele der Opfer gekannt, und die Schießerei hatte in dem Gebäude stattgefunden, in dem auch sie arbeitete.

Sie begann die EMDR-Sitzung, indem sie auf ihr Bild von einer der Sekretärinnen fokussierte, die ahnungslos an ihrem Schreibtisch saß und erschossen wurde. Bevs Überzeugung war: »Ich hätte dort sein sollen.« Als sie sich das Bild vergegenwärtigte, empfand sie, wie sie berichtete, Schrecken und Traurigkeit in der Stärke des Wertes zehn auf der von null bis zehn reichenden Skala zur Bewertung von Belastungen. Bevs Magen war in Aufruhr, ihre Kehle war zusammengeschnürt, und sie hatte das Gefühl, sie müsse schreien. Sie folgte mit ihren Augen dem Licht und hatte sofort Kontakt zu dem belastenden Bild.

Tränen liefen über ihre Wangen, und sie preßte sich ein Kissen fest auf den Bauch. Nach ein paar Minuten wirkte sie ruhiger, und ich forderte sie auf, die Augen zu schließen, tief zu atmen und mir zu sagen, was in ihr vor sich gehe.

Dann tauchte ein Ausdruck der Überraschung auf Bevs Gesicht auf, und sie berichtete: »Ich fühle mich so, als wäre ich dort. Es ist, als ob ich dort wäre. Ich kann mich völlig in diese Menschen hineinversetzen. Es ist einfach zu schrecklich, was mit ihnen geschehen ist.« Ich forderte sie auf, »dabei zu bleiben«, woraufhin ihr Blick wieder dem Licht folgte.

Diesmal berichtete sie: »Ich gebe mir die Schuld an dem, was geschehen ist. Wahrscheinlich tue ich das, weil meine Schwester getötet worden ist und weil ich immer noch meine, auch das sei meine Schuld. Sie war hilflos und unschuldig, und es hätte einfach nicht passieren dürfen.« Bev stellte damit eine Verbindung zu einem früheren traumatischen Ereignis her, das sie als der aktuellen Erfahrung ähnlich empfand.

Bev, die für ihre jüngere Schwester die Mutterrolle übernommen hatte, weil die Mutter der beiden grausam war, war anfang Zwanzig gewesen, als ihre Schwester im Teenageralter Drogen konsumiert hatte und von zu Hause fortgelaufen war. Während Bev auf dem College gewesen war, war der Leichnam ihrer Schwester, die an einer Überdosis gestorben war, in einem schäbigen Hotelzimmer in einer großen Stadt gefunden worden.

»Ich verstehe es einfach nicht«, fuhr Bev fort. »Es ist so willkürlich und so unerklärlich ... Ich glaube, daß ich etwas hätte tun sollen – aber ich weiß auch nicht was. *Ich* hätte sterben sollen, nicht sie. Sie war die Gute und ich die Schlechte. Es war meine Aufgabe, sie zu schützen, und ich habe es nicht getan. Ich habe sie während meiner ganzen Kindheit vor Mutter und bösen Menschen geschützt. Sie hat in ihrem ganzen Leben nur schlechte Menschen kennengelernt. Ich fühle mich wegen jener schlechten Menschen schuldig.«

Ich schlug Bev vor, sie solle sich die Möglichkeit geben, ihre Schuldgefühle zu erleben, während sie mit der nächsten Serie von Augenbewegungen fortfahre. Danach sagte sie: »Wir hingen aneinander wie Kletten, weil wir nichts anderes hatten als uns selbst. Es war schwieriger für sie, weil sie so sensibel war. Sie konnte sich gegen Mutters Grausamkeit nicht wehren. Sie war naiv und unschuldig.« Bev verarbeitete nun Informationen aus ihrer Kindheit, die wichtig dafür waren, wie sie ihrer Rolle in Beziehungen sah: Bev sah es als ihre Aufgabe an, ihre Schwester vor Schaden zu bewahren.

Bei den nächsten Serien von Augenbewegungen traten starke Wut und starker Haß auf die grausame Mutter zutage, die Bev und ihre Schwester schwer mißhandelt hatte. Ihre Schwester hatte sehr darunter gelitten und war dadurch emotional schwer geschädigt worden. Bev gab ihrer Mutter nun die Schuld am Tod ihrer Schwester. Sie glaubte, ihre Mutter müsse während ihres ganzen weiteren Lebens mit dem Gefühl ihrer Schuld am Tod ihrer Tochter leben.

Während der nächsten Serie von Augenbewegungen trat an die Stelle von Bevs Wut Traurigkeit. »Ich wünsche mir, daß meine Schwester ihren Frieden gefunden hat. Sie ist jetzt frei von meiner Mutter. Vielleicht ist sie deshalb nicht mehr hier. Es muß ein schöner Ort sein. Vielleicht war der Schmerz zu stark für sie.«

An diesem Punkt fing ich mit dem »kognitiven Einweben« an, wozu ich eine Fragetechnik anwandte, um Erinnerungsnetzwerke miteinander zu verbinden. Ich fragte: »Hätten Sie das Leben Ihrer Schwester retten können?«

B.: Nein.
L.: Bleiben Sie dabei, und folgen Sie mir durch eine weitere Serie von Augenbewegungen.
B.: Ich hätte sie nicht retten können, aber es war meine Aufgabe, sie zu schützen – das war mein Job. Es gab nichts, was ich hätte tun können. [Die Erkenntnis dämmert.]
L.: Und ebensowenig hätten Sie in dem Bürogebäude, wo Sie arbeiten, etwas tun können, um Ihre Freundinnen zu retten, selbst wenn Sie da gewesen wären.
B.: Das ist wahr.

Während ihrer nächsten Serie von Augenbewegungen dachte Bev daran, was sie gerade gesagt hatte, und ihr kamen einige wichtige Erkenntnisse. Sie stellte Verbindungen zwischen ihrer Familiendynamik und ihrem Schuld- und Verantwortungsgefühl bezüglich des Amokschützen her.

B.: Ich fühle mich für diese Menschen verantwortlich, weil ich mich für meine Schwester verantwortlich fühlte. Ebenso wie meine Schwester waren sie unschuldige Opfer. Meine Schwester hat es nicht verdient, so früh zu sterben, und bei ihnen war es genauso. Ich kann die Verantwortung für das Leben dieser Menschen nicht mehr übernehmen. Ich brauche meine Kraft jetzt für mich selbst. Ich muß lernen zu erkennen, was meine Aufgabe ist. Ich bin es müde, diese Verantwortung zu tragen. Als ich noch sehr klein war, hat meine Mutter mir gesagt, alles sei meine Schuld, und ich glaube das bis auf den heutigen Tag.

An diesem Punkt forderte ich Bev auf, zum Bild von der Schießerei in ihrem Büro zurückzukehren. Mit ruhiger, klarer Stimme berichtete sie: »Es ist jetzt besser. Es ist vorbei. Ich sehe es nicht mehr ständig vor mir ablaufen. Das Bild ist schwächer, und es wirkt so, als sei es von vor langer Zeit. Es gibt nichts, was man im Hinblick darauf noch tun oder sagen kann.« Bev versicherte mir, sie empfinde keine Angst mehr, und die Spannung sei aus ihrem Körper verschwunden. Trotzdem ließen wir noch eine weitere Serie von Augenbewegungen folgen, während sie beobachtete, was von dem Bild geblieben war, und die Worte »Es ist vorbei« sprach.

Als ich sie fragte, was ihr während der Augenbewegungsserie durch den Kopf gegangen sei, antwortete sie mit fester und weiser Stimme: »Ich habe das Gefühl, daß es für meine Schwester Zeit war zu gehen. Sie litt unter einem unerträglichen Schmerz und wollte ihren Frieden finden. Ich glaube, daß sie mitbekommt, was hier geschieht, und daß sie auf einer anderen Ebene hier ist – sie befindet sich nur an einem anderen Ort, und das ist für sie vielleicht gar nicht so schlecht.«

Als Bev in der folgenden Woche wieder zu mir kam, fing sie sofort an, über Probleme, die sie mit einer Kollegin hatte, zu sprechen. Ich unterbrach sie und fragte sie, wie es für sie gewesen sei, zur Arbeit zurückzukehren. Sie hielt einen Augenblick inne und überraschte mich dann mit der Äußerung, sie habe vergessen, daß das für sie ein Problem gewesen sei. Sie litte nicht einmal mehr unter einer Spur von Angst. Ich bat sie, sich das belastende Bild zu vergegenwärtigen, an dem sie in der vorangegangenen Woche gearbeitet hatte, und sie berichtete ganz sachlich, es fühle sich »neutral und unproblematisch« an. Bev arbeitete noch ein ganzes Jahr mit mir an anderen Problemen, die mit frühkindlichen Mißhandlungen zusammenhingen, und während dieser ganzen Zeit tauchten die belastenden Bilder und Emotionen, die sie nach dem Vorfall mit dem Amokschützen gehabt hatte, nicht mehr auf.

Fünf
Heilung eines Erwachsenen, der als Kind gelitten hat

EMDR ist sehr erfolgreich in der Heilung von Kindheitstraumata. Diese können durch körperliche Mißhandlung, sexuellen Mißbrauch, Trauer und Verlusterfahrungen, medizinische Eingriffe, Unfälle oder Anwesenheit bei Gewalttätigkeiten entstehen. Vielen Klienten, denen eine jahrelange traditionelle Gesprächstherapie nur unzulänglich geholfen hatte, half EMDR wesentlich effektiver, als dies lange für möglich gehalten wurde.

Wenn EMDR bei Erwachsenen angewandt wird, die als Kinder traumatisiert wurden, so dauert die Behandlung gewöhnlich länger, insbesondere wenn das Trauma aufgrund von Mißbrauch oder Mißhandlungen durch nahe Verwandte über einen längeren Zeitraum entstanden ist. Allerdings *beschleunigt* EMDR auch in solchen Fällen die Therapie und verkürzt dadurch deren Dauer.

Wie bereits in Kapitel 2 erwähnt wurde, ist die für EMDR typische Technik der Augenbewegungen in eine komplexe Therapiemethode eingebettet. Vor dem Beginn der Augenbewegungen und damit der Verarbeitung erfolgt eine sorgfältige Vorbereitung, die eine Anamnese, die Herstellung einer guten Beziehung zwischen Therapeut und Klient sowie eine Erklärung der EMDR-Methode umfaßt.

Die folgenden Punkte sind bei EMDR-Behandlungen von Erwachsenen, die als Kinder traumatische Erfahrungen gemacht haben, besonders wichtig.

➤ *Das Kind-Ich wird durch die Augenbewegungen aktiviert, weshalb sich die erwachsenen Klienten wie Kinder fühlen.* Sie haben das Gefühl, einen Kinderkörper zu haben, und sie denken, fühlen und nehmen Dinge mit dem Geist eines Kindes wahr.

➤ *Das Kind-Ich existiert parallel zum Erwachsenen-Ich und bedient sich scheinbar eines separaten und autonomen Erinnerungsnetzwerks.* Das Kind-Ich hat immer noch die ursprünglich mit den traumatischen Erlebnissen verbundenen einfachen Überzeugungen über sich selbst.

➤ *Oftmals aktivieren bestimmte reale Erlebnisse das Erinnerungsnetzwerk des Kind-Ich und bewirken, daß das Erwachsenen-Ich Verhaltensweisen zeigt, die als ziemlich irrational erscheinen.* Beispielsweise kann die laute, wütende Stimme eines Mannes in einer starken und kräftigen Frau ein Gefühl der Hilflosigkeit und Furcht auslösen, so wie sie es als Kind ihrem Vater gegenüber empfand, der Alkoholiker war und sie regelmäßig schlug. Die Frau kann weiterhin aufgrund dieses Auslöserreizes den Kontakt zu ihrem Wissen als Erwachsene, daß sie sich in ihrer jetzigen Situation wehren kann, verlieren.

➤ *Das Kind-Ich denkt in einfachen Schwarzweiß-Begriffen wie gut und schlecht oder richtig und falsch.* Für die meisten Menschen gibt es keine Grauschattierungen. Dies kommt in Überzeugungen wie »Ich bin ein schlechtes Mädchen« zum Ausdruck.

➤ *Wenn das Kind-Ich kontaktiert worden ist, muß der Therapeut mit dem Kind in einer ihm gemäßen Sprache, die es verstehen kann, kommunizieren.* Einfache Begriffe und Metaphern, mit denen das Kind etwas anfangen kann, müssen benutzt werden, damit es nicht in Verwirrung gerät.

➤ *Therapeuten benutzen in solchen Fällen häufig die Technik des Einwebens, um die Erinnerungsnetzwerke des Erwachsenen-Ich und des Kind-Ich miteinander zu verbinden, sofern nicht automatisch allein aufgrund der Augenbewegungen eine Verbindung zwischen ihnen entsteht.* Das Einweben wird benutzt, wenn die Arbeit mit den Augenbewegungen allein nicht ausreicht, um die Information des Klienten einer positiven Auflösung zuzuführen. Wird diese Entwicklung behindert, verfängt sich der Klient in kognitiven oder emotionalen Kreisbewegungen und wiederholt immer wieder die gleichen Gedanken und/oder Gefühle. Das Einweben ist eine EMDR-Strategie, die Blockierungen der Verarbeitung zu beseitigen vermag. Die behandelnde Therapeutin führt hierzu selbst Informationen in den Prozeß ein und bietet Aussagen oder Bilder an, um Erinnerungsnetzwerke und Assoziationen miteinander zu verbinden, die der betreffende Klient aus eigener Kraft nicht verbinden konnte. Durch das Einweben werden neue Perspektiven, neue Informationen oder Informationen, zu denen der Klient in seinem derzeitigen Geisteszustand keinen Zugang hat, eingeführt. Traumatische Erlebnisse sind oft in einem bestimmten Teil des Körper-Geist-Systems gespeichert, der von aktuelleren Informationen abgeschirmt ist. Das Einweben verbindet separate Bereiche im Geist des Klienten miteinander und bringt dadurch die Verarbeitung wieder in Gang.

Beispielsweise kann beim Einweben das Erwachsenen-Ich gebeten werden, dem Kind-Ich etwas zu erklären; dem Klienten kann eine Frage gestellt werden, durch die eine Antwort des Erwachsenen-Ich provoziert werden soll; und Kind-Ich und Erwachsenen-Ich können über bestimmte Dinge informiert werden, über die beide keinerlei Kenntnisse haben. Diese und andere Methoden werden später in den Fallbeispielen in diesem Kapitel beschrieben.

➤ *Regeln, Konzepte und negative Überzeugungen des Kindes über sich selbst erstarren während eines Kindheitstraumas und bilden die Grundlage, auf der eine negativ geprägte oder verzerrte persönliche Identität und Weltsicht aufgebaut werden.* EMDR leistet bei der Auflösung dieser frühen zentralen Überzeugungen, die das ganze Leben eines Menschen prägen können, besonders gute Dienste.

➤ *Wie und was das Kind wahrnimmt, ist in seinem Erinnerungsnetzwerk verkapselt und beinhaltet seine subjektive Erfahrung, die auf einer falschen Wahrnehmung oder einer Interpretation der Ereignisse beruhen kann.* Was einem Erwachsenen als harmlos erscheinen mag – beispielsweise ein Zahnarztbesuch –, kann ein Kind als sadistische Tortur erleben.

➤ *Die Arbeit mit Erwachsenen, die als Kinder ein Trauma erlitten haben, erfordert von seiten des behandelnden EMDR-Therapeuten große Erfahrung und ein hohes Maß an klinischen Fähigkeiten.* Diese Aufgabe kann sogar für sehr erfahrene Therapeuten eine große Herausforderung sein, weil die Klienten dabei tief in ihre Psyche eintauchen, wo Phantasie und Wirklichkeit sich nicht klar voneinander trennen lassen und wo sie intensive emotionale Erfahrungen erneut durchleben. EMDR-Therapeuten müssen sich wohl dabei fühlen, mit Klienten zu arbeiten, die sich in einem regredierten Zustand befinden und in diesem intensive emotionale Erlebnisse haben. Außerdem müssen sie auch Erfahrung darin haben, Klienten am Ende der Sitzung wieder in einen Zustand des Gleichgewichts zu versetzen, ob das als Ziel anvisierte Erlebnis bereits aufgelöst ist oder nicht. Sie müssen weiterhin auf ihre Fähigkeiten in der Anwendung der EMDR-Methode vertrauen, und ihre Vorstellungen darüber, inwieweit es möglich ist, einen Menschen zu heilen, der als Kind ein Trauma erlebt hat, dürfen in keiner Hinsicht eingeschränkt sein, weil sich nur dann die Heilkräfte des Betreffenden optimal entfalten können.

EMDR-Behandlungen bei körperlicher Mißhandlung und/oder sexuellem Mißbrauch im Kindesalter

Ich habe festgestellt, daß EMDR ein sehr wirksames Werkzeug für die Arbeit mit Klienten ist, die als Kinder mißhandelt oder mißbraucht worden sind; und ich habe EMDR in solchen Fällen in Verbindung mit anderen therapeutischen Methoden wie geleiteter Imagination und Entspannungsmethoden, Heilung des inneren Kindes und kognitiver Therapie eingesetzt. Bei den meisten Menschen, die als Kinder Mißbrauch oder Mißhandlungen erlebt haben, reicht eine kurze Therapie nicht aus – insbesondere wenn sich die traumatisierenden Erlebnisse über eine lange Zeit erstreckten und der Täter dem Klienten sehr nahe stand. Dennoch intensiviert und beschleunigt EMDR den therapeutischen Prozeß erheblich. Eine Frau, die als Kind körperlich mißhandelt worden und jahrelang in einer Gesprächstherapie gewesen war, hat gesagt, eine EMDR-Verarbeitungssitzung entspreche acht gesprächstherapeutischen Sitzungen. Aufgrund der Intensität der emotionalen Erfahrungen, die viele meiner Traumaklienten während der Therapie machen, erfordert diese Art von Arbeit, daß ich zu ihrer adäquaten Begleitung alle meine therapeutischen Fähigkeiten und meine langjährige Erfahrung nutze.

Die EMDR-Behandlung von Erwachsenen, die als Kinder mißhandelt oder mißbraucht worden sind, umfaßt drei Hauptphasen: die der Beurteilung und Vorbereitung, die der Verarbeitung und schließlich die der Integration und des Abschlusses. Diese werde ich nun genauer beschreiben.

Die Anfangsphase: Beurteilung und Vorbereitung

Die Therapeutin beginnt mit einer sorgfältigen Anamnese, versucht, den Klienten kennenzulernen, stellt Rapport zu ihm her und erklärt den typischen Verlauf einer EMDR-Behandlung.

Ein Gefühl der Sicherheit ist für Klienten, die als Kinder sexuellen Mißbrauch oder körperliche Mißhandlungen erlebt haben, sehr wichtig. Weil ihr Vertrauen mißbraucht worden ist und sie sich körperlich bedroht fühlten, müssen sie vor Beginn der Traumaverarbeitung eine tragfähige Beziehung zum Therapeuten entwickeln. Bevor solche Klienten in der Lage sind, ihren Therapeuten zu vertrauen, können Wochen, Monate oder Jahre vergehen. Dieses Vertrauen ist deshalb besonders wichtig, weil die Klienten bereit sein müssen, über ihre Erlebnisse während der Verarbeitung eines traumatischen Ereignisses wahrheitsgetreu zu berichten. Sie brauchen zwar nicht alle Details zu schildern, aber doch so genau, daß ihre Therapeuten erkennen, ob das traumatische Material durch die Verarbeitung tatsächlich in Bewegung gekommen ist.

Vertrauen ist auch während der Verarbeitung der traumatischen Erinnerungen wichtig. Weil die Klienten in dieser Phase Zugang zu ihrem Kind-Ich haben, können sie den Kontakt zu ihrem Erwachsenen-Ich gänzlich verlieren, weshalb ihre Therapeuten für sie die Rolle des Erwachsenen-Ich übernehmen und sie durch die beängstigenden Erinnerungen geleiten müssen.

Ein solcher Augenblick trat ein, als die 34jährige Melanie, eine Klientin, die ich bereits früher erwähnt habe, mich während einer Therapiesitzung mit ihrem Täter verwechselte. Sie befand sich tief in einer schrecklichen Erinnerung daran, wie sie im Alter von drei Jahren an ein Bett gebunden und von zwei Tanten gepeinigt und mißbraucht worden war. Plötzlich schaute sie mich erschreckt an, als ob ich ihr im nächsten Augenblick etwas antun würde. Sie verließ ihren Stuhl und kauerte sich mit dem Rücken zur Wand in eine Ecke.

Mit einem Blick, der völliges Mißtrauen und höllische Angst spiegelte, beobachtete sie mich. Ihr Kind-Ich hatte vergessen, wer ich war, und sah mich nun als die Täterin an, die ihr etwas antun wollte. Meine erwachsene Klientin hatte *völlig* vergessen, wer ich war. Mit ruhiger, liebevoller Stimme versuchte ich Melanie daran zu erinnern, wer ich tatsächlich war. Ich sagte zu ihr, daß ich ihr helfen wolle, die schrecklichen Erinnerungen, die sie so ängstigten, aufzulösen. Ich versuchte, eine Verbindung zu ihrem Erwachsenen-Ich herzustellen, das wußte, daß diese Erinnerungen der Vergangenheit angehörten, obwohl sie sich in der Gegenwart als so real *anfühlten*.

Nach einiger Zeit gelang es mir schließlich, sie wieder so weit zu beruhigen, daß sie auf ihren Stuhl zurückkehrte. Weil Melanie mir vertraute, sagte sie mir, was sie gesehen hatte: eine neue schreckliche Szene, die ihr als völlig real erschienen war. Dann brachte sie die Verarbeitung zum Abschluß und verließ die Sitzung in einem ruhigen Zustand.

Zu den Vorbereitungen am Anfang der EMDR-Arbeit gehört auch, den Klienten zu helfen, sich einen »sicheren Ort« zu schaffen. Sie können sich dann in ihrer Imagination jederzeit an diesen Ort zurückziehen und sich dort völlig geschützt fühlen. Manchmal sind in dieser Vorbereitungsphase Imaginationstechniken und leichte Hypnose hilfreich. Die Klienten können auch schützende und liebende Verbündete auffordern, sie an jenen sicheren Ort zu begleiten. Solche inneren Verbündeten können imaginäre Gestalten der Vergangenheit oder Gegenwart sein, innere Führer, Ratgeber oder Tiere. Behandelnde Therapeuten können sich zu Beginn oder zum Abschluß einer Sitzung auf derartige Ressourcen beziehen, um die Klienten mit ihrer Hilfe wieder in einen Zustand des Gleichgewichts zu versetzen oder um ihr Selbstvertrauen zu stärken, wenn sie sich starken Emotionen nicht gewachsen fühlen oder wenn aufgrund dessen die Verarbeitung stagniert – was häufig der Fall ist.

Melanie hatte im Alter zwischen drei und neun Jahren schwersten Mißbrauch erlitten. Ungefähr ein Jahr lang hatten wir an ihren schrecklichen Erinnerungen gearbeitet, in denen es um sexuellen Mißbrauch und um Folter ging. Dann plötzlich tauchte in ihren nächtlichen Träumen und Phantasiebildern im Wachzustand ein Löwe auf. Wir fanden heraus, daß der Löwe für sie ein wichtiger Verbündeter war. Sie gewöhnte sich daraufhin an, sich an ihn zu wenden, wenn ihr Gefühle über den Kopf zu wachsen drohten oder wenn sie während der Verarbeitung in eine Sackgasse geriet – und auch um ihr Kind-Ich zu schützen. Ihr Belastungsniveau sank blitzschnell von zehn auf null ab, sobald sie sich vorstellte, daß der Löwe die Täterinnen in die Flucht schlug. Das Beschützertier verhielt sich sehr mitfühlend gegenüber dem kleinen Mädchen, das sich sicher und geborgen fühlte, wenn es sich an den weichen und gleichzeitig starken Rücken des Löwen kuschelte. Melanie sagte dann: »Ich bin jetzt in Sicherheit«, während sie sich das Bild des Löwen vergegenwärtigte und gleichzeitig Augenbewegungen ausführte. Der Löwe begleitete sie übrigens auch außerhalb unserer Therapiesitzungen! Sie wandte sich vor dem Einschlafen an ihn und schlief dann friedlicher.

Wenn der sichere Ort – und die Verbündeten – fest etabliert sind, sage ich den Klienten, daß sie jederzeit zu diesen zurückkehren können, da sie nun wissen, wie sie beide erreichen können. Sobald die Verarbeitung zu belastend wird, können sie an den sicheren Ort zurückkehren, bis sie das Gefühl haben, mit der Verarbeitung fortfahren zu können. Sie können sich auch vorstellen, daß ihre Verbündeten – sowie auch ihr Erwachsenen-Ich – sie an der Hand halten oder während der Verarbeitung besonders quälender Erinnerungen an ihrer Seite bleiben. Dies verhindert, daß sie sich allein fühlen.

Wenn der Zeitpunkt gekommen ist, die Sitzung zu beenden – ob die Verarbeitung abgeschlossen ist oder nicht –, lasse ich meine Klienten oft an ihren sicheren Ort zurückkehren, ihr Kind-Ich in den Arm nehmen und im Gefühl der Sicherheit und Geborgenheit baden. Außerdem wiederhole ich dann die positiven Kognitionen, die sie während der EMDR-Verarbeitung gefunden haben, sowie Affirmationen, die ich selbst für wichtig halte.

So stellte beispielsweise Frank, ein Klient, der von seinen Eltern in schwerwiegender Weise körperlich mißhandelt und sexuell mißbraucht worden war, fest, wie wichtig es für ihn war, daß es jemanden gab, der ihn liebte und schützte. Er erinnerte sich an seine Großmutter und an den liebevollen Kose-

namen, den sie ihm gegeben hatte. Sobald Frank von seinen Mißbrauchser-
innerungen überwältigt wurde, aktivierte ich seine Erinnerung an seine Großmutter. Außerdem empfahl ich ihm, eine Maiskolbenpfeife, aus der sie geraucht hatte, als Symbol für sie bei sich zu tragen. Am Ende einer Sitzung
stellte Frank sich vor, er säße auf dem großen, warmen Schoß seiner Großmutter. Dieses Bild erfüllte ihn mit Liebe und gab ihm die Kraft, den schrecklichen Dingen, die er in der Vergangenheit erlebt hatte, ins Auge zu blicken.

Die mittlere Phase: Verarbeitung

Die mittlere Phase umfaßt das Anvisieren und die Verarbeitung traumatischer
Erinnerungen. Sie beginnt erst, wenn der Klient sich dazu bereit fühlt. Ich halte
es für überaus wichtig, daß Therapeuten flexibel genug sind, um sich während
dieser schwierigen, intensiven und schmerzhaften Phase auf die Bedürfnisse
ihrer Klienten einzustellen. Beispielsweise können zwischen den EMDR-Verarbeitungssitzungen gesprächstherapeutische Sitzungen eingeschoben werden,
um das verarbeitete Material zu integrieren. Dabei ist zu beachten, daß Klienten unterschiedliche Bedürfnisse haben. Eine Frau kam zwei Jahre lang zweimal wöchentlich zu mir – einmal zu einer 90minütigen EMDR-Sitzung und
drei Tage danach zu einer 50minütigen gesprächstherapeutischen Sitzung, die
der Integration des zuvor verarbeiteten Materials diente. Manche Klienten
ziehen eine ununterbrochene Folge von 90minütigen EMDR-Sitzungen vor,
während es anderen lieber ist, wenn mehreren Wochen intensiver EMDR-
Arbeit einige kürzere der Integration dienende gesprächstherapeutische Sitzungen folgen.

In der mittleren Phase tritt bei der Arbeit mit Erwachsenen, die als Kinder
mißbraucht (und/oder mißhandelt) worden sind, häufig ein Problem auf, das
als »Kreiseln« *(looping)* bezeichnet wird. Dabei kreisen die Klienten in aufeinanderfolgenden Serien von Augenbewegungen immer wieder um die gleichen

Emotionen, Empfindungen und Bilder oder Gedanken, ohne die Information zu verarbeiten und ohne daß sich die emotionale Intensität des Materials verändert. Aufgrund der schwerwiegenden Kindheitstraumata, die diese Klienten erlebt haben, scheinen sie größere Schwierigkeiten damit zu haben, den Kontakt zu ihrem Erwachsenen-Ich herzustellen. Deshalb ist bei ihnen eine intensivere Interaktion mit dem Therapeuten erforderlich, der ihnen hilft, die Erinnerungsnetzwerke des Erwachsenen-Ich und des Kind-Ich mit Hilfe des Einwebens zu verbinden.

Wenn ein Klient kreiselt, hält der behandelnde Therapeut zuerst nach »blockierenden Überzeugungen« Ausschau. Dabei handelt es sich um völlig unbewußte Überzeugungen, die die Verarbeitung blockieren. »Ich bin nicht in Sicherheit«, »Es war meine Schuld, und deshalb bin ich schlecht«, »Ich bin ein Opfer« und »Ich habe keine Kontrolle / Wahl« sind Aussagen, die solche Klienten häufig machen. Fast bei allen Menschen, die in ihrer Kindheit sexuellen Mißbrauch oder Mißhandlungen erlebt haben, existieren blockierende Überzeugungen, die mit den drei Hauptproblemen der Betroffenen zusammenhängen: mit dem Gefühl, nicht in Sicherheit zu sein, mit dem Gefühl, selbst die Verantwortung für das Erlebte zu tragen, und mit dem Gefühl, keine Wahlmöglichkeiten zu haben. Außerdem kann die Verarbeitung auch aufgrund nicht zum Ausdruck gebrachter Emotionen, die in das Körper-Geist-System der Betreffenden eingeschlossen sind, blockiert sein. Die folgenden Fallbeispiele veranschaulichen, wie das Einweben bei derartigen Blockierungen die Verarbeitung wieder aktivieren kann.

Sicherheit

Erwachsene, die als Kinder seelische Verletzungen erfahren haben, fühlen sich auch später in ihrem Leben weiterhin ungeschützt. Manchmal glauben sie unbewußt, diejenigen, die ihnen als Kinder etwas angetan haben, könnten ihnen noch immer Schaden zufügen, und dies kann sogar dann der Fall sein, wenn sie *wissen*, daß die betreffende Person alt, zu etwas Derartigem nicht mehr in der Lage oder tot ist. Und sie glauben nicht nur weiterhin, daß sie schutzlos sind, sondern auch ihr Vertrauen zu anderen und zu sich selbst ist gestört. In solchen Fällen lautet die zentrale Überzeugung, an der gearbeitet werden muß: »Ich kann niemandem vertrauen.«

Bei der Arbeit mit Melanie benutzte ich häufig das Einweben, weil die Intensität ihrer Gefühle sie immer wieder in ihren Bann schlug und sie dann zu kreiseln anfing. Sie trat während unserer Arbeit immer wieder zur Erinnerung ihres Kind-Ich in Kontakt und erlebte das Trauma dann *als Kind* wieder. In diesem Zustand hatte sie keinen Zugang zu ihrer Erfahrung als Erwachsene. Sie erinnerte sich an alles aus der Perspektive des Kindes – an die Größe ihres Körpers im Verhältnis zum Körper des Täters sowie an die Gedanken und Gefühle, die sie als Kind gehabt hatte. Da sie im Zustand des Kindes nicht wußte, daß einer der beiden Täter tot und der andere alt und gebrechlich war, hatte sie immer noch Angst vor ihnen und fühlte sich gefährdet. In einer bestimmten Sitzung hatten wir an einer sehr traumatischen Szene sexuellen Mißbrauchs und körperlicher Mißhandlungen gearbeitet, doch es war Melanie nicht gelungen, den Grad ihrer Belastung zu verringern. Daraufhin fragte ich ihr Kind-Ich ganz ruhig, weshalb es so erregt sei. Daraufhin erzählte sie mir, sie glaube, daß der Täter sie immer noch verletzen könne.

Mir wurde klar, daß ich an diesem Punkt mit dem Einweben arbeiten mußten. Da ich wußte, daß ihr Onkel tot war, fragte ich sie: »Wo ist Ihr Onkel jetzt?« Melanies Erwachsenen-Ich antwortete: »Er ist tot.« Da ihr Kind-Ich dies jedoch nicht wußte, bat ich ihr Erwachsenen-Ich, mit dem Kind zum Friedhof zu gehen und ihm den Namen des Onkels auf dem Grabstein zu zeigen. Dies tat sie in ihrer Imagination, während ich sie durch eine Serie von Augenbewegungen geleitete. Der zuvor sehr hohe Belastungsgrad fiel daraufhin sofort stark ab, und Melanie fühlte sich ruhig und friedvoll. Sie hatte die Information, daß jener Onkel, der sie mißbraucht hatte, mittlerweile tot war und niemandem mehr etwas antun konnte, völlig integriert.

Auch für Theresa war ihre Sicherheit ein großes Problem. Da sie als Kind Polio gehabt hatte und deshalb von der Hüfte abwärts zeitweise gelähmt gewesen war, hatten ihr Vater und ihr älterer Bruder sie im Alter zwischen zwei und sieben Jahren sexuell mißbraucht. Melanie hatte mich aufgesucht, weil ihre Ehe unter ihren sexuellen und emotionalen Problemen mit Intimität litt.

Am Ende einer unserer Sitzungen wurde ihr klar, daß sie als Kind »ihren Körper verlassen« hatte, damit ihr Vater ihr nicht mehr weh tun konnte. Sie war unbewußt davon überzeugt, daß es nicht sicher war, in ihrem Körper zu sein. Ich setzte dem entgegen, es sei *damals* für sie nicht sicher gewesen, in ihrem Körper zu sein, doch *jetzt* sei dies anders. Sie stimmte dem zu, und ich geleitete sie durch eine Serie von Augenbewegungen, an deren Ende sie ausrief: »Ich kann mich zum ersten Mal in meinem Körper spüren! Ich habe vorher nicht gewußt, daß ich gar nicht in meinem Körper war.«

In der folgenden Woche berichtete sie, sie habe ein völlig verändertes Körpergefühl. Ihr war klar geworden, wie sehr sie sich während ihres ganzen Lebens von ihrem eigenen Körpergewahrsein distanziert hatte. Das war so weit gegangen, daß sie gewöhnlich den ganzen Tag lang nicht zur Toilette gegangen war und auch nichts gegessen hatte. Nach unserer Arbeit fühlte sie sich stärker, zentrierter und selbstsicherer, was für sie eine völlig neuartige Erfahrung war.

Verantwortung

Fast alle Kinder, die Mißbrauch oder Mißhandlungen erlebt haben, haben das Gefühl, sie selbst seien an dem, was sie erfahren haben, schuld. Sie fühlen sich für das Verhalten der Täter verantwortlich und haben wegen des Vorgefallenen schreckliche Schuldgefühle. Überzeugungen wie »Ich bin schlecht« oder »Irgend etwas ist mit mir nicht in Ordnung« verfolgen sie noch als Erwachsene. »Wenn er wütend ist, dann deshalb, weil ich schlecht bin« hat eine Frau einmal zu mir gesagt. Dieses Gefühl der eigenen Schlechtigkeit wird zu einer zentralen Überzeugung, die die Selbstachtung unterminiert und zur Grundlage der Selbstsicht wird. Probleme wie das Gefühl der eigenen Schuld und der wesenseigenen Schlechtigkeit treten im Laufe einer EMDR-Therapie häufig zutage, wenn Klienten anfangen, an anderen Problemen als dem anfänglich anvisierten zu arbeiten.

Als ich in einer Sitzung mit Theresa an ihrem Gefühl arbeitete, sie sei für den erlittenen Mißbrauch selbst verantwortlich, fing sie an zu kreiseln. Wir waren dabei, eine der zahllosen Situationen zu verarbeiten, in denen ihr älterer Bruder sie in den Keller des elterlichen Hauses getragen und sie dort mißbraucht hatte. Während ihr Bruder sich dort an ihr zu schaffen gemacht hatte, hatte sie schreckliche Angst davor gehabt, irgend jemand könnte sie entdecken.

T.: Ich fühle mich verantwortlich, so als ob ich schlecht wäre, weil ich dies getan habe.

L.: Wie alt sind Sie?

T.: Zwei, drei und vier Jahre.

L.: Und wie alt war er? [Ich versuche, ihr bewußt zu machen, daß ihr Bruder viel älter als sie gewesen war und der einzig Verantwortliche – was ihrem Erwachsenen-Ich durchaus bewußt war, ihrem Kind-Ich jedoch nicht.]

T.: Er war zwölf, dreizehn, vierzehn.

L.: Wer hätte es besser wissen müssen?

T.: Er. [Sie stellt die Verbindung zwischen den Erinnerungsnetzwerken des Erwachsenen-Ich und des Kind-Ichs her und erkennt die Verantwortung ihres Bruders.]

L.: Denken Sie daran. [Ich geleite sie durch eine Serie von Augenbewegungen, um die beiden Erinnerungsnetzwerke miteinander zu verbinden.]

Es folgen weitere Serien von Augenbewegungen.

T.: Ich spüre, wie ich in meinen Körper einsinke. Auch er war ein Opfer meines Vaters. ... Mein Vater war dermaßen verdorben, und sein Vater auch – es war eine ganze Familie von Opfern und Tätern, es ist von Generation zu Generation weitergegeben worden. Das ist traurig und schrecklich, und wir alle sind deshalb verdorben worden. Was meinen Bruder und meinen

Vater angeht, finde ich es sehr traurig. [Sie erinnert sich daran, daß auch ihr Bruder von ihrem Vater mißbraucht worden war. Die emotionale Verletzung, die ihr Bruder selbst erfahren hatte, hatte ihn dazu gebracht, sie zu mißbrauchen. Sie sieht in der Geschichte ihrer Familie eine lange Reihe von Tätern und Opfern.]

L.: Wer ist dafür verantwortlich, daß Sie mißbraucht worden sind?

T.: Mein Bruder und mein Vater ... und ich glaube auch meine Mutter. Ein Teil von mir hat das Gefühl, sie hätten gar keine Kinder bekommen dürfen. Was ihnen angetan worden ist und daß ihre Bedürfnisse nicht erfüllt wurden, ist nicht meine Schuld.

Am Ende der Sitzung fragte ich sie, wie sie sich selbst sehe, nachdem sie sich nun in ihre Situation als Kind zurückversetzt habe. »Ich bin wirklich sehr unfair behandelt worden«, antwortete sie. »Die Menschen, mit denen ich zusammenlebte, wollten mich nicht. Sie waren nicht bereit, sich um mich zu kümmern; sie haben mich nicht geschätzt, und sie waren nicht in der Lage, gut für mich zu sorgen. Ich hatte etwas Besseres verdient als das.«

Ebenso wie viele Menschen glauben, sie selbst seien für erlittenen Mißbrauch verantwortlich, halten andere sich für »schlecht«, weil ihr Körper während eines Mißbrauchserlebnisses Lust empfunden hat. So war es auch bei Melanie.

Sie vermochte ihre Überzeugung, selbst »schlecht« zu sein, nicht zu verändern, weil weder das Erinnerungsnetzwerk ihres Kind-Ich noch dasjenige ihres Erwachsenen-Ich über Informationen verfügte, die das Gegenteil bestätigt hätten. Weil auch ihr Erwachsenen-Ich glaubte, als Kind sei sie »schlecht« gewesen, begann ich mit einer Art des kognitiven Einwebens, einer psycho-edukativen Intervention, wodurch ich neue Information in das gesamte System einführte.

Ich erklärte Melanie in einfachen Worten, die sowohl das Kind als auch die Erwachsene verstehen konnte, es sei »normal, daß der Körper Lust empfindet, wenn er auf bestimmte Weise berührt wird. Genauso wie wenn man mit dem

Zeh oder mit dem Knie vor etwas stößt und dann Schmerz empfindet, erzeugen bestimmte Arten von Berührung Lustgefühle. Was er [der Täter] getan hat, war falsch, schlecht. Doch *Sie* sind *nicht* schlecht, weil Ihr Körper ganz natürlich reagiert hat.« Das Kind benötigte diese Information ebenso wie die Erwachsene, da beide über diese bisher nicht verfügt hatten. Während sie über meine Worte nachdachte und gleichzeitig mit den Augenbewegungen fortfuhr, sank ihr zuvor sehr hohes Belastungsniveau sofort ab.

Nach der nächsten Serie von Augenbewegungen fragte ich Melanie, wie sie sich nun selbst sehe. »Mein Körper hat auf normale Weise reagiert. *Er* [der Täter] war schlecht, weil er das mit mir getan hat«, antwortete sie. Melanie fühlte sich von den Schuld- und Schamgefühlen befreit, die mit ihren Erinnerungen an den erlebten Mißbrauch und an die Reaktionen ihres Körpers auf die sexuelle Stimulation verbunden gewesen waren. Der Täter hatte ihr wiederholt eingeredet, sie sei schlecht, und sie hatte dies verinnerlicht und zu einer Überzeugung gemacht, die sie mit dem Wesen sexueller Stimulation assoziiert hatte. Deshalb hatte sie das Gefühl gehabt, daß ihre sexuelle Reaktion »schlecht« gewesen sei. Durch das kognitive Einweben wurde diese negative und sehr belastende Botschaft entkräftet.

Wahl- oder Kontrollmöglichkeit

Schließlich entwickeln Kinder, die zum Zeitpunkt eines Mißbrauchserlebnisses klein und wehrlos waren, das Gefühl, zeitlebens hilflos und Opfer zu bleiben. Sie hatten zum Zeitpunkt des Geschehens keine Wahl und glauben unbewußt, sie hätten auch als Erwachsene keine Wahlmöglichkeiten.

Gail litt sehr unter ihrer Spinnenphobie, an der sie mit Hilfe von EMDR arbeiten wollte. Sie begann mit ihrer schlimmsten Erinnerung an eine Begegnung mit einer Spinne – einer großen, haarigen Spinne, die sie vor e/inigen Monaten an einer Wand in ihrem Schlafzimmer gefunden hatte. Damals war sie so verängstigt und aufgeregt gewesen und hatte sich so hilflos gefühlt, daß sie in einem anderen Raum hatte schlafen müssen.

Während ihrer ersten Serie von Augenbewegungen fokussierte sie auf ihre Angst vor Spinnen. Sofort tauchten Bilder von einem in der Kindheit erlebten Mißbrauch auf, und sie bemerkte körperliche Symptome, die in ihr das Gefühl weckten, ihre körperlichen Grenzen würden verletzt. Diese Empfindungen waren wahrscheinlich in ihrem Körper gespeicherte Erinnerungen, die jetzt während der Augenbewegungen verarbeitet wurden. Plötzlich wurde ihr klar, daß sie selbst viel größer als die Spinnen war. »Ich fühle mich größer als sie, und sie erscheinen mir kleiner. Ich fühle mich nicht mehr erstarrt, und ich habe auch nicht mehr das Gefühl, daß ich mich von ihnen dominieren lassen muß.« Gail wurde außerdem klar, daß ihre Eßsucht und ihre Gewichtsprobleme ein unbewußter Versuch, sich selbst größer zu machen, waren – und daß sie ihr Gewicht nicht mehr brauchte, um sich zu schützen.

Als nächstes sagte sie, sie verspüre ein Druckgefühl in der Brust. Daran erkannte ich, daß die Verarbeitung noch nicht abgeschlossen war. Sie mußte ihr kleines Kind-Ich und ihr großes, mächtiges Erwachsenen-Ich, das viele Möglichkeiten hatte, sie vor gefährlichen Menschen und Tieren zu schützen, miteinander verbinden.

»Sie waren viel kleiner als Ihr Vater, und Sie hatten keine Möglichkeit, das, was er mit Ihnen gemacht hat, zu beeinflussen«, sagte ich. »Jetzt sind Sie viel größer und haben Einfluß darauf, wer Sie berührt. Und Sie sind *viel* größer als Spinnen. Gemessen am Größenverhältnis zwischen Ihrem Vater und Ihnen kommen Sie im Vergleich mit der Spinne sogar *wesentlich* besser weg.«

Während Gail über meine Äußerung nachdachte, geleitete ich sie durch eine Serie von Augenbewegungen. Als sie mit dieser Wahrheit verbunden wurde, war es, als würde in ihr ein Licht angehen. »Meine Psyche ist soviel größer, als sie in meiner Kindheit war, und ich *kann* mich selbst schützen. Es gibt ungeheuer viel Unterstützung für mich. Meine Stärke beruht nicht nur auf meiner Körpergröße. Ich verfüge jetzt auch über innere Kraft, und das spüre ich in meinem Körper. Ich spüre, wie sich meine Lunge weitet.«

Nach einer weiteren Serie von Augenbewegungen berichtete sie: »Ich fühle mich groß!« Als wir zum ursprünglich gewählten Bild der Spinne an der

128

Wand zurückkehrten, sagte sie: »Ich empfinde sie [die Spinnen] jetzt als *sehr klein*. Ich könnte alles mögliche mit ihnen machen: Ich könnte sie einfach ignorieren, ich könnte sie von der Wand holen oder sie töten ... aber das wäre zu gemein!« Am Ende der Sitzung war sie sehr ruhig und spürte ihre innere Kraft.

Ausdruck einer verbotenen Emotion

Klienten, die als Kinder mißbraucht worden sind, leiden oft unter starken Emotionen, die tief in ihrem Inneren eingeschlossen sind, weil sie ihre Empfindungen zum Zeitpunkt des Mißbrauchs nicht gefahrlos ausdrücken konnten. Diese Unterdrückung des Ausdrucks der Emotionen kann sich in Form muskulärer Verspannungen in der Kehle oder im Kiefer manifestieren und die Verarbeitung blockieren. In einer EMDR-Therapie werden die Klienten aufgefordert, sich vorzustellen, daß sie Gedanken und Gefühle der Wut auf jede Weise ausdrücken, die ihnen in den Sinn kommt. Der volle Ausdruck der Wut kann in der Vorstellung stattfinden, und er befreit die blockierte Energie, die zuvor ihr Gefühl der Machtlosigkeit verstärkt hat. Während sie Augenbewegungen ausführen, teilen Klienten, die unter schrecklichen Gefühlen der Verletztheit und Scham leiden, den Tätern ihre Gefühle über den erlebten Mißbrauch mit. Nachdem sie ihre Wut in der sicheren Situation im Behandlungsraum vollständig zum Ausdruck gebracht haben, fühlen sie sich gestärkt und frei von Angst. Oft gelingt es ihnen auf diese Weise, die Wut aus dem Körper-Geist-System zu entfernen, und die EMDR-Verarbeitung löst ihr Verlangen nach Rache oder einer realen Konfrontation mit dem Täter auf.

Ich habe festgestellt, daß in solchen Fällen eine reale Konfrontation des Klienten mit dem (mutmaßlichen) Täter für den Heilungsprozeß nicht erforderlich ist. Daß es zu einer solchen realen Konfrontation kommt, scheint für die Gefühle der Klienten nicht entscheidend zu sein. Da der Mißbrauch meist schon viele Jahre zurückliegt, sind die Täter gewöhnlich alt und schwach. Außerdem können sie sich mittlerweile verändert und sich von ihrem destruktiven Verhalten gelöst haben. Weiterhin gibt es nicht immer »Beweise« dafür, daß der Mißbrauch tatsächlich stattgefunden hat. Und manchmal haben Klienten auch nichts weiter als ein vages Gefühl oder eine vage Erinnerungen daran, daß irgend etwas vorgefallen ist.

Ziel einer EMDR-Behandlung ist *nicht*, Erinnerungen zu rekonstruieren, sondern Klienten von ihren einschränkenden Überzeugungen, Bildern, Emotionen und Verhaltensweisen zu befreien. Durch Ausführung von Augenbewegungen können sie von den Nachwirkungen des erlebten Mißbrauchs vollständig geheilt werden, sofern sie sich gleichzeitig in ihrer Imagination mit dem Täter konfrontieren. Auf diese Weise werden sie von ihrer belastenden Vergangenheit befreit und sind dann wieder in der Lage, völlig in der Gegenwart zu leben.

Dana war eine solche Klientin. Im Alter zwischen drei und zwölf Jahren war sie von ihrem Vater sexuell mißbraucht worden, und zwar in einem Bunker, den er in seinem Garten »zum Schutz der Familie« gebaut hatte. Dana fühlte sich ziemlich hilflos. Ihre ungeheure Wut auf ihren Vater loderte während unserer EMDR-Sitzungen hell auf, während sie Augenbewegungen ausführte und sich vorstellte, ihr Kind-Ich würde mit einem Baseballschläger auf den Vater losgehen. Ihr Erwachsenen-Ich half dem Kind, indem es den Vater festhielt. Vor Beginn unserer EMDR-Arbeit hatte Dana nie eine Möglichkeit gehabt, ihre Wut auf ungefährliche Weise zum Ausdruck zu bringen; deshalb hatte sie sie unterdrückt und war nun über deren Stärke schockiert.

Sie stellte sich vor, Blut und Gehirn ihres Vaters seien auf alle Wände und auf den Boden des Raumes gespritzt. Dann nahm sie erneut den Baseballschläger und ging auch auf ihre Mutter los. Auch sie hatte ihr geschadet, körperlich wie sexuell, und sie hatte Dana nie vor ihrem brutalen Vater geschützt. Nachdem die Klientin in mehreren Sitzungen nacheinander ihre Wut ausgedrückt hatte, fühlte sie sich ruhig, friedvoll und sogar ausgelassen.

Nach der Verarbeitung dieser traumatischen Erinnerungen, die sich über mehrere Monate hinzog, fühlte Dana sich wesentlich besser und zum ersten Mal seit fünf Jahren in der Lage, ihre Eltern zu besuchen. Hinterher sagte sie, der Besuch sei »gut« gewesen. Sie hatte mit ihnen in der Gegenwart zusammen sein können, ohne unter der Last der Vergangenheit zu leiden. Ihre alten Gefühle der Wut und Beklommenheit waren verschwunden. Die Anwesenheit der Eltern hatte ihr Trauma nicht erneut aktiviert. Sie hatte sie schon viele Jahre früher mit dem Geschehenen konfrontiert und sie einige Jahre lang nicht gesehen. Nun war an die Stelle ihrer vorherigen Wut und ihres Gefühls der eigenen Hilflosigkeit ein Gefühl der eigenen Stärke und des Mitgefühls getreten. Sie fühlte sich wohl dabei, sie zu besuchen – hatte jedoch nicht vor, dies häufiger als einmal alle ein bis zwei Jahre zu tun.

Die Endphase: Integration und Abschluß

Wenn der größte Teil der traumatischen Erinnerungen mit Hilfe von EMDR aufgelöst worden ist, die Flashbacks und Alpträume aufgehört haben und die Klienten sich von ihrer belastenden Vergangenheit befreit fühlen, beginnt die letzte Phase der Behandlung. In den Sitzungen wird nun seltener mit Augenbewegungen gearbeitet, und wir beschäftigen uns mit umfassenderen existentiellen Fragen wie: »Wer bin ich jetzt, nachdem ich mich von den einschränkenden Überzeugungen und den erschreckenden Bildern der Vergangenheit befreit habe?« Die Klienten haben ihre alte Identität als Überlebende oder Opfer abgelegt und müssen sich nun damit auseinandersetzen, wer sie ohne dies alles in der Gegenwart sind. Eine Klientin sagte: »Der Mißbrauch ist Vergangenheit, so wie viele andere Dinge. Nichts von alldem hat etwas damit zu tun, wer *ich* bin.« Oft tauchen spirituelle Fragen auf und das Bedürfnis, diesen Bereich tiefer zu erforschen.

In der Endphase einer EMDR-Therapie müssen Therapeuten ihre Klienten durch Lücken in ihrer sozialen Entwicklung geleiten und ihnen nötigenfalls dementsprechende Information vermitteln. Klienten, die als Kinder mißbraucht worden sind, leiden unter zahlreichen Problemen, die Folgen des erlebten Mißbrauchs sind – Kontaktprobleme; Schwierigkeiten, anderen zu vertrauen, Freunde zu finden und tiefe Beziehungen zu anderen Menschen zu entwickeln; Probleme im Berufsleben. Mit all diesen Dingen muß sich die Therapie nötigenfalls befassen. Auch die Teilnahme an speziellen Selbsthilfegruppen, Kurse an Instituten für Erwachsenenbildung und Freiwilligenarbeit können Klienten in dieser Phase helfen, sich ein tragfähigeres soziales Umfeld aufzubauen.

Außerdem kann es hilfreich sein, sich in dieser Phase noch einmal zu vergegenwärtigen, was in der Therapie erreicht wurde. Ich sage meinen Klienten häufig, daß wir erst das offene Feuer eines großen Waldbrandes gelöscht haben und jetzt nach kleineren Brandherden Ausschau halten müssen, die wieder aufflammen und weiteren Schaden verursachen können. Obwohl der größte Teil der Arbeit getan sei, könnte immer noch gelegentlich ein Funke auflodern, auch nach dem Ende der Behandlung. Dies sei normal und kein Problem. Ein erneutes Auflodern sei kein Anzeichen für ein Fehlschlagen der Therapie.

Die Endphase der Integration und Behandlung kann je nach den Bedürfnissen der Klienten zwischen zwei Wochen und einem Jahr dauern. Wenn die Behandlung dann tatsächlich zu Ende geht, sage ich ihnen, sie könnten sich auch später jederzeit melden, um an neu auftauchenden Problemen zu arbeiten.

Das magische Denken des Kindes

Kendras Fall veranschaulicht, wie ein traumatisches Erlebnis mit allen damit verbundenen Gedanken, Gefühlen, Bildern und Phantasien in der ursprünglichen Form erstarrt. Bei Erwachsenen manifestieren sich solche erstarrten Traumata in Form irrationaler Überzeugungen und Verhaltensweisen. Gewöhnlich unterliegen Kinder unter fünf Jahren dem magischen Denken: Sie glauben, sie könnten mit Hilfe ihrer Gedanken, Handlungen und Worte bestimmte Dinge bewirken. Kleine Kinder unterscheiden nicht zwischen Phantasie und Wirklichkeit, weshalb bei ihnen Phantasien ebenso wie tatsächliche Geschehnisse in das Körper-Geist-System eingeschlossen sein können. Beispielsweise kann ein Kind, das sich auf dieser Entwicklungsstufe befindet, eine Geschichte aus einem Buch wörtlich verstehen.

Das Erinnerungsnetzwerk des Kind-Ich kann so strikt von dem des Erwachsenen-Ich getrennt sein, daß der betreffende Mensch trotz jahrelanger Therapie und zahlreicher Erkenntnisse über sich selbst und die eigene Lebensgeschichte immer noch emotional von der Erfahrung des Kindes bestimmt wird, die nicht in den allgemeinen Fundus der Erinnerungen integriert ist und scheinbar irrationale Aktivitäten initiiert.

In Kendras Fall benutzte ich das Einweben, als ihre Kind- und ihre Erwachsenenperspektive sich nicht automatisch miteinander verbanden. Wie oft bei der Behandlung von Kindheitstraumata profitierte ich auch in diesem Fall von meinen Erfahrungen als Kindertherapeutin und drückte mich deshalb in Worten und Vorstellungen aus, die ein dreijähriges Kind verstehen kann. Ich gab mir große Mühe, die Welt mit den Augen eines dreijährigen Kindes zu sehen und Kendras Kind-Ich-Perspektive zu verstehen.

Eine Kollegin, bei der Kendra während der letzten vier Jahre immer wieder in Behandlung gewesen war, hatte ihr empfohlen, mich aufzusuchen. Obwohl Kendra von der guten Arbeit ihrer vorherigen Therapeutin überzeugt war, war die Behandlung an einem bestimmten Punkt zum Stillstand gekommen, und beide kamen überein, es sei besser, nun mit Hilfe einer wirksameren Methode zu versuchen, die Barrieren, die einer vollständigen Heilung im Wege standen, zu überwinden.

Kendra war eine intelligente und sehr erfolgreiche Frau Mitte Vierzig, die in ihrem Beruf millionenschwere Etats verwaltete. Sie wurde von einer schrecklichen und völlig irrationalen Angst geplagt, litt unter Depressionen und wurde von dem Gefühl verfolgt, in einem sehr wichtigen Punkt versagt zu haben.

Außerdem hatte sie ständig das Gefühl, irgendeine schreckliche Bedrohung schwebe über ihr. Kendra war verzweifelt und wurde von Alpträumen verfolgt. Sie hatte große Angst davor, in der Nähe von Fenstern zu sein – weshalb sie sich die zwanghafte Angewohnheit zu eigen gemacht hatte, diese stets zu schließen.

Kendra brachte diese Empfindungen mit dem Tod ihres Bruders Billy im Alter von nur 19 Monaten in Zusammenhang. Damals war sie selbst erst drei Jahre alt gewesen. Kendra hatte Billy sehr geliebt, der irgendwann plötzlich mitten in der Nacht gestorben war. Ihre zutiefst bekümmerte Mutter hatte Kendra erst mehrere Jahre später erzählt, daß ihr kleiner Bruder gestorben sei. Zunächst hatte sie gesagt, Peter Pan sei durch das Fenster gekommen und hätte Billy in sein Traumreich Nimmerland mitgenommen, wo Billy für alle Zeiten ein kleiner Junge sein werde. Doch diese Erklärung tröstete Kendra nicht, sondern erschreckte sie. Kendra konnte immer nur an die Piraten und an all die anderen schrecklichen Gefahren in Nimmerland denken. Für sie war dieses Land ein beängstigender und schrecklicher Ort.

Jener Geschichte zufolge geht Wendy, die große Schwester, nach Nimmerland, um den verschwundenen Jungen eine Mutter zu sein und ihnen ein besseres Leben zu ermöglichen. Billys große Schwester Kendra glaubte nun, auch *sie* müsse durch das Fenster gehen und Billy wieder zurückbringen. Doch wußte sie nicht, wie sie dies machen sollte, und sie wußte auch nicht, wo sie ihn hätte finden können. Da sie erst drei Jahre alt war, konnte sie kaum das Fensterbrett erreichen. Und zu ihrem Entsetzen wußte sie auch nicht, wie man fliegen kann. Sie fühlte sich wie eine schreckliche Versagerin. Die kleine Kendra wurde völlig besessen von der Peter-Pan-Geschichte, und sie bat ihre Mutter, sie ihr immer wieder vorzulesen.

Noch schlimmer war, daß Kendras Mutter 24 Stunden nach Billys Tod sämtliche Erinnerungen an Billy beseitigte. Nicht ein einziges Foto behielt sie zurück. Es war, als hätte Billy nie existiert. Es wurde nie über ihn gesprochen. Er existierte einfach nicht mehr. Als Kendra 15 Jahre alt war, starb plötzlich ihr geliebter Vater an einem Herzinfarkt. Wieder entfernte die Mutter sofort alle Spuren des Verstorbenen und verbat strikt, über ihn zu sprechen. Außerdem zog sie mit ihren Kindern in einen anderen Bundesstaat um.

Kendras Symptome wurden jeweils um den Jahrestag von Billys Tod stärker. Seit sie zwanzig geworden war, hatte sie sich in dieser Zeit jedes Jahr beurlauben lassen und sich dann völlig zurückgezogen. Vor einigen Jahren hatten ihre Panikgefühle einen Höhepunkt erreicht. Das war zu der Zeit, als ihr eigener Sohn 19 Monate alt geworden war. Sie litt unter so starken Angstgefühlen, daß sie deshalb dreimal die Notaufnahme eines Krankenhauses aufsuchte, eine Klaustrophobie entwickelte, dreimal wöchentlich von einem Therapeuten behandelt wurde und ein angstlösendes Medikament einnahm.

Im Jahr, in dem Kendra zu mir kam, waren ihre Symptome an Billys Todestag besonders stark. Sie war einige Meilen von ihrer Wohnung entfernt auf einer Party gewesen, dort mitten in der Nacht in Panik verfallen und hatte den ununterdrückbaren Impuls zu fliehen verspürt. Dies tat sie auch sofort. Sie bat nicht einmal die Freunde, mit denen sie zu der Party gekommen war, sie nach Hause zu fahren. Sie rannte einfach aus dem Haus und lief die drei Meilen zu ihrer Wohnung durch strömenden Regen zu Fuß. Ihr eigenes irrationales und gefährliches Verhalten ängstigte sie.

Kendra kam zu drei EMDR-Sitzungen und wollte sich in diesen ausschließlich auf ihr »Peter Pan«-Trauma konzentrieren. In der im folgenden beschriebenen dramatischen Sitzung gelang es uns, den größten Teil dieses Traumas zu verarbeiten.

Ich bat Kendra, das belastendste Bild dieser Peter-Pan-Geschichte auszuwählen, und sie antwortete mit Tränen in den Augen und mit der Stimme eines kleinen Mädchens: »Das Bild, wie mein Bruder mit einem Mann aus dem Fenster fliegt. Ich weiß nicht, wer er ist. Ich sehe nur seinen Rücken, kein Gesicht.« Als ich sie fragte, welche Überzeugung sie mit diesem Bild verbinde, packte sie sich ein Kissen von der Couch, preßte es an ihre Brust und schrie: »Ich bin nicht in Sicherheit.« Sie fühlte sich sehr verletzlich und erschreckt. Ihr Erwachsenen-Ich war völlig verschwunden. Vor mir saß eine völlig erschrockene Dreijährige, die sich mitten in einem Alptraum befand. Während sie sich das gewählte Bild sowie ihre damit verbundene Überzeugung und die entsprechenden Emotionen vergegenwärtigte, begann sie mit langen Serien von Augenbewegungen. Sie sprach nur in Bruchstücken.

Während der ersten Serie von Augenbewegungen sagte sie: »Mein Vater ist auch gegangen. ... Es schien ihm gut zu gehen. ... Ich verstehe das nicht.« Ein paar Minuten später blickte sie mich verwirrt an und fragte: »Wie konnte jemand aus dem Fenster fliegen? Wir wohnten damals im sechsten Stock.« Das Kind hatte sich über dieses Kunststück den Kopf zerbrochen. Einerseits war ihr klar, daß Menschen nicht fliegen konnten, doch andererseits glaubte sie, daß jemand durch das Fenster im sechsten Stock gekommen war und ihren Bruder mitgenommen hatte. »Ich weiß nicht, wo es sicher ist. Ich fühle mich nirgendwo sicher«, sagte sie. Wenn jemand im sechsten Stock durch das Fenster kommen und ihren kleinen Bruder kidnappen konnte, wie konnte sie sich dann noch irgendwo sicher fühlen? Dann folgten weitere Gefühle der Trauer. »Ich möchte meinen Papi zurückhaben. Wenn er da wäre, würde ich mich sicher fühlen.«

Ich forderte sie auf, zu dem ursprünglich gewählten Bild zurückzukehren, und sie sagte: »Ich sehe das Fenster. Ich schaue aus dem Fenster. Ich suche, warte ... es ergibt einfach alles keinen Sinn.« Mit Beginn der Augenbewegungen fing sie sofort zu weinen an. »Warte auf mich! Ich hätte auch gehen sollen. Kommst du nicht mehr zu mir zurück?«

Ihr wurde klar, daß ein Teil von ihr Billy in das Land von Peter Pan folgen wollte, während ein anderer Teil von ihr davor Angst hatte. Dann brachte sie das Gefühl, abgelehnt worden zu sein, zum Ausdruck. »Warum wollten sie mich nicht mitnehmen? Ist irgend etwas nicht in Ordnung mit mir, weshalb sie mich zurückgelassen haben?«

Nach der nächsten Serie fragte sie: »Warum war ich nicht gut genug, um mitkommen zu dürfen? Warum haben sie mich nicht geweckt? Meine Mami war sehr aufgebracht, und sie fühlte sich für das, was passiert ist, verantwortlich; deshalb kann ich nicht aufgebracht sein. Seit ich allein übrig geblieben bin, ist es meine Aufgabe, sie glücklich zu machen.« Ich forderte sie auf, weiter an ihre Mutter zu denken, während wir mit den Augenbewegungen fortfuhren. »Es macht mir angst zu sehen, daß sie so außer sich ist. Irgendwie habe ich das Gefühl, ich müsse dafür sorgen, daß es meiner Mutter besser geht.«

Dann sah Kendra ein Bild, das zeigte, wie der Mann Billy auf dem Arm weggetragen hatte. »Ich weiß, daß mein Vater ihn weggebracht hat, aber meine Mutter sagt etwas anderes.« [Die Dreijährige versucht, sich aus widersprüchlichen Informationssplittern einen Sinn zusammenzureimen.] Etwas ruhiger, aber immer noch weinend, fährt Kendra fort: »Ich weiß, daß es mein Vater ist. Ich höre ihn. Irgend etwas ist nicht in Ordnung, und ich weiß, daß Billy nicht mehr da ist, aber ich weiß nicht, was das bedeutet. Es ergibt einfach keinen Sinn. Mein Vater hätte Billy nicht fortgebracht und ihn nie mehr zurückgeholt. Deshalb erscheint mir die Geschichte meiner Mutter sinnvoll.« Immer noch verwirrt, fährt Kendra fort: »Der Mann am Fenster sieht aus wie mein Vater ... aber mein Vater würde so etwas nie tun – er liebt Billy.«

Kendras drei Jahre altes Kind-Ich bemüht sich verzweifelt, die widersprüchliche Information zu verstehen. Die Information der Erwachsenen war bei ihr nicht mit der des Kindes verbunden. Warum hätte ihre Mutter sie belügen sollen? Es erschien ihr einfach nicht möglich, daß ihr Vater Billy hätte mitnehmen und nie mehr zurückbringen können.

Ich frage Kendra, ob sie ihr Erwachsenen-Ich bitten könne, dem dreijährigen Mädchen zu erklären, was mit Billy geschehen sei. Sie erklärte sich dazu bereit und sprach mit der ruhigen, liebevollen Stimme einer Erwachsenen mit dem kleinen Kind, wobei ich sie gleichzeitig durch die Augenbewegungen geleitete. »Etwas sehr Trauriges ist passiert. Billy war viel kränker, als wir wußten, und nachdem ich ihn gestern Abend ins Bett gebracht hatte, wurde seine Erkältung ganz schlimm. Er hörte auf zu atmen, und wir haben das erst am Morgen gemerkt. Wir alle haben einen Körper und eine Seele. Sein Körper ist fortgegangen, aber seine Seele lebt immer noch. Wir können ihn nicht zurückholen. Wir werden ihn sehr vermissen, und wir werden wahrscheinlich alle sehr lange traurig sein. Aber du hast mit alldem nichts zu tun, und niemand hätte verhindern können, was passiert ist.«

Ich erinnerte mich an Kendras Verwirrung darüber, daß sie nichts hatte, was sie an Billy erinnerte. Deshalb bat ich sie, das kleine Mädchen zu fragen, ob es irgend etwas gebe, das sie als Erinnerung an ihn aufbewahren wolle. Sie fragte daraufhin das kleine Mädchen, das eine Weile nachdachte und dann fragte, ob sie eine seiner Decken haben könnte, denn daran könnte sie sich festhalten, und außerdem rieche die Decke so wie er. Dann stellte sie sich vor, wie sie in sein Zimmer ging und sich die Decke nahm. Unterdessen geleitete ich sie durch eine Serie von Augenbewegungen.

Sie seufzte. Endlich hatte sie etwas, das sie an ihn erinnerte. Dann fragte ich ihr Kind-Ich, ob es sich von Billy verabschieden wolle. Das Kind wollte dies, doch sollte der Vater dabei sein. Während Kendra Augenbewegungen ausführte, stellte sie sich vor, sie hielte die Hand ihres Vaters und ginge mit ihm in das Zimmer ihres kleinen Bruders. Billy lag friedlich in seiner Wiege, als schliefe er. Weinend sagte sie: »Auf Wiedersehen, Billy. Ich werde dich sehr vermissen, und ich bin jetzt ganz allein.«

Später sagte Kendra, es gehe ihr wesentlich besser. »Ich sehe ihn als friedliches Baby.« Da jedoch noch immer Teile des Puzzles fehlten, fragte ich sie, ob sie ihr Erwachsenen-Ich bitten könne, dem Kind zu erklären, warum die Mutter die Peter-Pan-Geschichte erfunden hätte. Kendra sprach nun, als wäre sie ihre Mutter, und während sie Augenbewegungen ausführte, erklärte sie: »Ich habe dir keine Angst einjagen wollen. Deshalb habe ich dir die Geschichte erzählt. Die Peter-Pan-Geschichte habe ich deshalb ausgewählt, weil die verschwundenen Jungen darin ewig leben. Sie werden nie erwachsen und sterben nie. Ich dachte, du könntest ihn in dem Alter in Erinnerung behalten, in dem er weggenommen worden ist. Ich glaubte, das würde dich trösten. Mir ist nie der Gedanke gekommen, daß dir einfallen könnte, irgend jemand würde auch dich eines Tages mitnehmen oder du und dein Bruder wären nicht in Sicherheit ... oder es sei deine Pflicht gewesen, das Ganze zu verhindern, oder du müßtest ihn zurückholen. Ich wollte dir einfach nur klarmachen, daß seine Seele weiterlebt. Ich habe geglaubt, das würde dir helfen. Ich wollte dich weder verängstigen noch dich verletzen.«

Plötzlich wechselte Kendra wieder zu ihrem Erwachsenen-Ich über. Ihr war eine Erkenntnis gekommen: »Ich glaube, meine Mutter konnte selbst der Wahrheit nicht ins Auge blicken, und deshalb konnte sie auch mir nicht die Wahrheit sagen.«

Als wir zum ursprünglich gewählten Bild zurückkehrten, sagte Kendra, sie fühle sich wesentlich besser. »Die Geschichte ergibt überhaupt keinen Sinn. *Es war nur eine Geschichte.*« Das Bild wirkte nun auf sie wie ein bemaltes Stück Pappe oder wie ein Schatten. »Mein Bruder ist an Lungenentzündung gestorben«, erklärte sie mir, »und ich hatte keine Möglichkeit, mich von ihm zu verabschieden.« Was glaubte sie jetzt über sich selbst? *»Ich bin in genauso großer Sicherheit wie jeder andere Mensch. Die Wahrscheinlichkeit, daß irgend jemand durch das Fenster in ein Haus kommt, ist ziemlich gering.«*

Als Kendra in der folgenden Woche zur Therapie kam, fühlte sie sich wesentlich besser. Sie hatte in der Zwischenzeit viele Veränderungen bei sich bemerkt. Sie wachte nun glücklich auf – was für sie ein völlig neuartiges Gefühl war. Alpträume hatte sie nicht mehr. Außerdem war sie frohgemut und wesentlich ruhiger. »Meine frühere Unruhe ist einem Gefühl des inneren Friedens gewichen. Ich fühle mich innerlich klarer.«

Auch in ihrer häuslichen Umgebung veränderte sich einiges. Sie gestaltete ihre Wohnung einladender. »Ich habe jetzt die Energie, mich darum zu kümmern, weil ich innerlich nicht mehr ständig mit jenem Problem beschäftigt bin.« Sie war nun auch in der Lage, sich Fernsehsendungen anzuschauen, in denen tragische und traumatische Erlebnisse von Kindern geschildert wurden. »Ich kann mir jetzt zusammen mit meinen Kindern solche Sendungen anschauen, ohne daß ich hinterher den Tränen nahe bin.«

Außerdem erwähnte Kendra, daß ihr Selbstvertrauen wesentlich stärker geworden sei. Sie war mit einer schwierigen beruflichen Situation auf eine für sie neuartige Weise fertig geworden. »Ich habe meinen Standpunkt besser und klarer vertreten können und mich dabei sehr selbstsicher gefühlt. Darauf bin ich sehr stolz.«

Traumatisierung von Kindern durch eine medizinische Behandlung

EMDR wirkt auch sehr gut bei Kindern, die nach einer traumatischen medizinischen Behandlung Hilfe benötigen. Außerdem kann man diese Methode prophylaktisch einsetzen, um das Körper-Geist-System eines Kindes zu reinigen und zu verhindern, daß sich Erinnerungen später im Erwachsenenalter negativ auswirken. Viele meiner erwachsenen Klienten haben im Laufe der EMDR-Therapie entdeckt, daß sie als Kinder durch medizinische Behandlungen traumatisiert worden waren. In einigen Fällen hatten Klienten sich behandeln lassen, weil sie glaubten, sie seien körperlich mißhandelt oder sexuell mißbraucht worden. Tatsächlich war dies jedoch nicht der Fall, obwohl viele ihrer Symptome und Ansichten über sich selbst denjenigen von Mißbrauchsopfern ähnelten: Es fiel ihnen schwer, anderen Menschen zu vertrauen, sie hatten Aversionen gegen sexuelle Intimität, und sie hatten Angst, weil sie sich nicht sicher fühlten. Kleine Kinder, denen die Erfahrung und die kognitiven Fähigkeiten von älteren Kindern und Erwachsenen fehlen, können medizinische Behandlungen als Folterung oder Bestrafung erleben. Viele Kinder glauben, man tue ihnen weh, weil sie etwas falsch gemacht hätten oder weil sie »böse« oder »schlecht« seien.

Was bei einer medizinischen Behandlung tatsächlich geschieht, scheint hierfür nicht relevant zu sein. Entscheidend ist vielmehr, wie das Kind den Vorgang interpretiert und versteht; dies allein ist ausschlaggebend dafür, wie die betreffende Erinnerung in seinem Körper-Geist-System gespeichert wird. Ein Kind, das in einem Krankenhaus behandelt werden muß und das dadurch von seinen Eltern getrennt wird, Injektionen erhält, schmerzhafte medizinische

Behandlungen über sich ergehen lassen muß und von distanziert wirkenden Ärzten und Pflegern untersucht wird, macht eine völlig andere Erfahrung als ein Kind, das freundlich behandelt und getröstet und mit dem in einer Sprache kommuniziert wird, die es versteht. Gebräuchliche medizinische Behandlungen wie Einläufe, Betäubungen und Injektionen können sehr traumatisierend wirken. Eine erstaunlich große Zahl meiner erwachsenen Klienten hat in der Kindheit bei einer Narkose mit Äther schreckliche Erfahrungen gemacht.

Die nun folgenden Geschichten veranschaulichen, wie medizinische Behandlungen das Leben von drei Menschen prägten. In allen drei Fällen wurde das betreffende Trauma im Laufe einer EMDR-Therapie entdeckt. Die Geschichten zeigen, wie solche Erfahrungen die Selbst- und Weltsicht eines Kindes beeinflussen.

Rose

Als Rose mich aufsuchte, arbeitete ich in einer Praxis mit einem sehr kleinen Wartezimmer. Aus Gründen, die ihr zu jenem Zeitpunkt noch nicht klar waren, geriet sie jedesmal, wenn sie in diesem Raum warten mußte, in Panik. Sie fühlte sich darin gefangen und dem Ersticken nahe.

Offenbar litt Rose seit langem unter der Angst, an einem kleinen Ort eingesperrt zu sein, eine Angst, die auch in einer Reihe von Alpträumen, die sie immer wieder hatte, zum Ausdruck kam. Als ich sie aufforderte, ihre Angst näher zu beschreiben, konnte sie nichts weiter dazu sagen als: »Mir ist heiß. Ich fühle mich gefangen. Ich kann nicht atmen. Außerdem ist es dunkel, und ich weiß nicht, wo ich bin.«

Während sie sich auf das Gefühl, in meinem Wartezimmer gefangen zu sein, konzentrierte, wurden ihre Angst- und Panikgefühle stärker. Rose war *sehr* aufgeregt. Kurz nach Beginn der Augenbewegungen kam sie mit einem sehr kleinen Kind-Ich in Kontakt, das an seiner hohen, leisen Stimme, an seiner einfachen Ausdrucksweise und dementsprechenden Verhaltensweisen zu erkennen war. Stück für Stück beschrieb sie – ohne selbst zu merken, was sie da beschrieb –, was während mehrerer Serien von Augenbewegungen auftauchte.

R.: Ich sehe Helligkeit.
L.: Bleiben Sie dabei.
R.: Ich bin in einem Raum, in dem alles weiß ist. Ein großer Raum, und alle Menschen darin sind weiß gekleidet. Ich bin in etwas kleinerem, aber ich kann es nicht sehen. Ich bin gefangen ... irgend etwas hält mich gefangen. Ich kann nicht atmen. [Sie ist sichtlich aufgebracht und sehr erregt.] Ich liege im Bett und bin ein kleines Kind. Irgend etwas umgibt mich und hält mich gefangen – ich kann es berühren. Ich weiß nicht, was es ist. Ich weiß nicht, was mich gefangen hält. [Sie ist immer noch sehr aufgeregt und zerreißt ein Papiertaschentuch, das sie in Händen hält.]

Irgendeine Art von Plastik umgibt mein Bett – sogar von oben. Menschen in weiß können zu mir hereinkommen, aber ich kann nicht hinaus. Es sind noch andere Kinder in dem Raum, aber sie sind nicht wie ich eingesperrt. Ich kann nicht atmen. An einigen Stellen meines Körpers – an meinem Kopf und meiner Brust – tut etwas weh, und mir ist sehr heiß. Ich weiß nicht, wo ich bin, aber sie können zu mir herein.

Mir wird klar, daß sie in einem Krankenhaus ist, also nicht in der Folterkammer irgendeines Sadisten. Sie empfindet das Krankenhauspersonal als verletzend und fühlt sich von ihm eingesperrt.

R.: Jemand in einem weißen Kittel kommt immer wieder zu mir. Ich kann nicht weglaufen. Er hat kalte Hände. Er sagt: »Vertraue mir, ich tue dir nicht weh.« Aber er lügt. Ich will nach Hause ... Ich will nach Hause. Ich möchte, daß mein Papi mich nach Hause bringt. Er hat mich hierher gebracht, und ich möchte, daß er mich nach Hause bringt, wo ich bei allen meinen Brüdern und Schwestern und in Sicherheit bin. Ich möchte in meinem eigenen kleinen Schlafzimmer mit allen meinen Geschwistern sein.

Da ich bemerkte, daß das Erinnerungsnetzwerk des Kindes nicht mit dem der Erwachsenen verbunden war, versuchte ich, diese Verbindung durch Fragen herzustellen.

L.: Warum hat dein Papi dich an diesen Ort gebracht?
R.: Weil ich sehr krank war. Ich konnte nicht atmen. Ich möchte einfach nur, daß dieser Mann mit den kalten Händen weggeht. Ich möchte von ihm fort. Ich möchte, daß Papi mich hier herausholt.

Ich fragte die erwachsene Rose, ob sie wüßte, wo sie sei. Es war ihr immer noch nicht klar. Deshalb sagte ich ihr, alles deute darauf hin, daß sie sich im Krankenhaus in einem Sauerstoffzelt befände und daß die Menschen in weiß Ärzte und Pfleger seien, die versuchten, ihr Leben zu retten – nicht, ihr weh zu tun. Erst in diesem Augenblick erinnerte sich Rose daran, daß sie im Alter von zwei Jahren wegen einer Lungenentzündung im Krankenhaus gewesen war. Nun verstand sie die Erinnerung.

Die erwachsene Rose erklärte der kleinen Rose, daß sie ein sehr krankes kleines Mädchen gewesen sei und daß diese Menschen in weiß versucht hätten, ihr zu helfen, wieder gesund zu werden. Sie versicherte dem Kind, daß seine Eltern es sehr lieb hätten und es bald wieder mit nach Hause zu seinen Brüdern und Schwestern nehmen würden.

Danach fühlte sich Rose wesentlich ruhiger. Ihre Panik und Aufgeregtheit waren verflogen. Wir beendeten die Sitzung mit einer letzten Serie von Augenbewegungen, in deren Verlauf ihr Erwachsenen-Ich dem Kind versicherte, daß es in Sicherheit sei und geliebt werde. Am Ende der Sitzung empfand Rose einen tiefen Frieden.

Mark

Mark arbeitete an vielen seit langer Zeit bestehenden Problemen, und in dieser spezifischen Sitzung wollte er an einem schrecklichen Traum arbeiten, den er in seiner frühen Kindheit immer wieder gehabt hatte. Mark glaubte, dieser Traum habe etwas mit seiner Geburt zu tun. »Ich schwebe die Treppe des Apartments hinab, in dem wir gelebt haben, als ich noch ein kleiner Junge war. Ich habe eine merkwürdige Angst. Ich schwebe die Treppenstufen hinab, doch die Treppe wird enger, und ich werde eingeengt und gequetscht. Am Ende werde ich aus der Haustür hinausgeworfen.« Seine Gedanken zu dem Traum waren: »Ich will nicht hier sein, weil das zu schmerzhaft und schrecklich ist.«

In den ersten zwanzig Minuten unserer Sitzung verarbeitete Mark den Schrecken und den Schmerz seiner Geburt. Während ich auf seine Knie tippte [wie bereits erwähnt, ist diese Stimulationsvariante sehr nützlich, wenn Klienten Schwierigkeiten mit den Augenbewegungen haben], wurde Marks Körper von schmerzhaften Krämpfen erschüttert, und er weinte. Er atmete sehr schnell. Einige Augenblicke später durchflutete ihn eine Welle des Mitgefühls, die seinen Schmerz ablöste. Er stellte sich vor, wie er sein Baby-Ich liebevoll in der Welt willkommen hieß. [Monate später fand Mark heraus, daß seine Geburt sehr schwierig gewesen war und daß dabei eine Geburtszange eingesetzt werden mußte.]

Während er sich seine Erinnerungen an seine Geburt vergegenwärtigte, überkam ihn plötzlich ein tiefer Schrecken. Er spürte, daß irgend etwas mit seinen Genitalien geschah, und er brachte den Schrecken, den er empfand, mit seiner Beschneidung in Verbindung. Sogleich fing er an, jenes Trauma erneut zu durchleben, und er brüllte: »Sie werden mich umbringen!« Sein Körper zitterte vor Angst. Als ich auf seine Knie tippte, wand er sich auf der Couch und brüllte vor Schmerz. Er keuchte und zitterte. Es belastete mich sehr, ihn in einer solchen Agonie zu sehen, denn er wirkte, als würde er schrecklich gefoltert. Dann, einige Minuten später, wurde er plötzlich wieder ganz ruhig.

Er sagte, er habe das Gefühl, eine unbewußte »Neuorganisation« sei im Gange. Mark hatte mir immer wieder gesagt, er spüre, wenn in seinem Gehirn Erlebnisse verarbeitet würden. Es mag erstaunlich klingen, doch Klienten berichten oft, daß sie Bewegungen und Veränderungen in ihrem Gehirn spüren. Dies ist die physische Empfindung der stattfindenden beschleunigten Informationsverarbeitung.

Als ich die Tippimpulse auf seinen Knien fortsetzte, schloß er die Augen und fing erneut an zu weinen und zu zittern. »Sie werden mich töten; sie werden mir wehtun«, heulte er. Einige Minuten später öffnete er die Augen wieder und sagte ruhig, er fühle sich »weich und zart«.

Diesmal gab ich die Tippimpulse nur über eine kürzere Zeit, und er verglich diese Erfahrung damit, wie er zum ersten Mal gespürt habe, daß sich Heilung und Wohlbehagen in ihm ausbreitete. Daraufhin setzte ich die Tippimpulse noch eine Weile fort. Er berichtete, er spüre ein neuartiges Gefühl des Vertrauens. Am Ende fühlte sich Mark »großartig und sehr entspannt«.

Ich hatte schon lange den Verdacht gehabt, daß eine Beschneidung für ein Baby ein traumatisches Erlebnis ist und hatte deshalb beschlossen, dies meinen beiden Jungen zu ersparen. Obwohl seit vielen Jahren bekannt ist, daß die Beschneidung männlicher Säuglinge medizinisch völlig unnötig ist, werden weiterhin Jahr für Jahr Millionen von Kindern dieser Tortur ausgesetzt. Es hatte immer geheißen, die Babys würden den chirurgischen Eingriff gar nicht spüren, doch nichts könnte der Wahrheit ferner sein. Bei Mark hatte die sehr schwierige Geburt in Verbindung mit der traumatischen Beschneidungserfahrung die Grundlage für die lebenslange Überzeugung geschaffen, daß die Welt kein sicherer Ort sei und daß er anderen Menschen nicht vertrauen könne.

Kürzlich wurde in der Zeitschrift des EMDR-Network ein Artikel über die Arbeit eines Therapeuten mit einem Klienten veröffentlicht, bei dem ein ähnliches Trauma zutage trat.

Juliane

Juliane und ihr Mann waren in einer Paartherapie gewesen, und der Therapeut, der den Verdacht hatte, Juliane sei als Kind sexuell mißbraucht worden, hatte ihr eine Behandlung bei mir empfohlen. Sie war eine junge, lebensprühende Frau Ende Zwanzig, die Sex mit ihrem Mann verabscheute – obwohl sie beteuerte, sie liebe ihn sehr. Anfangs hatte sie ihre sexuelle Beziehung genossen, doch hatten sich ihre Gefühle verändert, als sein jugendlicher, haarloser Körper schwerer und haariger geworden war. Juliane ekelte es einfach an, wenn er sie sexuell berühren oder auch nur auf den Mund küssen wollte. Jede seiner Annäherungen erfüllte sie mit Wut und Abscheu. Sie duldete nicht einmal mehr sexuell motivierte Blicke von ihm. Sie gestand mir vertraulich, sie denke: »Du [ihr Mann] bist ekelhaft und vulgär, und du solltest mich genügend lieben, um zu wissen, daß das [Sex] mich verletzt.«

Juliane konnte sich nicht daran erinnern, irgendwann in ihrem Leben sexuell mißbraucht worden zu sein, aber sie erinnerte sich noch gut daran, wie sie ihren Zahnarzt gehaßt hatte, der sie in der Vorpubertät verängstigt und »gefoltert« hatte. Seither hatte sie stets extrem starke Panik und Angst empfunden, wenn sie zum Zahnarzt gehen mußte.

Wir fokussierten auf ihre Kindheitserinnerungen an ihren Schrecken und ihre Zahnschmerzen und erforschten auf diese Weise die Ursprünge ihrer extremen Aversion gegenüber einer sexuellen Beziehung zu ihrem Mann. Als Kind war Juliane häufig beim Zahnarzt gewesen, weil sie viele Löcher in ihren Zähnen hatte. Der Zahnarzt gab ihr wiederholt Novocain-Spritzen – selbst wenn dies keine Wirkung hatte. »Er zeigte mir die Nadel«, berichtete sie. »Ich konnte die Folterwerkzeuge ständig sehen. Die Injektionen waren für mich schrecklich, und die Geräusche des Bohrers waren die Hölle.«

In unserer ersten EMDR-Verarbeitungssitzung konzentrierten wir uns auf eine besonders schreckliche Situation in der Zahnarztpraxis, in der Juliane viele unangenehme körperliche Empfindungen gehabt hatte, unter anderem ein »Vibrieren« im Kopf und den Geschmack von Blut, das ihr die Kehle hinablief. Juliane war mit dem Zahnarzt allein im Behandlungsraum, und sie fühlte sich von ihrer Mutter mit dem »Folterer« alleingelassen. Sie sah die Arbeit des Zahnarztes nicht als Hilfe an. Juliane beschrieb ihn als einen großen, haarigen und schweren Mann mit braunem Haar, Koteletten und Brille. Ich war verblüfft darüber, wie sehr diese Beschreibung dem ähnelte, was sie an ihrem Ehemann als so abstoßend empfand.

»Er hat nie mit mir geredet, sondern einfach nur an mir herumgewerkelt und mich gefoltert«, sagte sie weinend während einer Serie von Augenbewegungen. Sie schluchzte und beteuerte, sie wolle da heraus, sei aber gefangen. »Da niemand bereit war, mir zu helfen, konnte ich mich auf die Opferrolle zurückziehen. *Ich mußte hilflos sein, mich verletzen lassen und gut sein.*«

Juliane war völlig von ihrer Wut besessen, doch das Gefühl der Hilflosigkeit ihres Kind-Ichs verhinderte, daß sie ihre Wut zum Ausdruck brachte. Sie erklärte sich bereitwillig damit einverstanden, daß ihr Erwachsenen-Ich ihrem Kind-Ich zur Hilfe kommen und mit ihm zusammen den Zahnarzt bestrafen sollte. In ihrer Phantasie machten sich beide während einer Serie von Augenbewegungen daran, den Behandlungsraum des Zahnarztes zu demolieren, den Zahnarzt mit seinen eigenen Spritzen zu erstechen und ihn mit seinen eigenen Werkzeugen zu töten. Schließlich warfen sie seinen Körper aus dem Fenster ... zusammen mit jener Schachtel, in der die Gummitiere lagen, die er den Kindern nach seinen Folterbehandlungen als Belohnung gab!

Danach fühlte sich Juliane sehr erleichtert. »Mein Körper braucht sich nun nicht mehr gegen den Zahnarzt zu wehren«, sagte sie und bezog dies sehr schnell auf ihre Beziehung zu ihrem Mann. »Es gibt keinen Ausweg aus der Ehe. Ich muß zulassen, daß er in mich eindringt. Bei meinen Freunden konnte ich das vermeiden.« Mir wurde klar, daß sie das Eindringen der Betäubungsspritze in ihren Mund mit dem Eindringen des Penis ihres Manns in ihren Körper assoziierte. Ihr Mann, der allmählich in die reifen Jahre kam, wurde korpulenter, und seine Körperbehaarung nahm zu, wodurch er dem Zahnarzt

147

ähnlicher wurde und Juliane Angst bekam, von ihm verletzt zu werden und ihm nicht entrinnen zu können. Vor ihrer Ehe hatte Juliane ihre Freunde verlassen können, doch in der Ehe war es für sie schon wegen der gemeinsamen Kinder weitaus schwieriger zu fliehen. »Ich kann da nicht heraus! Die Person, die mich retten könnte, ist auch diejenige, die mir dies antut; also gibt es keinen Ausweg«, sagte sie weinend.

Mir wurde klar, daß ich in diesem Fall mit dem Einweben arbeiten mußte: Sie mußte lernen, ihren Mann von dem Zahnarzt zu unterscheiden. Als ich sie fragte, ob sie sich vorstellen könnte, daß ihr Mann das kleine Mädchen vor dem Zahnarzt retten würde, antwortete Juliane wie aus der Pistole geschossen: »Ganz bestimmt würde er das tun.« Dann stellte sie sich genau dies vor, und beschrieb die Szene, während sie ihre Augen hin und her bewegte. »Er kam sehr diplomatisch in den Behandlungsraum und bat den Zahnarzt dreimal, mit der Behandlung aufzuhören. Dann sagte er zu dem kleinen Mädchen: ›Wir gehen jetzt hier weg‹, nahm sie und ging. Anschließend drückte er auf einen Knopf, woraufhin der Behandlungsraum samt Zahnarzt explodierte. Er sagte zu dem kleinen Mädchen, er werde es nun mitnehmen und ihm etwas sehr Schönes schenken, nicht solche dämlichen Gummitiere.«

Nach dieser Verarbeitung fühlte sich Juliane ausgezeichnet. Sie fühlte sich fähig, mit Avancen ihres Mannes souverän umzugehen. Wir verstärkten diese neue Überzeugung mit einer Serie von Augenbewegungen. Dann sagte sie bestimmt: »Ich brauche in sexuellen Beziehungen kein Opfer zu sein.«

Wir arbeiteten noch ein Jahr lang weiter zusammen und beschäftigten uns neben dem Zahnarztproblem auch mit anderen Themen. Schließlich gelang es uns, die Angst vor dem Zahnarzt völlig aufzulösen, so daß es Juliane zum ersten Mal in ihrem Leben möglich war, sich ohne Panik- und Angstgefühle einer Zahnarztbehandlung zu unterziehen. Irgendwelche Hinweise auf einen erlebten sexuellen Mißbrauch fanden wir während der gesamten Behandlungszeit nicht. Das Zahnarzttrauma war tatsächlich die Wurzel ihrer sexuellen Aversion ihrem Mann gegenüber gewesen. Nachdem dieses Trauma völlig aufgelöst war, kehrte auch ihre Leidenschaft ihrem Mann gegenüber zurück.

Sechs
Wenn nichts anderes mehr hilft

EMDR hat sich bei vielen schwer zu behandelnden Klienten als wirksam erwiesen, beispielsweise auch bei Menschen, die nicht daran interessiert sind, ihre eigene Psyche zu verstehen, die aber unter emotionalen Problemen leiden; weiterhin bei Klienten, die leugnen, irgendwelche anderen Emotionen als »starke« zu haben, beispielweise bei Kriegsveteranen, Polizeibeamten und Katastrophenhelfern; und schließlich bei Klienten, bei denen frühere Therapien erfolglos waren. Viele Klienten, die kaum oder gar nicht zu Selbsterkenntnis in der Lage und auch nicht zur Introspektion motiviert sind, haben von einer EMDR-Behandlung sehr profitiert. Klienten, die nichts weiter als schnelle Hilfe bei bestimmten Problemen suchten, haben diese durch EMDR erhalten und ihre Schwierigkeiten in kurzer Zeit auf zufriedenstellende Weise aufgelöst. So hat EMDR vielen Menschen die Tür zur Heilung geöffnet, denen man in der Vergangenheit nicht hätte helfen können. Ich habe mit vielen Klienten gearbeitet, denen andere Therapeuten empfohlen hatten, sich an mich zu wenden, weil sie selbst den Betreffenden nicht mehr helfen konnten. Mit Hilfe von

EMDR ist es mir gelungen, starke Blockierungen zu überwinden und Klienten Linderung zu verschaffen, die eine Heilung für unmöglich hielten.

Die EMDR-Verarbeitung umgeht die Widerstände der Klienten und ermöglicht es ihnen, Emotionen zum Ausdruck zu bringen, die sie zuvor nie vollständig erfahren hatten. So hatte beispielsweise Bernie, ein 55jähriger Arzt, in einer Therapie viele Jahre lang den Verlust seiner Mutter im Alter von 12 Jahren zu überwinden versucht. Obgleich er über diesen Verlust sehr traurig gewesen war, hatte er nicht darüber weinen können. Er sagte zu mir, sein Herz fühle sich so an, als sei es seit dem Tod der Mutter erstarrt. Ein Fall wie dieser veranschaulicht die erstaunliche Kraft von EMDR, denn mit Hilfe dieser Therapie überwand Bernie seine langjährige Unfähigkeit, seine Emotionen zum Ausdruck zu bringen. Die *Kombination* der EMDR-Methoden mit meiner allgemeinen therapeutischen Erfahrung ermöglichte ihm den Zugang zu Erinnerungsnetzwerken und deren Integration, was schließlich zur Auflösung seiner aufgestauten Emotionen führte.

In seiner ersten EMDR-Sitzung erlebte Bernie die Situation im Krankenhaus bei seiner sterbenden Mutter wieder. Während ich ihn durch die Augenbewegungen geleitete, wurde sein Körper von starken Krämpfen geschüttelt, und während er versuchte, seine Trauer zurückzuhalten, stöhnte er vor Schmerz. Seine Krämpfe erinnerten mich an eine Szene aus dem Film *Der Exorzist*. Nach mehreren Serien von Augenbewegungen spürte ich, daß eine Überzeugung ihn am Ausdruck seiner Trauer hinderte. Als ich dies untersuchte, antwortete er: »*Wenn ich diese Trauer zulasse, wird sie mich zerreißen. Wenn ich mich nicht mit ihr konfrontiere, ist es, als wäre es nicht passiert.*« Sanft forderte ich ihn auf, *darüber* nachzudenken und währenddessen Augenbewegungen auszuführen. Sogleich öffneten sich die Schleusen, und er schluchzte herzerweichend. Ihm wurde klar, daß er geglaubt hatte, indem er seine Trauer nicht zulasse, könne er seine Mutter am Leben erhalten. EMDR ermöglichte es ihm, was für ihn zuvor unerträglich gewesen war, schnell zu verarbeiten. Bevor er den Behandlungsraum verließ, drehte er sich noch einmal zu mir um, lächelte und sagte, zum ersten Mal habe er das Gefühl, daß sein Herz auftaue.

In den folgenden Fallbeschreibungen werden die Erfahrungen von drei Klienten untersucht, die Vertreter anderer Therapieansätze als schwer behandelbar bezeichnen würden. Zwei von diesen drei Menschen, die unter schweren Traumata litten, konnte durch EMDR geholfen werden, nachdem Behandlungsversuche mit anderen Therapien nicht besonders erfolgreich verlaufen oder sogar völlig fehlgeschlagen waren: Grace war von einer ganzen Gruppe von Männern vergewaltigt und von einem Zahnarzt schlecht behandelt worden; John, ein emotional sehr verschlossener Polizeibeamter, hatte einen schweren Verlust erlitten. Die dritte Klientin, deren Geschichte in diesem Kapitel geschildert wird, Elaine, war eine junge Restaurant-Managerin, die mir von einer Managed-Care-Gesellschaft* zu einer Kurzzeittherapie überwiesen worden war. Sie war nie zuvor in einer Therapie gewesen, es fehlte ihr völlig an psychologischem Verständnis, und sie litt unter Problemen verschiedenster Art, unter anderem auch an einem schwachen Selbstwertgefühl. Mit Hilfe von EMDR gelang es Elaine, in kurzer Zeit bedeutende und dauerhafte Veränderungen zu erzielen.

Grace – Heilung von einem Vergewaltigungs- und einem Zahnarzttrauma

Grace, die verzweifelt nach einer Möglichkeit suchte, ihre Panik- und Angstanfälle zu überwinden, hatte meine Annonce in den Gelben Seiten gefunden und mich daraufhin angerufen. Sie klang völlig erschöpft und weinte am Telefon, während sie mir ihre Situation schilderte, ununterbrochen. Ihr zuvor glückliches Leben hatte sich in einen Alptraum verwandelt.

---

* Managed Care ist eine in den USA mittlerweile gebräuchliche, verschärfte Form von Kontrolle der Krankheitskosten, die einzelne Patienten verursachen.

Der Zahnarzt, der Grace behandelte und dem sie vertraut hatte, hatte aus Profitgier unnötige Arbeiten ausgeführt und dadurch ihre Zähne ruiniert. Er hatte sie so stark abgeschliffen, daß ihr Biß völlig ruiniert war. Deshalb litt Grace unter unerträglichen Kieferschmerzen, Muskelkrämpfen, Schwindelgefühlen und Ohrenklingen. Während der folgenden beiden Jahre hatte sie ihre Zähne überkronen lassen müssen und dafür Tausende von Dollars ausgegeben und unzählige Stunden in Zahnarztbehandlungen verbracht. Als sie zu mir kam, beklagte sie sich bitter darüber, daß sie wegen ihrer chronischen Schmerzen und der vielen Zahnarztbesuche nur wenig Zeit mit ihren kleinen Kindern hatte verbringen können. Doch das Schlimmste war, daß sie trotz all dieser Behandlungen *immer noch* litt. Alpträume, Gereiztheit, Angst, Depressionen und Panikanfälle verfolgten sie ständig. Da nach zehn von ihrer Krankenkasse bewilligten Psychotherapiesitzungen noch keine Besserung eingetreten war, hatte man ihr eine medikamentöse Behandlung empfohlen.

Mich wunderte, wie stark Grace auf ihr Zahnarzt-Trauma reagierte. Deshalb fragte ich sie, ob sie in ihrem Leben vor jenem Desaster andere Traumata erlebt hätte, die sich auf irgendeine Weise ähnlich *anfühlten*. Ohne zu zögern antwortete sie, sie sei vor zwanzig Jahren in Paris brutal von einer ganzen Gruppe von Männern vergewaltigt worden. Sie empfand ihre Verletzlichkeit in jener Situation sowie auch den damals erlebten Treubruch und das Trauma, das dadurch bei ihr entstanden war, als ähnlich. Wir vereinbarten für einen der folgenden Tage einen Termin. Erstaunlicherweise hatte keiner der Therapeuten, die Grace zuvor behandelt hatten, sie nach früheren Traumata gefragt.

In unserer ersten Sitzung erzählte die Klientin mir ihre Familiengeschichte, ihre traumatischen Erlebnisse beim Zahnarzt und die Geschichte ihrer schrecklichen Vergewaltigung. Sie war in einer von der Mittelklasse bestimmten Vorstadt im mittleren Westen mit glücklich verheirateten Eltern, zwei Schwestern und einem Bruder aufgewachsen. Nach dem College hatte sie geheiratet, zwei Kinder bekommen und als Grundschullehrerin gearbeitet. Grace bezeichnete ihr Leben vor den traumatischen Geschehnissen während der Zahnarztbehandlung als glücklich und erfüllt.

Nach ihrem College-Abschluß hatte sie ihre Mutter auf einer Europareise begleitet. In deren Verlauf machte sie für ein paar Tage allein einen Abstecher nach Frankreich. Als sie während dieses Ausflugs in Paris durch einen Park ging, lernte sie einen »netten« jungen Mann aus dem Senegal kennen, der sie einlud, sich in seinem Appartement von ihm gemalte Bilder anzuschauen. Nach anfänglichem Zögern willigte sie schließlich doch ein und ging mit ihm. Unmittelbar nachdem sie die Wohnung betreten hatte, stieß er sie auf sein Bett, und noch drei weitere Senegalesen tauchten auf. Von ihnen allen wurde Grace nacheinander vergewaltigt. Sie hatte große Angst, daß die Vergewaltiger sie töten könnten, doch konnte sie denjenigen, der sie in die Wohnung gebracht hatte, davon überzeugen, daß sie »ihn am besten fände« und daß er ihr vertrauen könne. Daraufhin fuhr er mit ihr mit der Metro in einen anderen Teil von Paris. Irgendwie gelang es ihr, während dieser Fahrt zu entfliehen. Da sie sich wegen des gesamten Vorfalls schämte, hatte sie lange niemandem etwas davon erzählt.

Zwei Jahre bevor ich Grace kennenlernte, hatte sie in ihrer Post einen Kupon für eine Gratiszahnreinigung und eine Vorsorgeuntersuchung von einem neuen Zahnarzt gefunden. Da ihr alter Zahnarzt sich kurz vorher zur Ruhe gesetzt hatte, nahm sie das Angebot wahr. Der Zahnarzt fand keine Zahnprobleme, fragte Grace jedoch, ob sie gelegentlich Kopfschmerzen habe. Als sie dies bestätigte, erklärte er, ihr »schlechter Biß« sei daran schuld, und er könne dieses Problem in nur ein bis zwei einfachen Behandlungen völlig beheben.

Die »einfachen« Behandlungen bestanden in einem mehrstündigen Abschleifen der Backenzähne. Als sie aus dem Behandlungsstuhl aufstand und ihre Zunge im Mund umherbewegte, stellte sie zu ihrem Schrecken fest, daß ihre zuvor gesunden Zähnen sich flach wie Untertassen anfühlten. Außerdem stimmte ihr Biß nun gar nicht mehr, und sie litt unter schrecklichen Schmerzen. Als sie den Zahnarzt am nächsten Tag anrief und ihn um Hilfe bat, beruhigte dieser sie lachend und sagte, sie solle sich keine Sorgen machen; das Problem ließe sich durch einen weiteren Behandlungstermin lösen. Während dieser Behandlung schliff er Graces Zähne noch weiter ab. Nun wurde ihr

153

endgültig klar, daß dieser Mann absolut keine Ahnung hatte. Diesem Menschen schien vollkommen gleichgültig zu sein, wie es ihr ging, und ihre Schmerzen ließen nach dieser Behandlung auch nicht nach.

Sie suchte daraufhin mehrere Spezialisten auf, die ihr übereinstimmend sagten, ihre Zähne seien völlig verpfuscht, und sie könnten ihr nicht helfen. Schließlich fand sie einen guten Zahnarzt, dem es in einer langen und sehr schmerzhaften Behandlung gelang, den Schaden, den sein Kollege angerichtet hatte, einigermaßen zu beheben. Zufällig lernte sie noch drei andere Patienten kennen, denen der gleiche Zahnarzt ebenfalls die Zähne ruiniert hatte, und sie beschlossen gemeinsam, einen Prozeß gegen ihn zu führen, um zu verhindern, daß er noch mehr Menschen schaden würde.

In unserer ersten EMDR-Sitzung bat ich Grace, sich die Vergewaltigung Szene für Szene vorzustellen und dann die für sie belastendste Szene als Ausgangspunkt für die Verarbeitung zu wählen. Sie konnte sich noch sehr genau an die ganze Situation erinnern, und sie wurde sehr unruhig und aufgeregt, als sie sich in dieses für sie so schmerzhafte Geschehen vertiefte. Sie wählte als Ausgangspunkt die Szene, wie der Senegalese sie in seinem Appartement auf das Bett stieß und die übrigen Männer auftauchten. »Ich kann mich noch genau an ihre dunklen glänzenden Körper in meiner Nähe erinnern.« Sie sagte, sie empfinde eine ungeheure Scham. »Ich bin so dumm, daß ich solchen Leuten vertraue.« Ihr war schlecht vor Angst, und sie bewertete die Szene auf der Skala zur Messung des Belastungsgrades mit zehn – dem höchsten Wert. Im Laufe der zweistündigen Sitzung beschrieb Grace während sehr langer Serien von Augenbewegungen ihr schreckliches Erlebnis von Anfang bis Ende.

»Als ich den Raum betrat, tauchten sofort noch drei andere Männer auf. Ich war immer noch so naiv zu glauben, es seien Freunde des Mannes. Plötzlich wurde ich auf das Bett gestoßen und war darüber völlig entsetzt. Ich stand unter Schock! Nun wurde mir schlagartig klar, wie gefährlich meine Lage war, und ich versuchte, mich vom Bett zu erheben. Ich wurde jedoch sofort wieder niedergestoßen. Ich kämpfte mit aller Kraft, doch er wurde brutal und zerriß meine Kleider.«

Grace beschrieb den Schrecken und die Schmerzen, die sie erlitt, während die Männer nacheinander über sie herfielen. Um die Situation mental durchstehen zu können, versuchte sie sich selbst einzureden, daß ihr gefiele, was da mit ihr geschah. Grace erzählte mir, wie wütend sie auf den Täter gewesen sei. »Ich wollte ihm ins Gesicht spucken.« Sie war auch wütend auf sich selbst gewesen, weil sie so dumm gewesen war, ihm zu vertrauen. Nicht ein einziges Bild hing an den Wänden des Appartements. Das Ganze war offenbar von Anfang an eine Falle gewesen.

Als nächstes erinnerte sich Grace daran, daß die später hinzugekommenen drei Männer das Appartement wieder verließen, so daß sie mit demjenigen, der sie in seine Wohnung gelockt hatte, allein war. Mit erstickter Stimme stammelte sie: *»Er sah so aus, als wollte er mir etwas antun.«*

Sie beschrieb, wie sie sich selbst vorgespielt hatte, sie sei jemand völlig anders. Sie hatte sich eingeredet, sie stehe auf der Bühne – so als würde sie sich ein Theaterstück anschauen und gleichzeitig darin mitwirken. Sie hatte große Angst, er könnte sie töten, wenn sie sich nicht verstellte. Sie wußte, daß er dazu in der Lage war, daß er ihre Leiche anschließend irgendwo verschwinden lassen würde und daß nie jemand ihr Verschwinden mit diesem Mann in Verbindung bringen würde.

»Ich wollte einfach nur aus der Sache herauskommen und wieder zu meiner Mutter zurück. Deshalb tat ich so, als würde ich ihn mögen. Ich sagte, es habe mir Spaß gemacht, vor allem mit ihm. Dann ging ich zur Eingangstür und verabschiedete mich, doch er sagte in drohendem Ton: ›Du gehst hier nicht weg!‹ Ich antwortete: ›Ich wollte nicht ohne dich gehen. Ich möchte mit dir irgendwo etwas essen oder trinken. Zeig mir Paris.‹« Grace haßte Schauspielerei, doch versuchte sie mit allen Mitteln, aus der Sache herauszukommen. Sie erinnerte sich daran, daß sie gebetet hatte. »Ich muß meine Sache gut gemacht haben, denn er glaubte mir. Er rauchte eine Zigarette und bot auch mir eine an.«

Sie überzeugte ihn, sie mit aus dem Appartement zu nehmen. Dabei war ihr klar, daß sie draußen in Sicherheit sein würde. Als sie auf dem Bahnsteig einen

Mann in einem Anzug sah, der eine väterliche Ausstrahlung hatte, zwängte sie sich durch die auf die Metro wartende Menge, bis sie neben ihm stand. »Ich sagte ihm, ich bräuchte Schutz vor dem Mann, mit dem ich gekommen sei.« Als sie in den überfüllten Zug einstiegen, setzte sie sich neben den freundlichen Mann. Für den Vergewaltiger war kein Platz mehr da. An der nächsten Haltestelle stürzte sie zusammen mit ihrem Beschützer aus dem Zug, bevor dem Vergewaltiger klar geworden war, was da vor sich ging. Die Türen schlossen sich wieder, und der Zug fuhr ab. Als Grace vom sicheren Bahnsteig aus zurückschaute, sah sie den wutverzerrten Blick des Vergewaltigers. Grace erinnerte sich, daß er in jenem Augenblick so gewirkt hatte, als könnte er sie umbringen. »Er wußte nun, daß ich ihn hereingelegt hatte.« Nun wurde sie in ihrem Erzählen ruhiger und beschrieb, wie sie in einer Apotheke allerlei gekauft hatte, damit in ihr Hotelzimmer zurückgekehrt war und sich dort stundenlang gereinigt hatte.

Obwohl sich Grace am nächsten Tag geschworen hatte, nie mehr an jenen Vorfall zu denken, weil sie glaubte, es sei ihr eigener Fehler gewesen, einem Fremden zu vertrauen, gelang es ihr nie, die Vergangenheit völlig zu vergessen. Sie erzählte niemandem außer ihrem Mann von der Vergewaltigung, doch auch er war der Meinung, sie solle die Sache »begraben«, da sie einmal geschehen und nun Vergangenheit sei. Doch die Vergangenheit ließ sich nicht völlig verdrängen.

Als wir zum ursprünglichen Bild zurückkehrten, um zu überprüfen, was Grace bei der Verarbeitung des Traumas bisher erreicht hatte, erklärte sie, sie fühle sich »schmutzig«. »Ist das die Strafe dafür, daß ich den Rat meiner Mutter nicht befolgt habe?« fragte sich Grace, als ihr einfiel, daß ihrer Mutter die Idee ihrer Tochter, allein nach Paris zu fahren, gar nicht gefallen hatte. Im nächsten Augenblick tauchte in ihrem Geist ein Bild von schwarzen geierartigen Gestalten auf, die über ihr flatterten, als ob sie ein Aas sei.

Einen Augenblick lang wechselte Grace in einen anderen, diesmal positiven Assoziationskanal über. *»Ich habe mein Leben gerettet.«* Doch dann erinnerte sie sich, wie sie aus dem Zugfenster die Landschaft betrachtet hatte, während sie wieder zu ihrer nichtsahnenden Mutter nach Deutschland zurückgefahren war. »Ich dachte, ich würde all das dort zurücklassen.«

Im weiteren Verlauf der Sitzung gelangte Grace zu vielen wichtigen Einsichten. Ihr wurde klar, daß sie schon gleich am Anfang der Begegnung mit dem Senegalesen ein ziemlich mulmiges Gefühl bei der Vorstellung gehabt hatte, mit ihm in sein Appartement zu gehen, daß sie jedoch ihrem Instinkt nicht gefolgt war, *um seine Gefühle nicht zu verletzen.* »Wenn ich Menschen neu kennenlerne, sollte ich mich nicht überstürzt auf Situationen einlassen, die mir selbst oder der anderen Person schaden könnten. Ich sollte dann genau überlegen und abwägen. Wenn ich irgend etwas nicht tun will, so kann ich meine Position vertreten, und ich brauche mir dann keine Sorgen darüber zu machen, ob ich die anderen Beteiligten verletze oder ob ihnen meine Entscheidung nicht gefallen wird, und ich kann bezüglich meiner Entscheidung ein gutes Gefühl haben. Ich sollte in jedem Fall ehrlich mir selbst gegenüber sein – dies ist im Kontakt mit anderen Menschen von großem Vorteil. Wir können aus unseren Fehlern lernen und es dann besser machen.« Grace wurde auch klar, daß sie sich kooperativ hatte verhalten *müssen*, weil der Täter sie sonst vermutlich umgebracht hätte.

Am Ende der Sitzung fühlte Grace sich »großartig«. Eine Woche danach kam sie erneut zu mir. Unter Freudentränen berichtete sie, ihre Panikanfälle seien verschwunden. Sie konnte nun die ganze Nacht durchschlafen, statt alle zwei Stunden in Panik aufzuwachen.

Um zu überprüfen, ob sich ihre Situation wirklich so dramatisch verbessert hatte, wie sie es beschrieb, bat ich sie, sich die Vergewaltigung noch einmal so zu vergegenwärtigen, als handle es sich um einen Videofilm, und mir über etwaige Belastungen zu berichten. Sie vergegenwärtigte sich Szene um Szene und wurde schließlich wütend darüber, daß sie nie die Polizei über den Vorfall verständigt und nie jemandem davon erzählt hatte.

Während der anschließenden Serie von Augenbewegungen wurde ihr klar, daß sie sich zu sehr geschämt hatte, um anderen davon zu erzählen, und daß sie sich durch das Nicht-Erzählen selbst Schaden zugefügt hatte. In Paris war

157

sie nicht zur Polizei gegangen, weil sie kein Französisch sprechen konnte und weil sie um ihr Leben gefürchtet hatte: Sie hatte so schnell wie möglich von dort wegkommen wollen. Es tat Grace gut, nun mit mir über die Vergewaltigung zu sprechen und sich so von ihrem schrecklichen Geheimnis zu befreien. »Ich brauche das nicht in mir zu behalten. Es wirkt heilend, davon zu erzählen. Es ist mein gutes Recht, mich zu schützen und zu heilen.«

Später beschrieb sie ihre Erfahrung der EMDR-Arbeit auf metaphorische Weise. Nach der Vergewaltigung »hatte es sich angefühlt wie stark aufgewühltes Wasser«. Später hatten sich der Schmerz und das Leiden in ihr zu einem »mit stehendem Wasser angefüllten Teich« beruhigt – alles war ruhiger geworden, hatte sie aber weiterhin unbewußt beeinflußt. Und nach der EMDR-Behandlung hatte es sich so angefühlt, »als wäre das Wasser verdampft.«

Die beiden EMDR-Sitzungen, in denen wir am Zahnarzttrauma arbeiteten, waren wesentlich weniger affektbelastet als die vorangegangenen, weil sie die mit der Vergewaltigung zusammenhängenden Gefühle bereits verarbeitet und aufgelöst hatte. Bei der Verarbeitung des Zahnarzttraumas tauchten viele Parallelen zu der Vergewaltigung auf. Sie hatte auch in diesem Fall ihre Intuition mißachtet und trotz instinktiver Abneigung zugelassen, daß der Zahnarzt sich an ihren Zähnen vergriff. Und sie hatte sich auch von dem Zahnarzt ungeheuer verletzt und betrogen gefühlt, da er ebenso wie der Vergewaltiger ihre Offenheit und Zugänglichkeit ausgenutzt hatte. In unseren Sitzungen trat ihre Wut über das, was dieser Mann ihr angetan hatte, zutage, und am Ende brachte sie assertive und positive Gefühle über sich selbst zum Ausdruck.

»Ich bin sehr froh darüber, daß ich ihm entflohen bin, bevor er noch mehr Schaden anrichten konnte. Ich habe eine kluge Entscheidung getroffen. Und nach langem Suchen habe ich schließlich einen Zahnarzt gefunden, dem ich vertrauen konnte. Ich bin über den Vertrauensverlust hinweggekommen, und ich habe auch keine Phobie entwickelt.« Sie strahlte Selbstvertrauen, Selbstbewußtsein und Weisheit aus.

Wir vereinbarten noch ein paar weitere Sitzungen, um das Zahnarzttrauma vollständig durchzuarbeiten. Graces Symptome gingen erheblich zurück. Ihr

Selbstvertrauen wurde immer stärker, und sie fühlte sich wesentlich besser in der Lage, die Klage gegen den Zahnarzt durchzustehen, weil sie sich nicht mehr so stark emotional mit dem Vorfall identifizierte. Kurz darauf machte sie zusammen mit ihrer Familie Ferien und verbrachte das erste Mal seit der traumatischen Zahnarztbehandlung eine wundervolle Zeit. Sie sagte, sie fühle sich wieder völlig wie sie selbst.

John – ein Polizist überwindet einen tragischen Verlust

John war von einem Polizeipsychologen zu mir geschickt worden, den ich während eines Vortrags über die Heilkraft von EMDR bei Traumata bei der Polizei in meinem Wohnort kennengelernt hatte. Damals hatte ich gedacht, daß diese Männer und Frauen die idealen Kandidaten für EMDR seien. Sie erlebten häufig traumatische Vorfälle mit und standen oft unter starker Belastung. Diese traumatischen Erlebnisse riefen oft posttraumatische Belastungsstörungen hervor, was wiederum Dienstunfähigkeit zur Folge hatte und die Zahlung von Arbeitsunfähigkeitsgeldern notwendig machte. Ebenso wie Kriegsveteranen werden auch Polizisten durch ihre Erlebnisse häufig so stark traumatisiert, daß sie Selbstmord begehen. Gewöhnlich begeben sie sich in solchen Fällen jedoch nicht in eine Therapie, sondern versuchen, ihre Emotionen unter Kontrolle zu halten, indem sie so wenig wie möglich über ihre schrecklichen Erlebnisse sprechen. Im Gegensatz zu anderen Therapien kann EMDR auf traumatische Erlebnisse wie ein Laser wirken und Probleme in kürzester Zeit beheben. Gewöhnlich ist von seiten der Klienten weder eine lange Zeitspanne noch große Ausdauer erforderlich, um mit Hilfe von EMDR ein Trauma aufzulösen.

Der Polizeipsychologe, der John empfohlen hatte, sich von mir behandeln zu lassen, war EMDR gegenüber sehr skeptisch, und er glaubte nicht, daß diese Methode ein Trauma so schnell und effektiv zu heilen vermöchte, wie es immer wieder gesagt wurde. Dennoch zog er in Erwägung, eines Tages selbst an einer EMDR-Ausbildung teilzunehmen. Einen Monat später rief er mich an und fragte mich, ob ich bereit sei, einen Klienten zu behandeln und auf diese Weise zu demonstrieren, daß EMDR tatsächlich wirkt. Offenbar war ein Beamter aus seiner Abteilung in einer Krise.

Dieser Polizist, John, war kürzlich bei einer großen Familienfeier gewesen, in deren Verlauf vier Familienmitglieder bei einem schrecklichen Autounfall umgekommen waren und auch seine Schwester schwer verletzt worden war. John war sehr deprimiert, litt unter wiederkehrenden Alpträumen, aß wenig und war »nicht bei der Sache«. Er machte sich wegen des Unfalls Vorwürfe, weil er glaubte, er hätte denselben auf irgendeine Weise verhindern können. Dem Polizeipsychologen selbst war es nicht gelungen, Johns Zustand zu verbessern. Nun wollte er feststellen, ob EMDR »ein Wunder wirken« und Johns Leiden verringern könnte.

Ich vermutete, daß es sehr schwierig werden würde, John zu behandeln. Ich kannte ihn nicht und konnte nicht einschätzen, ob eine EMDR-Therapie bei ihm anschlagen würde. Gewöhnlich sind Polizisten keine guten Kandidaten für psychotherapeutische Behandlungen. Doch hatte der Polizeipsychologe mir versichert, daß auch er John weiter behandeln würde und daß ich nichts weiter zu tun bräuchte, als zu versuchen, einen Teil des Traumas aufzulösen, so daß John seiner Arbeit wieder besser nachgehen könnte. Er sollte offenbar schon bald in einem anderen Fall als Zeuge vor Gericht auftreten und war zur Zeit dazu nicht in der Lage. Erfüllte EMDR seine Funktion, würde John vor Gericht aussagen können. Der Polizeipsychologe teilte mir mit, vor dem Unfall sei es John gut gegangen, und er habe eine liebevolle Frau und eine stabile familiäre Situation.

Ich erklärte mich bereit, John zu behandeln, sagte aber, ich könnte nichts garantieren. Ich war mir sicher, daß die Arbeit sehr schwierig werden würde.

Als ich am nächsten Tag die Tür zu meinem Wartezimmer öffnete, um John in den Behandlungsraum zu bitten, erschrak ich. Mein neuer Klient saß wie versteinert und völlig ausdruckslos da. Er stand auf und ging wie ein Roboter. Seine Stimme klang extrem monoton. Ich dachte: »Worauf hast du dich da nur eingelassen!« Johns Emotionen waren völlig in seinem Inneren verborgen.

In meinem Behandlungsraum bat ich ihn, mir zu berichten, was geschehen sei und was er erlebt habe. Mit völlig ausdrucksloser Stimme erzählte er, er sei vor drei Wochen bei einem großen Familientreffen gewesen, an dem sechzig Personen aus dem ganzen Land zusammengekommen seien, um den neunzigsten Geburtstag seines Großvaters zu feiern. Alle hatten sich auf einem Zeltplatz versammelt und dort ein wundervolles Fest gefeiert. Er und ein paar seiner Vettern hatten beschlossen, einen Vergnügungspark in der Nähe zu besuchen, und sie hatten Johns Schwester Judy und einige andere eingeladen, mit ihnen zu kommen. Judy wollte jedoch statt dessen lieber mit Johns Tante und Onkel und deren beiden Kindern, der 15jährigen Lucy und dem 7jährigen Michael, Campingartikel einkaufen.

An der Stelle, wo der vom Campingplatz kommende Weg auf den Highway stieß, waren große Warnlichter angebracht. Trotzdem hatte Judy beim Einbiegen auf den Highway einen riesigen mit Orangen beladenen Laster übersehen. Der Laster fuhr dem PKW in die Flanke, und die beiden Kinder und ihre Eltern waren sofort tot. Judy wurde schwer verletzt in ein Krankenhaus gebracht. John war als erster dort gewesen und hatte auch mit dem Beamten der Highway-Patrol gesprochen, der den Unfallbericht geschrieben hatte. Da John in seinem Dienst als Polizist schon viele schreckliche Unfallszenen gesehen hatte, stellte er sich das Geschehen besonders lebhaft vor.

John konnte seit jenem Unfall nicht mehr schlafen. Er litt unter einem ständig wiederkehrenden Alptraum, in dem er den Unfall vom Straßenrand aus miterlebte, ohne ihn verhindern zu können. Er sah, daß alle Insassen des Wagens tot waren und daß seine Schwester brüllte.

Obwohl John von ungeheuer starken Gefühlen der Trauer gepeinigt worden war, hatte er nicht geweint. Er erzählte, er habe seit seiner Kindheit nicht mehr geweint, weil sein Vater ihn einmal wegen Weinens verprügelt und ihm dann befohlen hätte, dies nie wieder zu tun. Wegen dieser drohenden Ermahnung des Vaters hatte John ein ganzes Meer von Tränen in sich zurückgehalten.

Ich erklärte John die EMDR-Verarbeitung und sagte ihm, wir würden zunächst an dem Alptraum arbeiten. Außerdem wies ich ihn darauf hin, daß ich nicht wüßte, ob EMDR in seinem Fall wirken würde. Er antwortete, er sei bereit, alles auszuprobieren, was auch nur die geringsten Aussichten auf Erfolg zu haben scheine.

Er beschrieb die belastendsten Elemente des Traums: den Zusammenstoß selbst und das Bewußtwerden dessen, daß alle tot waren und er seine Schwester schreien hörte. Er hatte das Gefühl, eine ganze Ladung Ziegelsteine liege auf seiner Brust und er könnte nicht atmen. »Warum sind sie allein aufgebrochen? Warum ist sie [seine Schwester] nicht mit uns gekommen?« John gab sich die Schuld an dem Unfall, weil er nicht darauf bestanden hatte, seine Schwester mit in den Vergnügungspark zu nehmen.

Ich bat ihn, auf das Bild, auf den Satz »Es war meine Schuld« und auf die begleitenden Körperempfindungen zu fokussieren, und geleitete ihn dann mit Hilfe der EMDR-Leuchte durch die Augenbewegungen.

Nach kurzer Zeit fragte ich ihn, was für ihn auftauche. »Ich habe Angst. Ich spüre, wie sehr ich meine Schwester liebe und wie sehr ich Lucy und Michael und meine Tante und meinen Onkel vermisse.« John fing an zu schluchzen. Da ich merkte, daß er nicht in der Lage war, seine Augen offen zu halten, bat ich ihn um Erlaubnis, die Stimulation durch geleitete Augenbewegungen durch Tippen auf die Knie zu ersetzen.

John schluchzte mehrere Minuten lang heftig, während ich auf seine Knie tippte. Endlich brach seine Trauer aus ihm heraus. Einmal hielt er inne und sagte: »Sie fehlen mir alle, und ich kann nichts tun, um sie zurückzuholen.«

Während mehrerer langer Stimulationsserien schluchzte er weiter. Bei der Verarbeitung brachte er seine Trauer über den Verlust jedes einzelnen der umgekommenen Familienmitglieder zum Ausdruck, und er sprach aus, was er an jedem von ihnen besonders gemocht hatte.

Als er zu weinen aufhörte und sich etwas beruhigte, bat ich ihn, zu dem Traumbild von dem Unfall zurückzukehren: »Was taucht jetzt für Sie auf?« – »Ich brülle, daß sie anhalten soll. Ich sehe den Laster kommen. Sie hört mich nicht. Ich sehe, wie meine Schwester und die anderen getötet werden. ... Ihre Köpfe hängen schlaff herab. Es tut weh, daß ich das in meinem Traum nicht verhindern kann.« John begann wieder zu schluchzen.

Sanft forderte ich ihn auf, dabei zu bleiben, und tippte wieder auf seine Knie. Nach einer kurzen Stimulationsserie sagte er: »Es macht mich *wahnsinnig*, trotz all meiner sogenannten Macht und Autorität nichts tun zu können. Ich kann nichts tun, um dies zu verhindern.«

John sagte, er habe das Gefühl gehabt, als Polizist mehr Macht zu haben, als dies tatsächlich der Fall war. Offenbar hatte die ganze Familie in ihm den Inbegriff der Macht und Autorität gesehen.

Da John nicht mehr weinte, begannen wir wieder mit den Augenbewegungen. Nach einigen Minuten schloß er die Augen und sagte, er fühle sich warm und müde. Ich bat ihn, zu dem Traum zurückzukehren und mir zu sagen, was dabei für ihn auftauche. »Die Kinder wirken so friedlich.« Das Traumbild hatte sich völlig verändert – und auch seine damit verbundenen Gefühle. Ich forderte ihn auf, dabei zu bleiben, und geleitete ihn dann durch eine weitere Serie von Augenbewegungen.

Einige Minuten später sagte er, er sei müde und wolle schlafen. Als wir das Traumbild erneut überprüften, sagte er: »Ich sehe vier zugedeckte Körper und Menschen, die darum herumstehen. Mich selbst sehe ich immer noch am Straßenrand sitzen.«

»Wie fühlen Sie sich?« fragte ich.

»Ich fühle mich wie ein Beobachter.«

Mir wurde klar, daß er einen großen Teil des Traumas verarbeitet hatte. Ich wollte jedoch feststellen, was sich für ihn in kognitiver Hinsicht verändert hatte. »Was denken Sie jetzt über sich selbst?« fragte ich.

»Wenn ich hartnäckiger gewesen wäre, wäre meine Schwester mit mir in den Vergnügungspark gefahren, und die Vier wären jetzt nicht tot.«

Weil er wegen des Unfalls immer noch irrationale Schuldgefühle hatte, beschloß ich, durch Fragen seine Überzeugung zu überprüfen. »Gab es in jener Situation einen Grund für Sie, hartnäckiger darauf zu bestehen, daß Ihre Schwester Sie in den Vergnügungspark begleiten sollte? Wußten Sie vorher, daß dieser Unfall passieren würde?«

John beantwortete beide Fragen mit nein, und ihm wurde die Irrationalität seiner Überzeugung klar. Ich forderte ihn auf, darüber nachzudenken und geleitete ihn durch eine Serie von Augenbewegungen.

In diesem Augenblick erlebte John eine signifikante Veränderung seiner Wahrnehmung, und er sprach, während er seine Augen hin und her bewegte. Er sagte, er sehe, daß die Kinder glücklich seien, weil sie mit ihren Eltern zusammen seien. Es gefalle ihnen, mit ihrer Mutter und ihrem Vater zusammenzusein, und sie seien alle glücklich miteinander. Alle, die in dem Auto gewesen seien, seien glücklich, und er sah sie nun als eine liebevolle Familie, deren Mitglieder zusammen gestorben waren. Diese leuchtende Vision vermittelte John ein tiefes Gefühl des Friedens, und sein Gesicht und sein Körper entspannten sich: Das ungeheure Gewicht auf seiner Brust war verschwunden.

Johns langjährige Überzeugung, er habe die Kontrolle über die Ereignisse des Lebens, veränderte sich ebenfalls. »Das Leben ist so viel größer als wir. Wir glauben nur, wir hätten die Kontrolle darüber«, stellte er fest. Johns Verantwortungsgefühl würde von nun an realistischer sein.

Nach einer weiteren Serie von Augenbewegungen sagte er, er fühle sich traurig und auch ein wenig schuldig, weil er sich nicht von seiner Tante und seinem Onkel habe verabschieden können und weil er nicht mehr Zeit mit seinen Vettern verbracht hätte. Ich schlug ihm vor, er solle sich vorstellen, wie er sich von ihnen verabschiede und ihnen allen einzeln sage, was er ihnen zu sagen hätte. Er erklärte sich dazu bereit, und ich begann wieder, auf seine Knie zu tippen. Während er sich vorstellte, er verabschiede sich von den einzelnen Familienmitgliedern und sage ihnen, wie sehr er sie liebe und daß er sie vermisse, schluchzte er. John hielt während dieser ungeheuer intensiven Augenblicke nichts zurück.

Nach einigen Minuten hörte er auf zu weinen und schaute mich an. Er wirkte sehr erleichtert. Ich hatte das Gefühl, daß wir zusammen eine sehr tiefe Erfahrung durchlebt hatten.

Als er auf meine Aufforderung hin zu dem Traumbild zurückkehrte, war es völlig anders als das stark belastende Bild, das ihn in seinen Alpträumen geplagt hatte. Nun stand er selbst außerhalb der Szene und sah seine verstorbenen Familienmitglieder zusammen in Frieden, und er fühlte sich auch nicht mehr verstört.

Als wir die Sitzung abschlossen, war er völlig anders als jener Mann, der neunzig Minuten vorher meinen Behandlungsraum betreten hatte. John war nun entspannt, er lächelte und war gesprächig. Er machte sogar Witze über seine Boshaftigkeit während seiner Kindheit. Er sagte, er sei so erleichtert, als sei eine Tonne Ziegel von seiner Brust genommen worden. Er staunte darüber, was während der Sitzung alles aus ihm hervorgebrochen war. Sein Gefühl, für das Geschehene verantwortlich zu sein, hatte sich aufgelöst. Natürlich litt er immer noch unter normalem Schmerz über den Verlust geliebter Menschen, doch wußte er, daß die Zeit diesen Schmerz heilen würde. Bevor John ging, umarmte er mich sehr herzlich.

Einige Wochen später rief ich den Polizeipsychologen, der John zu mir geschickt hatte, an, um festzustellen, wie es meinem Klienten seit unserer Sitzung ergangen war. Offenbar ging es ihm gut. Schon am Tag nach der EMDR-Sitzung hatte er in einem Gerichtsverfahren ausgesagt. EMDR hatte ihm zum entscheidenden Durchbruch verholfen. John litt nicht mehr unter Alpträumen und konnte wesentlich besser schlafen.

Kürzlich habe ich noch einmal Kontakt zu ihm aufgenommen, um festzustellen, wie es ihm ging, und um ihn zu fragen, ob ich in meinem Buch etwas über ihn schreiben dürfe. Er freute sich, von mir zu hören, und sagte mit bewegter Stimme, jene eine Sitzung habe ihm sehr geholfen.

»Ich habe darin einige meiner Sorgen auflösen können. Davor war mir dies nicht möglich, weil ich mir zuviel Verantwortung aufgeladen habe. Die EMDR-Arbeit hat mir ungeheuer geholfen.«

165

Nach unserer EMDR-Sitzung wirkte der sich wiederholende Alptraum nicht mehr bedrohlich oder beängstigend auf John, weil er das Geschehen verstand. »Jene eine Sitzung hat meine ganze Sicht dieses Traums verändert und mir dadurch große Erleichterung gebracht. Ich war sehr skeptisch, bevor ich zu Ihnen kam, aber jetzt nach der Behandlung bin ich völlig von EMDR überzeugt. Mein Geist hat ganz allein die Führung übernommen. Ich hatte keinen Einfluß auf ihn. Nach der Sitzung fühlte ich mich körperlich unglaublich erschöpft – als hätte ich an zehn unmittelbar aufeinanderfolgenden Baseball-Spielen teilgenommen. Ich war völlig fertig. Meine Brust fühlte sich viel leichter an, als wäre ein riesiges Gewicht von ihr genommen worden.«

Abgesehen von der Veränderung seiner Selbstsicht profitierte John von der EMDR-Behandlung auch in anderer Form. »Ich habe danach viel über das Leben gelernt. Ich habe eine völlig neue Sicht des Lebens und auch meiner Arbeit entwickelt. Ich habe mehr Mitgefühl – meine Augen sind viel offener als vorher. Ich versuche zuzulassen, daß ich jedem helfe, zu dem ich in Kontakt trete.«

Tatsächlich schien John sich gut zu entwickeln, obwohl ihn wieder eine große Traurigkeit überkam, als der Jahrestag des schrecklichen Unfalls näherrückte. Ihm wurde klar, daß sein Kummer normal war, und er wußte, daß er mich jederzeit anrufen konnte, wenn er noch einmal Hilfe brauchte. Obgleich ich nur einmal mit John gearbeitet hatte und dies schon ein Jahr zurücklag, hatte ich das Gefühl, mit einem guten Freund zu sprechen. Er war sehr offen und aufrichtig. Wir beendeten unser Gespräch mit einem Gefühl großer Hochachtung füreinander. Ich fühlte mich zutiefst bewegt und inspiriert.

Elaine –
eine erfolgreiche, kurze und lebensverändernde Therapie
mit einer Klientin ohne psychologische Ambitionen

Elaines Geschichte zeigt, daß EMDR auch bei Menschen, die gewöhnlich nicht als besonders geeignete Kandidaten für eine kognitiv orientierte Therapie angesehen werden, sehr erfolgreich eingesetzt werden kann. In nur neun Sitzungen, von denen vier der EMDR-Verarbeitung gewidmet waren, veränderte sich Elaines Selbstvertrauen und Selbstwertgefühl sehr zum Positiven. Sie löste sich von ihrer Depression und gestaltete ihr Leben auf signifikante Weise um.

Elaine war keine typische Psychotherapieklientin. Sie war sehr schüchtern, hatte weder für psychologische Gedankengänge etwas übrig noch eine Tendenz zur Introspektion, und sie war es nicht gewöhnt, mit irgend jemandem über Gefühle zu sprechen, schon gar nicht mit völlig fremden Menschen. Sie war noch nie in einer Therapie gewesen. Trotz ihres stämmigen Körperbaus war sie eine attraktive Frau, die an eine Bäuerin erinnerte, eine Person, die es gewöhnt war, mit ihren Händen zu arbeiten und sich viel im Freien aufzuhalten. Es stellte sich heraus, daß Pferde Elaines große Leidenschaft waren: Sie ritt für ihr Leben gern, und auch Pferde-Shows im Western-Stil gefielen ihr sehr.

Elaine war von ihrer Krankenversicherung zu mir geschickt worden und sollte mit mir in einer Kurzzeittherapie an ihrem berufsbedingten Streß arbeiten. Als sie mir über ihre Frustration als Managerin eines Fastfood-Restaurants erzählte, fing sie an zu weinen. Ihre Arbeit war chaotisch, machte ihr keinen Spaß, und sie fühlte sich darin gefangen und unglücklich. Aufgrund ihres schwachen Selbstwertgefühls, ihrer Depressionen und ihres schwachen

Selbstvertrauens glaubte sie nicht, daß es ihr gelingen würde, ihre augenblickliche Situation zu verändern.

»Alle anderen sind besser als ich«, sagte sie und ließ damit eine tiefe Überzeugung erkennen, die sie mit ihrem geringen Selbstwertgefühl verband. Sie war das jüngste von vier Kindern und ihrem drei Jahre älteren Bruder altersmäßig am nächsten. Ihre Geschwister hatten sie viel gehänselt und sie davon überzeugt, daß sie alle besser seien als sie. Ihr Gewicht war ein besonders wunder Punkt für sie, weil sie als einziges unter den vier Kindern Übergewicht hatte. Ihre Geschwister hatten erbarmungslos auf ihr herumgehackt, sie verspottet und sie »Fettbalg« genannt.

In unserer ersten EMDR-Sitzung beschlossen wir, zunächst an den Auswirkungen der Hänseleien zu arbeiten. Eine von Elaines frühesten und stärksten Erinnerungen daran, gehänselt worden zu sein, betrafen eine Ferienreise ihrer Familie nach Hawaii, als sie selbst fünf Jahre alt gewesen war. Ihr Bruder hatte sie damals an einem Hotelswimmingpool vor einem anderen Jungen, den sie nicht kannte, »Fettbalg« genannt. Mit Tränen in den Augen erzählte sie mir, daß sie sich danach völlig niedergeschmettert und gedemütigt gefühlt und geglaubt habe: »Wahrscheinlich hat er recht.«

Wir begannen mit den Augenbewegungen. Tränen rannen über ihre Wangen, die sie jedoch schnell wegwischte, während sie die Szene verarbeitete. Nach etwa 24maligem Hin- und Herbewegen der Augen fragte ich sie, was in ihr vor sich ginge. Sie sagte, das Bild verblasse. Doch bat ich sie, es sich während einer weiteren kurzen Serie von Augenbewegungen wieder zu vergegenwärtigen.

Diesmal war das Bild so weit entfernt, daß es nicht mehr schmerzte. Ich wollte ihre Überzeugung überprüfen, weil die Verarbeitung ziemlich schnell zu verlaufen schien. Ich wollte wissen, ob ihre kognitiven Kanäle frei waren.

»Was glauben Sie jetzt über das kleine Mädchen?« fragte ich.

Elaine antwortete unter Tränen: »Wahrscheinlich *ist* es tatsächlich dick, aber deshalb hat es noch lange nicht verdient, von seinen Geschwistern gehänselt und ausgelacht zu werden.«

Ich geleitete Elaine durch eine weitere Serie von Augenbewegungen, doch diesmal sah sie das Bild aus der Ferne. »Es ist dumm von den beiden Kindern, daß sie sich über das dritte lustig machen.« Sie erkannte objektiv, daß ihr Kind-Ich schlecht behandelt worden war, und sie sah, daß es von den anderen beiden Kinder unrecht gewesen war, sie so zu behandeln. Nach der nächsten kurzen Serie von Augenbewegungen machte das Bild ihr nichts mehr aus.

Da erst zehn Minuten unserer Therapiesitzung vergangen waren, hatten wir noch viel Zeit übrig. Ich bat sie, sich eine andere Situation vorzustellen, in der ihr Bruder sie gehänselt hatte und die sie belastete.

Sie war das jüngste in einer Gruppe von Kindern gewesen, die zusammen auf der Straße spielten. Die anderen hatten sich ständig über sie lustig gemacht, weil sie ihnen aufgrund ihrer geringen Größe nicht gewachsen war. Während Elaine die Geschichte erzählte, fing sie an zu weinen, und ihr wurde klar, daß sie geglaubt hatte: »Ich kann es nicht mit ihnen aufnehmen. Ich bin wertlos, und sie sind alle besser als ich.« Uns war beiden sofort klar, daß diese Überzeugungen auch jetzt noch ihr Selbstwertgefühl unterminierten.

Während sie ihre Augen hin und her bewegte, stellte sie sich die Gruppe von Kindern vor, die ihr davonliefen, und sie vergegenwärtigte sich die Überzeugungen, die dadurch bei ihr entstanden waren. Ich bat sie, kurz die Augen zu schließen und zu beschreiben, was vor sich ging. Elaine sagte, sie habe einen Abstand von dem Bild empfunden, »so als wäre ich das gar nicht«. Dann fuhr sie fort, ihr seien blitzschnell viele verschiedene Situationen durch den Kopf gegangen, in denen man sie als kleines Mädchen übergangen und sich über sie lustig gemacht hatte, weil sie die Jüngste gewesen war.

Während sie auf das Thema des Ausgeschlossenwerdens fokussierte, geleitete ich sie durch eine weitere Serie von Augenbewegungen. Elaine konnte sich an viele Situationen erinnern, in denen man sie ausgeschlossen hatte. »Ich hatte unablässig das Gefühl, ich sei nicht gut genug«, erklärte sie mir unter Tränen.

Nach einer weiteren kurzen Serie von Augenbewegungen kam Elaine eine Offenbarung. »Ich lasse mich in meiner Selbstsicht davon beeinflussen, wie andere Menschen mich sehen.« Ihr wurde klar, daß *sie sich ihr ganzes Leben lang so beurteilt hatte, wie sie glaubte, andere würden sie beurteilen.*

Am Ende der Sitzung belastete das Bild der vor ihr weglaufenden Kinder sie nicht mehr. Sie hatte nun einen ziemlichen Abstand davon, so als sähe sie die Szene aus der Distanz.

»Ich sehe, daß sie [ihr Kind-Ich] das Gefühl hatte, sie sei nicht gut genug, weil sie kleiner war und nicht die Dinge tun konnte, die andere Kinder tun konnten. Ich sehe das jetzt und verstehe es.« An diesem Punkt kehrten wir zu dem Bild zurück, wie ihr Bruder sie in Hawaii am Hotel-Swimmingpool verspottet hatte. Auch dies machte ihr nun nichts mehr aus.

Bei unserem nächsten Treffen in der folgenden Woche sagte sie zu mir, sie fühle sich schon wesentlich besser. Ihr Selbstwertgefühl war durch unsere erste Sitzung erheblich stärker geworden. Ihr war klar geworden, daß sie einfach deshalb Schwierigkeiten gehabt hatte, es den anderen Kindern gleichzutun, weil sie jünger als diese gewesen war. Und ihr war nun auch klar, daß sie ihnen allein wegen dieses Altersunterschieds nicht grundsätzlich unterlegen war. Elaine war sich über ihre Ziele im klaren: Ihr war nicht mehr so wichtig, was andere von ihr dachten, und ihre Gegenwart machte sie weniger nervös.

In den nächsten drei EMDR-Sitzungen konzentrierten wir uns auf ihre frühkindliche Überzeugung, minderwertig zu sein, und Elaine beschäftigte sich in diesem Zusammenhang besonders mit ihrer vier Jahre älteren Schwester, die sie sehr stark kritisierte und um deren Anerkennung sie sich stets sehr bemüht hatte. Wir fingen mit einer sehr schmerzhaften Erinnerung an, die Elaine mit der Überzeugung, sie sei wertlos, in Verbindung brachte.

»Ich war ein kleines Kind, ungefähr fünf oder sechs Jahre alt, und ich wollte mit meiner Schwester in ihrem Zimmer sprechen. Sie stieß mich jedoch zur Seite und sagte: ›Hau ab, du Baby!‹ Dann ging ich zu meinem Bruder, um mit ihm zu sprechen, aber er tat genau das gleiche. Das erzeugte in mir das Gefühl völlig wertlos zu sein.«

Nach einer kurzen Serie von Augenbewegungen – ungefähr 50 Hin- und Herbewegungen – fragte ich sie, was nun bei ihr auftauche. Sie antwortete, das

Bild wirke jetzt, als sei es weiter entfernt. Nach der nächsten Serie von Augenbewegungen sagte sie, es fühle sich immer noch weit entfernt an und schmerze sie nicht mehr so sehr. »Ich war viel jünger als sie; deshalb konnten sie mich behandeln, als sei ich weniger wert als sie, und ich habe ihnen das geglaubt.« Sie dachte darüber nach, während sie eine weitere Serie von Augenbewegungen ausführte, und sagte mit Nachdruck: »Ich hatte ihnen geglaubt, und es war nur eine Kinderei. Sie haben auf mir herumgehackt. Ich habe versucht, Kontakt zu ihnen aufzunehmen, und sie haben mich ausgeschlossen. Es war ihr Problem.« In diesem Augenblick wurde mir klar, daß Elaine den Vorfall nun aus der objektiven Perspektive einer Erwachsenen sah und sich nicht mehr mit der Perspektive identifizierte, die sie als Kind gehabt hatte.

Weitere Einsichten folgten, als wir mit den Augenbewegungen fortfuhren. Ihr wurde klar, daß die Art, wie ihre Geschwister sie behandelt hatten, nichts mit ihrem eigenen *Wert* zu tun hatte. Sie fühlte sich deswegen nicht mehr so verletzt wie zuvor, und schließlich verschwand das Gefühl völlig!

Als ich sie fragte, wie sie sich jetzt sähe, versicherte sie: »Ich bin es Wert, Freunde zu haben.« Ich geleitete sie durch eine Serie von Augenbewegungen, um diese Überzeugung völlig in das frühere Bild zu integrieren, und danach glaubte sie, daß ihre neue Überzeugung an die Stelle der durch den Vorfall entstandenen getreten war.

Elaine veränderte sich durch die EMDR-Therapie sehr schnell, und da immer noch die Hälfte der 50minütigen Sitzung übrig war, beschlossen wir, uns mit ähnlichen Vorfällen in ihrem Leben zu beschäftigen. Erneut unter Tränen sagte sie, sie habe ganz generell das Gefühl, ihre Schwester Beth glaube nicht, daß sie, Elaine, ebensogut sei wie sie.

Sie konzentrierte sich auf dieses Gefühl, und ich geleitete sie durch eine Serie von Augenbewegungen. Wenige Augenblicke später sagte sie: »Meine Schwester hat bis auf den heutigen Tag an jedem etwas zu kritisieren.« Dann führte sie weitere Serien von Augenbewegungen aus. »Was ich auch tue, ich kann es Beth einfach nicht recht machen.« Sie erinnerte sich an viele kritische Äußerungen ihrer Schwester. Und ihr wurde auch bewußt, daß sie sich wegen ihrer eigenen negativen Gefühle ihrer Schwester gegenüber schuldig fühlte. Wütend platzte sie heraus, wahrscheinlich sei Beths Verhalten ihr gegenüber der Grund für ihre eigene Überzeugung, andere Menschen würden sie verurteilen. Da die Behandlungszeit mittlerweile vorüber war, machten wir eine Bestandsaufnahme davon, an welchem Punkt wir angekommen waren, und beendeten die Sitzung.

In der folgenden Woche setzten wir die Arbeit an diesem Punkt fort. Elaine fokussierte zunächst auf eine bestimmte Erinnerung an Beths kritische Haltung ihr gegenüber, über die sie besonders aufgebracht war. Sie hatte sich soeben einen neuen Wagen gekauft, auf den sie sehr stolz war. Sie zeigte ihrer Schwester ihre neue Errungenschaft. Als Beth sich darüber lustig machte, fühlte Elaine sich sehr verletzt.

Nach einigen Serien von Augenbewegungen ließ das Gefühl der Verletztheit nach, und Elaine sagte: »Es war ihr Problem, nicht meines. Ich sehe jetzt klarer, daß das Ganze nichts mit mir zu tun hatte. Sie wollte mich einfach um jeden Preis verletzen. Es gab unzählige Situationen, in denen sie versucht hat, mich oder meinen Bruder zu verletzen, um sich ständig überlegen fühlen zu können.«

Allmählich wurde Elaine vieles klar, was mit ihrer Schwester zusammenhing. Wieder gelangte sie schließlich zu einer objektiven Sicht der Situation. »Mir ist jetzt klarer, daß ich in vielen Fällen mich selbst beschuldigt und mich schuldig gefühlt habe, statt wütend auf sie zu werden.« Sie fing an zu weinen. Bald darauf erwachte die Wut in ihr. Sie wurde fürchterlich wütend auf Beth, die sie so schlecht behandelt hatte.

Sie erinnerte sich auch an andere Situationen, in denen Beth ihr das Gefühl vermittelt hatte, sie sei unzulänglich. Dann wurde ihr plötzlich klar: »Ich *bin* gar nicht unzulänglich. Sie versucht nur, sich selbst das Gefühl zu vermitteln, daß sie die Stärkere ist. Ich erkenne das jetzt, wenn ich mit ihr spreche.«

Wir verstärkten diese Erkenntnis durch eine Serie von Augenbewegungen. Danach sagte sie selbstsicher: »Ich fühle mich jetzt stark. Ich habe das Gefühl, daß ich mehr verstehe.«

Elaine kamen viele Erkenntnisse über ihre Beziehung zu Beth und darüber, wie ihre Schwester ihre Selbstwahrnehmung beeinflußt hatte. Dies waren »Aha«-Erlebnisse – als gehe in ihrem Geist ein Licht an. Ich glaubte fast zu sehen, wie ihr Geist ihre innere Sichtweise veränderte. Während dieser Sitzung kam es in Elaine zu einer großen Veränderung. Sie fühlte sich stark, ihrer selbst sicher und voller Selbstvertrauen. An die Stelle der eingeschränkten Perspektive, die sie sich als Kind angeeignet hatte, trat die umfassendere und objektivere Sichtweise einer Erwachsenen.

In der folgenden Woche berichtete mir Elaine begeistert, wie viel besser sie sich fühle. Es interessierte sie kaum noch, was andere Menschen von ihr hielten, und sie war selbstbewußter. Sie war mit ihrem Pferd bei einer Western-Show aufgetreten und hatte dabei so gut abgeschnitten wie noch nie.

Am Ende unserer Arbeit hatte Elaine in allen Bereichen, mit denen wir uns befaßt hatten, positive Veränderungen erreicht. Ihr Selbstwertgefühl war stärker geworden. Sie machte Fortschritte in ihrem Beruf. Ihre Leistungen waren so gut, daß ihr Chef ihr eine Beförderung und einen neuen Aufgabenbereich anbot. Sie war stolz auf ihre Fähigkeiten als Managerin, und sie wünschte sich, diese Fähigkeiten anderen Menschen zu vermitteln – etwas, worüber sie vorher aufgrund ihres schwachen Selbstwertgefühls, ihres geringen Selbstvertrauens und ihrer Angst vor Auftritten in der Öffentlichkeit nie auch nur einen einzigen Augenblick lang nachgedacht hatte. Elaine lachte, während sie sprach. Sie wirkte wesentlich attraktiver – sie war regelrecht aufgeblüht!

Sechs Monate später rief ich Elaine an, um sie zu fragen, wie es ihr ginge und ob ich über unsere Arbeit etwas in meinem Buch schreiben könne. Sie war begeistert und bestätigte, sie habe von unserer Arbeit ungeheuer profitiert. Obwohl die Therapie nur sehr kurz gewesen war, war dadurch ihre Selbstsicht ungeheuer verändert worden.

»Ich bin begabt und ein guter Mensch. Mein ganzes Selbstbild hat sich verändert. Wenn ich jetzt etwas tun will, weiß ich, daß ich dies kann.«

Sie war als Angestellte der Restaurantkette so weit gekommen, wie dies nur möglich war, und hielt jetzt nach einer besseren Arbeit Ausschau. Auch ihr

Privatleben entwickelte sich positiv, und sie hatte viele neue Freunde gefunden. Außerdem arbeitete sie mit einem Pferdetrainer zusammen.

Glücklich berichtete Elaine, daß auch ihre Beziehung zu ihrer Schwester sich verändert hätte. »Ich kann jetzt mit meiner Schwester auf einer anderen Ebene kommunizieren. Ich glaube nicht, daß sie mich noch einmal angreifen wird. Und ich habe auch nicht das Gefühl, daß sie mich wegen allem, was ich tue, kritisiert. Früher hätte ich mißtrauisch nach irgendwelcher Kritik von ihr gesucht, aber jetzt ist mir das gleichgültig. Meine Schwester hat nicht mehr die gleiche Macht über mich wie früher. Und ich reagiere nicht mehr so wie damals. Wir können jetzt eine gute Beziehung zwischen Schwestern entwickeln.«

Sieben
Befreiung von belastenden Erinnerungen

Belastende Erinnerungen, die Geist und Körper plagen, rufen viele psychische Probleme hervor. Erinnerungen an lebensbedrohliche Vorfälle, belastende Todesfälle sowie Mißbrauchs- und Mißhandlungserlebnisse in der Kindheit können, obwohl sie aus dem Bewußtsein verdrängt worden sind, im weiteren Leben der Betroffenen unangenehme körperliche Symptome hervorrufen und außerdem Einstellungen und Verhaltensweisen negativ beeinflussen. Es kann vorkommen, daß ein Mensch nur noch das Bild einer ihm sehr nahestehenden Person im Augenblick des Todes oder im Sarg sieht und keinerlei glückliche Erinnerungen an sie mehr hat. In diesem Kapitel wird beschrieben, wie die EMDR-Verarbeitung belastende Erinnerungen auflöst und es Klienten ermöglicht, den uneingeschränkten Zugang zur Vergangenheit wiederherzustellen.

Die Umwandlung psychologischer in objektive Erinnerungen

Eine psychologische Erinnerung ist eine persönliche, in der Gegenwart lebendige und mit einem Affekt verbundene Erinnerung. Wir verwenden ungeheuer viel Energie darauf, unsere psychologische Vergangenheit wachzuhalten, weil diese die Grundlage unserer persönlichen Identität ist: Wir glauben, daß wir unsere Geschichte *sind.*

Objektive Erinnerung hingegen ist faktisch, unpersönlich, und wir erleben sie als *einen Bestandteil* der Vergangenheit. Objektive Erinnerung ist nicht mit einem Affekt verbunden. Nach EMDR-Sitzungen berichten Klienten oft, ihre Erinnerungen, auch wenn sich diese auf schreckliche Mißbrauchs- oder traumatische Verlusterlebnisse beziehen, fühlten sich nicht mehr als mit ihnen persönlich verbunden, sondern wie ein Teil der Vergangenheit an. Gewöhnlich berichten die Klienten: »Es ist vorbei«, »Es ist jetzt Vergangenheit« oder: »Es ist so, als würde ich das Ganze von oben sehen.« Sie haben also nicht mehr das Gefühl, daß sie ihre Geschichte *sind.*

Reinigung belastender Erinnerungen

Nach traumatischen Erlebnissen sind die Betroffenen häufig durch Traumasymptome wie nächtliche Alpträume und tagsüber auftretende Erinnerungsblitze (Flashbacks) belastet. Derartige Phänomene scheinen ein Eigenleben zu führen. Viele Veteranen des Vietnamkriegs leiden mehr als zwanzig Jahre

nach ihren traumatischen Erlebnissen immer noch unter den dadurch ver-
ursachten Symptomen. Vor der Entwicklung von EMDR gab es abgesehen
von medikamentösen Behandlungen nur wenige Möglichkeiten, diese leid-
geplagten Veteranen von belastenden Bildern zu befreien, die sie unablässig
verfolgten. Die EMDR-Therapie hat sich bei der Auflösung von Flashbacks,
Alpträumen und intrusiven Erinnerungen als sehr effektiv erwiesen.

Die Geschichte Michelles, deren Mann Marty Selbstmord beging, veranschaulicht, wie EMDR psychologische Erinnerung in objektive Erinnerung
verwandelt und belastende Erinnerungen auflöst.

Michelle

Michelle war eine wunderschöne und erfolgreiche berufstätige Frau in den
Dreißigern, die unter Alpträumen, Weinanfällen und Flashbacks litt, seit sich
ihr Mann zwei Jahre zuvor umgebracht hatte. Verzweifelt versuchte sie, wieder jenes Gefühl des inneren Friedens zurückzuerlangen, dessen sie sich vor
dem Tod ihres Mannes erfreut hatte. Als sie Kontakt zu mir aufnahm, glaubte
sie, daß sich hinter Martys jovialem Äußeren ein dunkles, von Selbsthaß,
Angst und Depression beherrschtes Inneres verborgen hätte. Marty hatte es
immer ausgezeichnet verstanden, andere Menschen glücklich zu machen, doch
zu sich selbst war er sehr hart gewesen.

Michelle hatte ihren Mann sehr geliebt. Sie sagte, ihre Beziehung sei von
einer engen Seelenverwandtschaft geprägt gewesen, und sie hätten eine tiefe
und beständige Verbindung zueinander gehabt. Marty war offenbar ein liebevoller und fürsorglicher Mann gewesen und hatte vielen Menschen Freude
bereitet. Mit seinem unverwüstlichen Humor hatte er Michelle oft zum Lachen gebracht.

Wie hatte Marty sich so etwas antun können? Und wie hatte er es *ihr* antun
können? Michelle war während der ganzen ersten Sitzung sehr aufgewühlt,

177

und sie erzählte mir weinend, wie es zu jenem unumkehrbaren Akt der Selbstvernichtung ihres Mannes gekommen war.

Marty war Rechtsanwalt und Geschäftsmann. Er hatte starke Ambitionen, ein »gutes Leben« zu führen, konnte sich dies aber nicht leisten. Ohne Michelle darüber zu informieren, hatte er sich Geld geliehen, und sie hatten damit über ihre Verhältnisse gelebt. So war er allmählich immer tiefer in Schulden versunken. Als seine finanziellen Probleme schließlich dramatische Formen anzunehmen drohten und er sie vor seiner Frau und seinen Freunden nicht mehr lange hätte verbergen können, nahm er eine Überdosis Barbiturate. Als Michelle von der Arbeit nach Hause kam, entdeckte sie ihn schon fast tot auf ihrem gemeinsamen Bett. Eine ganze Woche lang kämpfte Marty auf der Intensivstation um sein Leben. Dieser einstmals so nette, angenehme und vitale Mann lag nun mit zahllosen Schläuchen verbunden im Koma und vegetierte nur noch. Michelle verbrachte so viel Zeit wie möglich bei ihm, bis er schließlich starb.

In ihrer ersten EMDR-Verarbeitungssitzung fokussierte Michelle auf die Szene, die sie in Zusammenhang mit Martys Selbstmord am stärksten belastete. »Ich komme auf die Intensivstation und sehe ihn an einen Lungenventilator angeschlossen bewußtlos daliegen.« Sie dachte: »Oh, mein Gott! Er wird sterben! Oh, mein Gott! Was habe ich nur getan?«

Michelle machte sich heftige Vorwürfe wegen Martys Tod, und ihre diesbezüglichen Schuldgefühle bildeten die Grundlage der negativen Selbstaussage, die in ihrem Körper-Geist-System erstarrt und die Ursache ihres starken Leidens war. Während der ersten Serien von Augenbewegungen schluchzte sie herzerweichend. Sie sah den Raum auf der Intensivstation und Marty, wie er an eine Vielzahl von Geräten angeschlossen war.

»Ich empfinde soviel Schmerz. Warum muß ich stark sein? Warum kann ich nicht zeigen, daß ich mich verletzt fühle? Ich kann einfach nicht glauben, daß dies geschehen ist. Ich möchte es nicht wahrhaben.«

Als ich sie etwas später aufforderte, zu ihrem ursprünglichen Bild zurückzukehren, sagte sie: »Ich nahm seine Energie außerhalb seines Körpers am

Fußende des Betts wahr. Ich wußte, daß er dort war, und ich fragte ihn, warum er dort und nicht in seinem Körper sei. Ich war wütend auf ihn, weil er seinen Körper verlassen hatte. Es war nicht fair! *Er* hatte nun seinen Frieden, und *ich* litt!« Michelle wand sich vor Schmerz und schluchzte.

»Ich habe ihm gesagt, wieviel Schmerz er uns allen bereite, wenn er außerhalb seines Körpers bliebe und nicht zurückkäme. Wie konnte er mich so verletzen? Ich bin wütend auf ihn, weil er das getan hat – weil er sich entschieden hat, außerhalb seines Körpers zu bleiben, und weil wir deshalb nun all dies durchmachen müssen. Ich bin wütend auf ihn, weil er uns nicht mehr geliebt hat.«

Schluchzend sagte sie laut, an Marty gewandt: »Wenn du mich mehr geliebt hättest, hättest du das nicht getan. Wenn du mich wirklich geliebt hättest, hättest du es nicht getan! Du hast mich nicht genug geliebt, um bei mir zu bleiben.«

Michelle wurde wütend. »Ich hasse dich, weil du mir das angetan hast«, brüllte sie. »Ich hasse dich, weil du in mein Leben getreten bist. Ich möchte, daß du weggehst. Ich wünschte, ich hätte dich nie kennengelernt! Dann bräuchte ich jetzt nicht diesen Schmerz zu erleiden! Scher dich für immer aus meinem Leben!« Nach dieser Tirade fühlte Michelle sich wie »taub«.

Wir kehrten erneut zu ihrem Bild von Marty auf der Intensivstation zurück. Diesmal fühlte Michelle sich traurig, wenn auch nicht mehr so stark wie am Anfang unserer Arbeit. Sie schaute mich an und sagte: »Es ist so sinnlos. Wir hätten zusammen wunderschön leben können. Was soll ich nur ohne ihn machen? Wie kann ich ohne ihn durchs Leben gehen? Ich habe niemand anderen. Diese ganze traurige Situation muß Gottes Wille sein. Gott liebt mich oder Marty nicht. Nur deshalb kann er ihn weggenommen haben. Warum hat Gott das getan?«

Ich geleitete sie durch eine weitere Serie von Augenbewegungen. Diesmal erinnerte sie sich an die guten Dinge, die sie mit Marty gemeinsam erlebt hatte. »Ich erinnere mich daran, wie komisch er sein konnte. Er war immer so leichtherzig, und seine leichte Art ist auf mich abgefärbt. Mit seinem Lachen hat er auch alle anderen zum Lachen gebracht.« Dann erinnerte sie sich, daß Marty während der letzten Monate nicht unbeschwert und jovial, sondern eher deprimiert gewirkt hatte. Irgend etwas war nicht in Ordnung gewesen.

Es war fast Zeit, die Sitzung zu beenden, und Michelle wirkte ruhig. Ich bat sie, zum ursprünglich gewählten Bild zurückzukehren.

»Er liegt immer noch im Koma. Ich stehe zu seinen Füßen, aber ich befinde mich auch über ihm und schaue auf uns beide hinab. [Sie betrachtet die Szene nun objektiv.] Es ist fast so, als ob er ein Fremder wäre. Ich habe den Zustand, in dem er sich befindet, akzeptiert und warte nun einfach.«

Anschließend frage ich Michelle, wie sie sich nun selbst sehe, und sie antwortete, sie fühle sich nicht mehr für Martys Tod verantwortlich. »Ich war in die Situation verstrickt, weil ich ihn kannte. *Er* ist verantwortlich für das, was er getan hat.« Michelle sah nun, daß sie nur ein Teil eines viel größeren Bildes war. Sehr sachlich und mit starker, fester Stimme sagte sie: »Es ist jetzt Vergangenheit, so, als würde ich es in einer Zeitung lesen – ich fühle mich sehr weit davon entfernt.«

Michelles Alpträume, Flashbacks und intrusive Erinnerungsbilder verschwanden nach dieser ersten EMDR-Sitzung. Wir setzten unsere gemeinsame Arbeit noch einige Monate fort, beschäftigten uns in dieser Zeit jedoch hauptsächlich mit anderen Themen. Jedesmal wenn ich die mit Martys Tod zusammenhängenden Bilder erneut überprüfte, sagte Michelle, dieselben fühlten sich neutral und sehr weit entfernt an. Sie hatte die belastenden Bilder offenbar aus ihrem Geist entfernt und war nun in der Lage, sich in ihrem Leben anderen Dingen zuzuwenden.

Alan

Nach Autounfällen fühlen sich die Betroffenen oft nicht mehr in der Lage, mit dem gleichen Selbstvertrauen wie vor dem Unfall ein Auto zu steuern. Ihnen treten dann beim Fahren immer wieder spontan Bilder vom erlebten Unfall vor Augen, wodurch es zu einer starken Adrenalinausschüttung kommt. Alans Geschichte zeigt, wie EMDR die nach einem Autounfall auftretenden traumatischen Bilder effektiv zu beseitigen und in objektive Erinnerung zu verwandeln vermag.

Alan hatte die automatische Geschwindigkeitskontrolle seines Wagens auf 75 Meilen pro Stunde eingestellt, während er auf einer langen, monotonen Autobahnstrecke fuhr. Irgendwann schlief er ein, und sein nagelneuer Chevrolet fuhr über drei Fahrspuren hinweg, raste über den Mittelstreifen weiter, überschlug sich und landete schließlich auf dem Dach. Wie durch ein Wunder hatte es bei diesem Unfall keine Toten gegeben.

Als Alan wieder zu Bewußtsein kam, war er desorientiert und litt unter schrecklichen Schmerzen. Er verbrachte zwei Wochen auf der Intensivstation eines Krankenhauses in der Nähe des Unfallortes. Als er mich aufsuchte, war er von seinen körperlichen Verletzungen fast völlig genesen, doch hatte er immer noch große Angst davor, sich wieder ans Steuer eines Autos zu setzen, und die Strecke, auf der er den Unfall gehabt hatte, mied er völlig.

Er verarbeitete den Unfall von Anfang bis Ende – wie einen Film – in einer einzigen EMDR-Verarbeitungssitzung, und am Ende derselben war er frei von belastenden Bildern und von der in seinem Geist und Körper eingekapselten Angst. In der folgenden Woche fragte ich ihn, was auftauche, wenn er sich das Bild von dem Unfall vergegenwärtige, und er antwortete in sehr sachlichem Ton: »Es kommt mir jetzt unwirklich vor. Ich habe das Gefühl, mich davon entfernt zu haben. Die Erinnerung wirkt nicht mehr beängstigend auf mich – eher wie etwas, das ich in einem Buch lese. Ich schaue mir das Bild von dem Unfall an, aber ich habe nicht mehr das Gefühl, selbst darin zu sein.«

Alan hat nun keine Angst mehr, wenn er fährt. Außerdem hat er sich geschworen, nie mehr mit der Geschwindigkeitsautomatik und nur noch in ausgeruhtem Zustand zu fahren.

Thelma

Der Tod eines Kindes ist für Eltern einer der emotional am schwersten zu verkraftenden Verluste. Thelmas hübscher kleiner Sohn Timmy mit seinem gelockten blonden Haar und blauen Augen war erst sechs Monate alt gewesen, als er an einer allergischen Reaktion auf den Keuchhustenimpfstoff in einem Kombinationsimpfpräparat gegen Diphterie, Keuchhusten und Tetanus starb. Um 6.45 Uhr morgens hatte Thelma gehört, daß Timmy sich in seinem Kinderbett hin- und herwarf, und sie hatte ihn mit Schaum vor Nase und Mund und mit hohem Fieber vorgefunden. Zusammen mit ihrem Mann brachte sie das Baby zum Krankenhaus, wo der Alptraum den ganzen Tag über weiterging. Zweimal im Laufe dieses Tages war Timmy dem Tode nah gewesen und an ein Sauerstoffgerät angeschlossen worden, doch war er jedesmal mit dem Leben davongekommen. Allerdings hatten die Ärzte Thelma und ihrem Mann schon nach dem ersten knappen Entkommen ihres Kindes mitgeteilt, Timmy sei hirntot. Nach der zweiten Krise war er blind gewesen, und schließlich hatten auch seine kleinen Hände ihre Greifkraft verloren. Als sein Körper kalt wurde, stimmten die Eltern schweren Herzens dem Abbruch der lebenserhaltenden Maßnahmen zu. Dann ließ man Thelma und ihren Mann einige Zeit mit Timmy allein, um ihnen die Möglichkeit zu geben, sich von ihm zu verabschieden. Ihre Tränen schienen kein Ende mehr zu nehmen.

Mittlerweile waren seit Timmys Tod zwanzig Jahre vergangen, und Thelma spürte immer noch den Schmerz und den Schrecken, die sie im Augenblick seines Todes empfunden hatte, und sie wurde auch immer noch von Schuldgefühlen darüber geplagt, daß sie sein Leben nicht hatte retten können. Letzteres machte ihr besonders zu schaffen und unterminierte ihr Selbstwertgefühl. Thelma glaubte, daß ihr Mann ihr wegen der Tragödie Vorwürfe mache, und sie hatte diese unbewußt akzeptiert. Außerdem verhielt sie sich seit Timmys Tod auch im Umgang mit ihren vier Töchtern viel beschützender.

Während einer sehr intensiven und herzzerreißenden EMDR-Verarbeitungssitzung durchlebte Thelma den tragischen Tod ihres Sohnes Timmy und die daran anschließenden Ereignisse erneut. Am Ende der Sitzung hatte sie ihren Frieden wiedergefunden.

Ein Jahr danach sagte Thelma: »Nach der EMDR-Behandlung sind der Schmerz, der Schrecken und die Ängste, die durch jenes tragische Ereignis entstanden waren, nur noch irgendwo als Gedanken gespeichert – wie eine Erinnerung an etwas, das einmal war. Das *Gefühl* jedoch ist nicht mehr mit der Erinnerung verbunden. Wenn ich jetzt zum Friedhof gehe und Blumen auf Timmys Grab stelle, empfinde ich Frieden und Gelassenheit. Ich bin mir sicher, daß ich damals alles getan habe, was ich tun konnte, und das gibt mir Frieden. In seinem kurzen sechsmonatigen Leben hat Timmy nur bedingungslose Liebe erfahren. Wir haben jetzt unseren besonderen Schutzengel im Himmel. Mein Mann hat nach Timmys Tod immer wieder gesagt, das Leben sei nicht fair, doch EMDR hat auf wunderbare Weise meine optimistische Haltung dem Leben gegenüber gestärkt. Seit der EMDR-Behandlung habe ich nicht mehr ständig das Gefühl, meine Töchter beschützen zu müssen. Ich weiß, daß die richtigen Antworten auf die Wechselfälle des Lebens in ihnen selbst liegen.«

Das Auftauchen unbekannten Materials

Bei einer EMDR-Behandlung hängt die Heilung nicht davon ab, daß die Erinnerungen an ein traumatisches Ereignis vollständig reaktiviert werden. Vielmehr liegt bei dieser Art der Behandlung das Schwergewicht darauf, belastende Bilder, einschränkende Überzeugungen und dysfunktionale Verhaltensweisen, die aufgrund realer oder vorgestellter früherer Erfahrungen im

Körper-Geist-System der Klienten fixiert sind, aufzulösen, so daß der betreffende Klient wieder vollständig und frei in der Gegenwart leben kann. EMDR-Sitzungen konzentrieren sich auf die Beseitigung von Blockierungen, nicht auf die Interpretation ihres Inhalts.

Als EMDR-Therapeutin arbeite ich gemäß einem klientzentrierten Therapieansatz, was bedeutet, daß ich meinen Klienten zu folgen versuche, statt sie zu führen. Ich vermeide Interpretationen, weil jede Interpretation den Prozeß der Selbstentdeckung des Klienten behindert und die Wahrscheinlichkeit der Entstehung falscher Eindrücke vergrößert. Ich unterstütze meine Klienten darin, aus den Inhalten, die während der EMDR-Sitzungen auftauchen, eigene Schlüsse zu ziehen. Nicht immer läßt sich mit absoluter Sicherheit sagen, ob eine bestimmte Erinnerung wahr ist oder nicht, insbesondere wenn keine unterstützenden Beweise von außen dafür vorliegen.

Die im Verlauf von EMDR-Sitzungen auftauchenden Bilder und Eindrücke können unterschiedlichen Ursprungs sein. Symbolische Repräsentationen einschließlich Traumbildern aus der Kindheit können sehr real wirken. Wenn einer Frau während einer EMDR-Sitzung plötzlich das Bild vor Augen steht, daß ihr Vater sexuellen Verkehr mit ihr hatte, so bedeutet das nicht unbedingt, daß dies *tatsächlich* geschehen ist. Vielleicht hat sie als Kind pornographische Magazine gesehen oder ihre Eltern beim sexuellen Verkehr beobachtet oder sich in Gegenwart ihres Vaters einfach unwohl gefühlt, weil dieser sich ihr gegenüber anzüglich verhalten hat. Es gibt eine ganze Reihe möglicher Erklärungen für das Auftauchen eines solchen Bildes – darunter natürlich auch die Möglichkeit, daß es tatsächlich zu sexuellem Mißbrauch gekommen ist. Was wir beobachten, ist, daß diese Gefühle und Eindrücke im Körper-Geist-System der Klienten eingeschlossen sind – und das ist so, weil die Betreffenden *etwas* erlebt haben. Doch *was* dieses Etwas ist, ist ohne äußere Beweise nicht immer feststellbar.

Viele erwachsene Klienten kommen auf Empfehlung anderer Therapeuten zu mir, weil diese glauben, die Betreffenden seien als Kinder sexuell mißbraucht worden. Die Kollegen kommen gewöhnlich auf diesen Gedanken, weil die Symptome der Betreffenden in diese Richtung weisen: Probleme in intimen Beziehungen, Mangel an Vertrauen, Aversionen gegen sexuelle Intimität und Wut auf Männer. Viele dieser Klienten sind tatsächlich mißbraucht worden, und die durch diesen Mißbrauch entstandenen Traumata treten durch unsere gemeinsame Arbeit zutage. Doch sind andererseits in vielen Fällen, in denen die vorherigen Therapeuten sich ziemlich sicher waren, daß ein Mißbrauchserlebnis vorlag, bei der EMDR-Arbeit keine Bilder oder Erinnerungen über einen erlebten sexuellen Mißbrauch aufgetaucht. Oft hatte das zugrundeliegende Problem nicht das Geringste mit sexuellem Mißbrauch zu tun. Vielleicht erinnern Sie sich noch an den in Kapitel 5 beschriebenen Fall von Juliane, der von einem Paartherapeuten eine EMDR-Behandlung bei mir empfohlen worden war, weil ihre Symptome auf sexuellen Mißbrauch hindeuteten, obwohl, wie sich herausstellte, die Ursache tatsächlich ein Zahnarzttrauma war.

Carol

Carol haßte Sex mit ihrem Mann und hatte seit über fünf Jahren keinen sexuellen Kontakt mit ihm mehr gehabt. Ihr lief eine Gänsehaut über den Rücken, wenn er sie zufällig am Arm berührte. Obwohl sie ihn sehr liebte, war sie ungeheuer wütend auf ihn.

Carols Schwester, die in einem anderen Bundesstaat lebte, hatte ein paar Jahre zuvor entdeckt, daß sie als Kind von ihrem Vater sexuell mißbraucht worden war. Deshalb äußerte sie Carol gegenüber die Vermutung, daß sie das gleiche erlebt haben könnte. Daraufhin hatte sich Carol Gedanken darüber gemacht, ob dies der Grund für ihre Intimitätsprobleme in der Ehe war, und hatte mit einer Therapie begonnen, die jedoch mittlerweile in eine Sackgasse geraten war. Carols Ehe würde sicherlich bald zerbrechen, wenn es ihr nicht gelang, ihre Aversion gegenüber intimem Kontakt mit ihrem Mann zu überwinden. Die Therapeutin ihrer Schwester empfahl Carol, sich an mich zu wenden und bei mir eine intensive EMDR-Therapie zu machen.

In dieser mehrere Monate dauernden Therapie löste Carol eine riesige Menge von Angst, Wut und Trauer auf, Gefühle, die allesamt mit ihrem Vater zusammenhingen. Dieser hatte sie während ihrer Adoleszenz körperlich mißhandelt und aufgrund seiner starken Eifersucht versucht, alles, was sie tat, zu kontrollieren.

Carol verarbeitete unter anderem einen Vorfall, der stattfand, als sie dreizehn Jahre alt gewesen war. Ihr Vater war ihr in einen Park in der Nähe ihres Elternhauses gefolgt und hatte ihr vom Auto aus nachspioniert. Als ein Junge aus der Nachbarschaft harmlos Carol, die auf einer Schaukel saß, Schwung gab, stürmte der Vater herbei, zerrte Carol von der Schaukel und schlug sie vor ihrem Freund und demütigte sie außerdem, indem er sie als Hure, Schlampe und Flittchen bezeichnete.

Während unserer Arbeit tauchten keinerlei Hinweise auf einen tatsächlichen sexuellen Mißbrauch des Vaters auf. Carols Schwierigkeiten in Beziehung zu Männern und im intimen Kontakt waren offenbar durch die Gewalttätigkeit und Eifersucht ihres Vaters entstanden. Mein genereller Eindruck ist, daß Klienten Unwahres nicht bestätigen, selbst wenn Therapeuten oder andere Personen ihnen dies nahelegen.

Als wir die Therapie beendeten, fühlte Carol sich frei von belastenden Erlebnissen mit ihrem Vater, und ihr intimer Kontakt zu ihrem Mann war besser geworden. Ich empfahl den beiden die Teilnahme an einem speziellen Workshop, in dem es um die Entwicklung sexueller Intimität ging, und als ich einige Monate später noch einmal mit Carol sprach, sagte sie, ihre Beziehung zu ihrem Mann sei nun wundervoll. Ihre Wut und Aversion ihm gegenüber hatte die EMDR-Behandlung aufgelöst, und durch den Workshop hatten beide wichtige Anregungen zu Verbesserung ihrer sexuellen Beziehung erhalten.

Debra

Manchmal beruhen die Probleme von Klienten nicht auf etwas, das ihnen selbst zugestoßen ist. Die bereits in Kapitel 4 erwähnte sekundäre Traumatisierung (*vicarious traumatization*) tritt ein, wenn ein Mensch durch die lediglich vorgestellte Teilnahme an einem traumatischen Geschehen traumatisiert wird. Menschen, die von einem schrecklichen Ereignis hören – insbesondere wenn sie dasselbe aus irgendeinem Grund persönlich berührt –, kreieren ein Bild von dem Geschehenen mitsamt begleitenden Emotionen und Überzeugungen. Diese Bilder, Emotionen und Überzeugungen existieren im Körper-Geist-System der Betreffenden, *als ob diese das Trauma tatsächlich erlebt hätten*. So war es auch bei Debra.

Debra litt unter den Symptomen einer posttraumatischen Belastungsstörung. Sie arbeitete als Krisenhelferin und erhielt Anrufe von Menschen, die ihren ruhigen und oft lebensrettenden Rat brauchten. Eines Tages wurde Debra von einer völlig verängstigten Frau angerufen, die glaubte, eine frustrierte Bankangestellte fahre mit einer automatischen Waffe umher und habe vor, alle ihre Kollegen aus der Bank umzubringen. Mit derartigen Krisenanrufen hatte Debra bisher immer gut umgehen können.

Diesmal jedoch reagierte sie ungeheuer stark darauf: Sie zitterte, war verängstigt und völlig außer sich. Sie fühlte sich überfordert und nicht in der Lage, mit der Situation umzugehen. Irgendwie verhielt sie sich, als sei sie auf »Autopilot« gestellt, und bat um Hilfe bei der Bewältigung ihrer eigenen Krise.

Doch danach wollte Debra nicht mehr zu ihrer Arbeit zurück. Sie fühlte sich ungeheuer erschüttert – ihrer Meinung nach stärker, als es dem aktuellen Anlaß angemessen gewesen wäre. Deshalb ließ sie sich ein paar Tage beurlauben und suchte mich in dieser Zeit auf. Sie glaubte, daß EMDR ihr helfen könnte, ihr Problem aufzulösen. Dieses war ihrer Meinung nach die Folge einer sekundären Traumatisierung, die sie zehn Jahre zuvor erlitten hatte.

Zu jener Zeit war Debra selbst Bankangestellte gewesen, und sie war gerade in einem Gebäude gegenüber der Bank, in der sie arbeitete, als ein Wahnsinniger in die Bank gestürmt war und einen Kunden erschossen hatte. Anschließend hatte er die völlig verängstigte Filialleiterin als Geisel genommen und ihr zwanzig Minuten lang seinen Revolver an den Kopf gehalten. Die Frau hatte jedoch die Fassung wiedererlangt und sich durch Reden aus ihrer gefährlichen Situation befreit. Kurz nach ihrer Freilassung eröffnete eine Spezialeinheit der Polizei das Feuer. Bei der folgenden Schießerei wurden vier Menschen getötet, darunter der Täter, und ein weiterer Mann wurde angeschossen und schwer verletzt. Diese schreckliche Tragödie hatte alle, die daran beteiligt gewesen waren, traumatisiert.

Debra hatte während des Geschehens keinen einzigen Schuß gehört, sich die gesamte Szene jedoch vorgestellt und sie »erlebt«. In der EMDR-Verarbeitungssitzung visierte sie diese Vorstellung an und löste sie Bild um Bild auf, wobei sie intensive Gefühle des Schreckens, der Wut und der Trauer durchlebte. Einige der Erfahrungen, die in ihrem Körper-Geist-System fixiert waren, stammten von Menschen, die persönlich in die Situation verwickelt gewesen waren. Beispielsweise hatte die Filialleiterin, die der Täter als Geisel genommen hatte, Debra beschrieben, was sie erlebt hatte, und Debra hatte die intensiven Emotionen der anderen Frau und die Bilder, die ihr selbst während der Beschreibung gekommen waren, verinnerlicht. Die Intensität des Berichts der Filialleiterin beeindruckte Debra so stark, daß sie das Gefühl hatte, *sie selbst* hätte all dies erlebt. Durch bloßen Kontakt mit ihren traumatisierten Kolleginnen hatte sie deren Schrecken in sich aufgenommen.

Während der EMDR-Verarbeitung wurde Debra klar, daß sie die Erfahrungen der tatsächlich Beteiligten verinnerlicht hatte. Sie hatte den Schrecken dieser Menschen nachempfunden. Deshalb sah sie das Blut auf den weißen Wänden des Bankgebäudes und die Leichen auf dem Boden. Debra verarbeitete alle Bilder und Emotionen, als habe sie persönlich all dies miterlebt. »Das sind *ihre* Erlebnisse!« rief sie schließlich aus. »Ich kann all dies jetzt loslassen.« In wenigen Behandlungssitzungen befreite sich Debra von dieser sekundären

Traumatisierung, und die Symptome, die ihre aktuelle Situation ausgelöst hatten, verschwanden ebenfalls.

Klienten berichten über Erinnerungen an »frühere Leben«

Einige Klienten haben im Verlauf von EMDR-Sitzungen über Erinnerungen an »frühere Leben« berichtet. Es handelt sich in solchen Fällen um sehr außergewöhnliche Erfahrungen, an die die Betreffenden fest glauben. Ob es tatsächlich frühere Leben gibt und ob die behandelnden Therapeuten an deren Existenz glauben, ist nicht wichtig. Das Resultat der Therapie ist davon nicht abhängig. Informationen über frühere Leben sollten genauso behandelt werden wie alles andere, was während einer EMDR-Sitzung auftaucht. Auch in solchen Fällen geht es darum, die Klienten durch den Verarbeitungsprozeß zu geleiten, bis sie an einen Ort des Friedens und der Ruhe gelangen und sich besser fühlen. In allen Fällen dieser Art, die ich in meiner eigenen Praxis erlebt habe, sowie auch in den Fällen, über die mir Kollegen berichteten, sind durch die Verarbeitung der in früheren Leben gemachten Erfahrungen belastende Symptome verringert worden.

Kerry

Kerry, eine 52jährige Schriftstellerin, verarbeitete eine tiefe Überzeugung, sie könne nicht gefahrlos ihre Gedanken, Meinungen und Gefühle ausdrücken. In ihren Beziehungen zu Freunden fühlte sie sich in ihrem Bestreben, ihre Empfindungen auszudrücken, fast generell blockiert. Wenn sich Meinungsverschiedenheiten bezüglich irgendeines Themas ankündigten, »schaltete sie ab« oder wechselte das Thema. Sie fühlte sich machtlos und frustriert. Es fiel ihr schwer, ihre Ansichten auszudrücken, und sie wurde von einer irrationalen Angst verfolgt, deren Ursprung ihr völlig unklar war. Während einer EMDR-Verarbeitungssitzung, in der Kerry auf dieses Thema fokussierte, wurde sie von heftigen Angstgefühlen überfallen. Tränen strömten über ihr Gesicht, und sie zitterte. Sie hatte so große Angst, daß sie zögerte, mit der Verarbeitung fortzufahren. Sie wußte nicht, was sie da erlebte, nur daß es unerträglich beängstigend war. Sie war sich sicher, etwas gesehen zu haben, das »nicht in diesem Leben geschehen ist.«

Als Unterstützung stellte sie sich einen liebevollen Geist vor, der ihre Hand hielt, während sie herauszufinden versuchte, was sie so sehr erschreckt hatte. Während sie einige Minuten lang Augenbewegungen ausführte, wurde sie Zeugin einer schrecklichen Szene. Weinend, zitternd und schnell atmend ließ sie die Erfahrung durch sich hindurchfließen. Schließlich erzählte sie mir, nun wieder ruhig, sie habe eine Szene aus einem früheren Leben gesehen, in der Freunde von ihr auf dem Scheiterhaufen verbrannt worden seien, weil sie die Wahrheit ausgesprochen hatten. Sie alle waren in einer früheren Zeit Heiler gewesen und wegen ihrer Weisheit bestraft worden. Kerry meinte, sie habe damals gelernt, daß es gefährlich sei, die Wahrheit zu sagen.

Nach dieser Sitzung war Kerry ungeheuer erleichtert. Seither konnte sie ohne jede Angst in der Öffentlichkeit sprechen, und sie hatte keine Schwierigkeiten mehr damit, im Umgang mit anderen Menschen ehrlich zu sein. Dies war für sie eine gewaltige Veränderung.

Ich weiß nicht, ob das, was sie für Erinnerungen an frühere Leben hielt, tatsächlich so war. Doch meine Meinung ist in diesem Zusammenhang nicht wichtig. Wichtig ist nur, daß es Kerry gelang, die Blockierungen in ihrem Körper-Geist-System aufzulösen, und daß sie nun in der Lage ist, sich frei auszudrücken.

EMDR und »falsche« Erinnerungen

Seit längerem ist eine heftige Kontroverse über sogenannte »falsche Erinnerungen« im Gange. Dies ist zum Teil eine Gegenreaktion auf den Übereifer einiger Therapeuten, die trotz unzulänglicher Beweise sexuellen Mißbrauch in der Kindheit diagnostizieren, und hängt andernteils damit zusammen, daß sich erboste Täter durch Angriffe auf Therapeuten zu verteidigen versuchen. Ich kenne Klienten, die sich absolut sicher waren, sexuell mißbraucht worden zu sein, nur weil ihre Therapeuten dies behauptet hatten. In einem Fall hatte eine Klientin sogar ihren Vater des Mißbrauchs beschuldigt, obwohl sie nicht die geringste Erinnerung an ein solches Erlebnis mit ihm hatte. Ihr Gefühl, von ihm mißbraucht worden zu sein, basierte darauf, daß sie unter Symptomen litt, die auf *irgendein* traumatisches sexuelles Ereignis in ihrem Leben hinzudeuten schienen, und daß sie eine körperliche Abneigung gegen ihren Vater hatte. Sie stellte ihn wegen dieses mutmaßlichen Mißbrauchs zur Rede – was ihre Beziehung zu ihm natürlich nicht gerade verbesserte. Er wies strikt von sich, daß es jemals einen solchen Vorfall gegeben haben könnte. Dies begünstigte ihre Heilung nicht und richtete in der Familie verheerenden Schaden an.

Es ist *unverantwortlich*, wenn Therapeuten Klienten dazu auffordern, ihre Eltern mit derartigen Mutmaßungen zu konfrontieren oder sogar ein Gerichtsverfahren gegen sie einzuleiten. Dies sollte generell nur dann geschehen, wenn die betreffenden Klienten über unzweifelhafte Beweise für einen Mißbrauch verfügen. Außerdem glaube ich nicht, daß die Heilung eines Klienten von einer solchen Aktion abhängt. Heilung ist ein innerer Prozeß. Gerade im Hinblick auf solche Fälle ist es wichtig, daß die behandelnden Therapeuten eine adäquate Ausbildung erhalten haben. Nur zu häufig schaden schlecht ausgebildete Therapeuten oder Praktikanten ohne ausreichende Supervision Klienten, indem sie diesen einreden, nach ihren Symptomen zu schließen müßten sie von einem Mitglied ihrer Familie sexuell belästigt worden sein. Natürlich hat es immer einen Grund, wenn Menschen unter belastenden Symptomen leiden. Doch sollten sich Therapeuten generell eines Urteils über Ursachen enthalten und statt dessen dem Verarbeitungsprozeß ihrer Klienten Raum geben, so daß deren belastende Bilder und Körperempfindungen sich auflösen können. Wie ich bereits in Kapitel 5 erklärt habe, glaube ich *nicht*, daß Klienten Täter unbedingt konfrontieren müssen, um Traumata zu lindern oder aufzulösen.

Vollständige Erinnerungen und Erinnerungsbruchstücke

Sowohl vollständige Erinnerungen als auch Erinnerungsbruchstücke scheinen in unserem Körper-Geist-System häufig in separaten »Abteilungen« gespeichert zu sein. So können sich Bilder in einem bestimmten Bereich und Körpererinnerungen in einem anderen befinden. Ich habe einmal mit einer Klientin gearbeitet, die glaubte, einen schrecklichen sexuellen Übergriff erlebt zu haben, obwohl sie keinerlei visuelle Erinnerung an ein derartiges Ereignis hatte. Während unserer Sitzung zuckte ihr Körper, sie wand sich unter Schmerzen, und sie stieß grauenhafte Schreie aus, so als würde sie umgebracht. Trotz der Intensität ihrer körperlichen Reaktionen tauchten keine visuellen Erinnerungen auf. Doch fühlte sie sich am Ende der Sitzung ruhig und von der Belastung befreit. Aufgrund der Körperempfindungen und des Schreckens, die sie erlebt hatte, glaubte sie, daß sie von einer Gruppe vergewaltigt worden sein müsse und die körperliche Erinnerung daran verarbeitet habe.

Bei anderen Klienten ermöglicht die Verarbeitung der Körpererinnerung den Zugang zur separat gespeicherten visuellen Erinnerung, wodurch es zur Integration dieser beiden Arten von Informationen kommt. EMDR scheint Barrieren zu beseitigen, welche die Integration in unterschiedlichen Gedächtnisbereichen eingeschlossener Informationen verhindern. Beispielsweise kann eine Frau, die als Kind sexuell mißbraucht wurde, keine visuelle Erinnerung an den Vorfall haben und nicht wissen, warum sie Angst vor Männern hat, Intimität meidet, niemandem zu vertrauen vermag, sexuell gehemmt ist und das Bedürfnis verspürt, voller Angst und Wut loszubrüllen, wenn ihr Mann sie auf liebevolle Weise sexuell berührt. Ihr *Körper* erinnert sich an etwas, das in ihrem Leben geschehen ist, doch ist die Erinnerung des Körpers nicht mit der visuellen Erinnerung an das Mißbrauchserlebnis verbunden. Sie selbst und andere halten ihre Reaktionen für »irrational«. Durch die EMDR-Verarbeitung können Barrieren zwischen verschiedenen Bereichen der Erinnerung aufgehoben werden, so daß die Klienten Bilder, Körperempfindungen und Verhaltensweisen integrieren können, die, solange sie jeweils separat erfahren wurden, keinen Sinn ergaben. Klienten vergleichen diese Augenblicke der Integration mit dem plötzlichen Auffinden des richtigen Platzes für Teile eines Puzzles. Die folgenden beiden Beispiele veranschaulichen, wie EMDR die Integration verschiedener Erinnerungsbereiche fördert.

Wie EMDR meine Angst vor Klapperschlangen auflöste

Als ich mich im Frühjahr 1992 darauf vorbereitete, in Yucca Valley an einem weiteren Yoga- und Meditationskurs teilzunehmen, befaßte ich mich in einer EMDR-Sitzung, die ich als Klientin erlebte, mit meiner Angst vor Klapperschlangen. Ich mache während dieser Kurse in der Wüste gern weite Spaziergänge und klettere dabei auf Felsen, um dort zu meditieren. Doch da ich bei diesen Ausflügen stets allein war, bereiteten mir die dort vorkommenden Schlangen zunehmend Sorgen.

Vor Klapperschlangen fürchtete ich mich schon seit meiner Kindheit. Eine der ersten Geschichten über diese Tiere hörte ich von meiner Mutter. Sie und mein Vater waren auf ihrer Hochzeitsreise in die Trinity Alps in Nord-Kalifornien gereist, wo meine Urgroßeltern weit entfernt von jeder Zivilisation ein Stück Land besaßen. Während jenes ersten gemeinsamen Besuchs meiner Eltern gab meine Urgroßmutter, eine sehr derbe, fest auf dem Boden der Tatsachen stehende Grenzerfrau in den Siebzigern, meiner Mutter einen großen Stock und sagte ihr, sie solle sich vor Klapperschlangen hüten. Da meine Mutter in der Stadt aufgewachsen war, erschrak sie sehr, und sie konnte ihren Besuch kaum noch genießen. Diese Geschichte und die Angst meiner Mutter vor Klapperschlangen hatte mich mein ganzes bisheriges Leben lang begleitet.

Als ich acht Jahre alt war, legten sich meine Eltern ein Wochenendhaus mit einem acht Hektar großen Grundstück in den Bergen von Santa Cruz zu. Wenn wir dort waren, hatte ich immer Angst vor Klapperschlangen. Wir hatten diese Schlangen mehrmals entweder gesehen oder gehört. Einmal hätte mich eine junge Schlange, die unter einem Gesteinsbrocken hervorkam, fast gebissen. Mein Bruder, meine Schwester und ich näherten uns dem Tier vorsichtig, um an ihrem Schwanz festzustellen, ob es eine Klapperschlange war. Tatsächlich! Während die Schlange sich zusammenrollte, zerhackte mein Vater sie mit einer Schaufel in zwei Teile.

Ich begann die EMDR-Verarbeitungssitzung mit einem Bild davon, wie ich durch die Wüste ging. Ich hatte große Angst. Während ich Augenbewegungen ausführte, erinnerte ich mich an Situationen – reale wie phantasierte –, in denen es in der Umgebung des Wochenendhauses meines Vaters zu Begegnungen mit Schlangen gekommen war. Als Kind hatte ich immer Angst gehabt, ich könnte nachts auf dem Weg zum Toilettenhäuschen von einer Schlange gebissen werden. Ich dachte an jene Situationen zurück. Dabei fiel mir auf, daß die Angriffe der Schlangen in meiner Phantasie stets plötzlich und völlig unerwartet erfolgten.

Eine neue Assoziation tauchte auf, begleitet von einem Aufwallen starker Angst. Ich war etwa zwei oder drei Jahre alt und stand auf dem Rasen vor dem

Haus, in dem ich meine Kindheit verbracht habe. Ich genoß das Gefühl des Grases unter meinen Füßen und den Duft der Blumen. Plötzlich merkte ich, daß mich mein Vater mit seinen dunklen, beängstigenden Augen wütend anschaute. Ich hatte das Gefühl, in Gefahr zu sein. Mein Herz schlug heftig, mein Atem wurde flach und schnell, und ich erstarrte vor Angst. Nachdem ich einige Minuten lang Augenbewegungen ausgeführt hatte, verschwanden diese Gefühle; sie hatten sich aufgelöst.

Mir wurde klar, daß diese Erfahrung für meine Beziehung zu meinem Vater nicht ungewöhnlich war. Er tauchte oft plötzlich auf und war über irgend etwas wütend, das ich nicht verstand. Im geschilderten Fall ging es wahrscheinlich darum, daß er niemanden auf seinen perfekt gepflegten Rasen lassen wollte. Durch Vorfälle dieser Art wurde mein Kleines-Mädchen-Ich mißtrauisch und ängstlich. Es ahnte nie, womit es den Zorn seines Vaters erregen würde. Ich erinnere mich, daß ich mir während meiner ganzen Kindheit stets sehr genau dessen bewußt war, wo er sich gerade aufhielt, und daß ich immer ungeheuer vorsichtig wurde, wenn er sich in der Nähe befand.

Mein EMDR-Therapeut führte mich zurück zur ursprünglich gewählten Szene, dem Spaziergang in der Wüste. Sofort kam mir der Gedanke, daß Schlangen mich nicht töten könnten, daß ich aber glaubte, mein Vater hätte dies tun können. Das kleine Mädchen war entsetzt darüber, daß sein Vater in der Lage war, es umzubringen. Offenbar hatte ich meine Angst vor Klapperschlangen mit meiner Angst vor meinem Vater assoziiert. Mir wurde klar, daß mein Vater für mich keine Gefahr mehr war. Jene Angst lag nun für mich in ferner Vergangenheit.

Während der nächsten Serie von Augenbewegungen sagte ich: »Ich kann einen Klapperschlangenbiß leicht überleben.« Ich erinnerte mich daran, daß nur sehr wenige Menschen durch Klapperschlangenbisse sterben. Mein Therapeut fragte mich, was ich tun könnte, um meinen Aufenthalt in der Wüste ungefährlicher zu machen. Eine gewisse Vorsicht ist tatsächlich angebracht, denn es *gibt* in der Wüste zweifellos Klapperschlangen, und man sollte Sicherheitsvorkehrungen treffen. Nachdem ich geantwortet hatte, ich könnte bei meinen Spaziergängen eine Ausrüstung gegen Schlangenbisse mitnehmen und sehr vorsichtig und aufmerksam gehen, führte ich eine weitere Serie von Augenbewegungen aus.

Am meisten Angst hatte ich vor einem unerwarteten Angriff. Ich war mir jedoch nun dessen bewußt, daß ich die Gefahr, gebissen zu werden, durch Vorsicht stark verringern konnte. Beispielsweise konnte ich mich schützen, indem ich nicht so weit in die Wüste hinausging und dadurch nötigenfalls eher Hilfe bekam. Während einer weiteren Augenbewegungsserie stellte ich mir vor, wie ich achtsam zu meinem Meditationsplatz in der Wüste ging. Das fühlte sich sehr gut an. Mein Angstniveau am Ende der Sitzung war null.

Einige Tage später in Yucca Valley überprüfte ich das Resultat unserer EMDR-Arbeit. Es war ein wunderschöner Morgen in der Wüste. Der Himmel war hellblau, die Luft kühl und erfrischend, und die Vögel sangen. Ich verließ mein Zimmer mit einem Rucksack, in dem ich ein Handtuch als Sitzunterlage, mein Tagebuch, etwas Wasser, mein Schweizer Offiziersmesser und eine Ausrüstung gegen Schlangenbisse hatte. Ich ging sehr vorsichtig und aufmerksam und achtete auf jeden Schritt. Es war wie eine Geh-Meditation. Als ich den felsigen Hügel erreichte und zu meinem Meditationsplatz emporstieg, schaute ich jedesmal sehr sorgfältig hin, bevor ich meine Hand oder meinen Fuß irgendwohin setzte. Ich empfand nicht die geringste Angst! Sie war verschwunden. Vorher hatte ich oft phantasiert, ich würde auf Felsen Schlangen sehen, und mein Herz hatte dann gerast und Adrenalin durch meinen Körper gepumpt. Doch diesmal geschah nichts dergleichen! Und es ist auch seither auf meinen vielen Spaziergängen in der Wüste nichts Derartiges vorgefallen. Ich springe nicht erschreckt auf, wenn ich in der Nähe irgend etwas rascheln höre. Ich lasse mich einfach nicht mehr verrückt machen. Aber ich lasse mich auch nicht davon abbringen, weiterhin meine Spaziergänge zu machen. Ich gehe immer noch für mein Leben gern in die Wüste, bin aber dabei vorsichtig und respektiere die Natur.

In jener EMDR-Sitzung wurde eine Verbindung zwischen meiner Angst vor Klapperschlangen und der Angst, die ich als kleines Kind vor meinem Vater und vor überraschenden Angriffen hatte, hergestellt. Mein Kind-Ich hatte sich wegen dieser Erlebnisse hilflos und verletzlich gefühlt. Ich hatte mich zwar auch vorher schon bewußt an die verschiedenen Situationen erinnern können, doch sie waren in unterschiedlichen »Abteilungen« meines Gedächtnisses gespeichert gewesen. Ich hatte sie nie miteinander in Verbindung gebracht. Die EMDR-Arbeit hat mir geholfen, meine Angst zu verstehen, und sie hat das, was Vergangenheit war, aus meinem Körper-Geist-System beseitigt.

Nadines »irrationale« Angst davor, im Auto gefangen zu sein und zu ertrinken

Auch Nadines Fall ist ein Beispiel für die Integration verschiedener Erinnerungsbereiche durch EMDR. Nadine litt unter einer »irrationalen« Angst davor, in einem Auto gefangen zu ertrinken. In häufig wiederkehrenden Alpträumen und intrusiven Phantasiebildern, die während des Tages auftauchten, wiederholte sich immer wieder die Szene, wie ihr Auto von der Straße abkam und im Wasser landete und sie im Inneren des Wagens gefangen war. Schreckliche Panik- und Angstgefühle begleiteten diese Bilder. Nadine konnte sich bewußt an keinerlei traumatische Erlebnisse erinnern, die damit hätten zusammenhängen können, und sie kannte auch niemanden, der auf diese Weise umgekommen war.

Nadine begann ihre EMDR-Verarbeitungssitzung mit dem Bild, in einem ins Wasser untergetauchten Auto gefangen zu sein. Sie fokussierte auf ihre mit diesem Bild verbundenen Überzeugungen – »Ich bin gefangen, ich kann nicht atmen, und ich kann nicht heraus« – und auf ihr starkes und zunehmendes Gefühl der Panik.

Nach der ersten Serie von Augenbewegungen trat ihr eine Erinnerung an ihre frühe Kindheit vor Augen. In dieser Szene spielte sie mit Freunden zusammen in einem See in der Nähe des Hauses ihrer Familie. Die Kinder tauchten abwechselnd und schwammen unter Wasser unter ein umgedrehtes Ruderboot. Unter dem Boot war soviel Luft, daß man kurze Zeit darunter bleiben konnte, und obwohl dieses Spiel ein wenig beängstigend war, machte es den Kindern Spaß. Doch als Nadine unter das Boot tauchte, verwandelte sich der Spaß in Horror. Als sie unter dem Boot auftauchte, war dort kaum noch Luft, und sie konnte ihrem unerwarteten Gefängnis auch nicht entfliehen, weil das Boot mittlerweile näher ans Ufer in extrem flaches Wasser getrieben war. Nadine verfiel in Panik. Ihr Herz raste ebenso wie ihr Geist, und sie dachte: »Ich bin gefangen, und ich werde sterben.« Sie fand keinen Ausweg. Doch bevor der restliche Sauerstoff völlig verbraucht war, kam ihr blitzartig der rettende Gedanke, und sie stieß das Boot in tieferes Wasser hinaus, wo sie tauchen und sich so aus ihrem Gefängnis befreien konnte.

Am Ende der EMDR-Sitzung hatte Nadine jene Erfahrung so weit verarbeitet, daß sie bei der Vorstellung, unter einem umgedrehten Boot oder in einem untergetauchten Auto gefangen zu sein, keinerlei Panik und Angst mehr empfand. Sie hatte nun wieder Vertrauen zu ihren eigenen Möglichkeiten und fühlte sich nicht mehr hilflos. Schließlich war es ihr trotz ihrer Panik gelungen, sich zu retten.

Nadine erkannte die Verbindung zwischen ihrer Kindheitserinnerung und ihrer aktuellen Angst. Ebenso wie meine Angst vor Klapperschlangen basierte auch ihre Angst nicht auf einer aktuellen Erinnerung. Vielmehr war dieselbe in einem anderen Bereich ihres Körper-Geist-Systems gespeichert gewesen. Ihr Körper erinnerte sich daran, wie gefährlich es war, unter Wasser gefangen zu sein, doch andere Komponenten jener Erinnerung waren nicht integriert worden. Nadine beendete diese EMDR-Sitzung mit einer neuen Erkenntnis und mit neuem Verstehen. Sie war von ihrer Angst vor Wasser befreit und hatte das Gefühl, Kraft gewonnen zu haben.

Blockierte angenehme Erinnerungen

Traumatische Erinnerungen blockieren oft die Erinnerung an weniger belastende Ereignisse, indem sie ein verzerrtes, negativ gefärbtes oder eingeschränktes Bild von der Vergangenheit erzeugen. So erinnert sich ein mißbrauchtes Kind an seine Kindheit gewöhnlich als durch und durch schlecht. Als Erwachsener fällt es solchen Menschen meist schwer, sich an irgendwelche positiven Kindheitserlebnisse zu erinnern. *Nach einer erfolgreichen EMDR-Therapie können sich Klienten gewöhnlich besser an ihre Vergangenheit erinnern – an gute wie an schlechte, an glückliche wie an traurige Situationen.* Sie entdecken zu ihrem Erstaunen zuvor unzugängliche Teile ihrer selbst wieder und sind zu einer vollständigeren Beschreibung ihrer Vergangenheit in der Lage.

Ein solcher Verlust positiver Erinnerungen ist sogar möglich, wenn es sich um relativ frische Erinnerungen handelt, und kann gerade dann sehr beunruhigend wirken. Wenn beispielsweise ein uns sehr nahestehender Mensch stirbt, können die mit seinem Tod assoziierten Bilder für uns so belastend sein, daß sie unsere Bilder von dieser Person im lebenden und gesunden Zustand völlig ersetzen. Infolge dessen können sich die betreffenden Hinterbliebenen nur noch an das Leiden und den Tod dieses Menschen in einem Krankenhausbett oder an den kalten, leblosen Körper im Sarg erinnern. Daß nach dem durch den Tod erlittenen Verlust auch noch die Erinnerung an positive, glückliche Erlebnisse mit dem Verstorbenen verloren geht, ist für die Betroffenen unvorstellbar schmerzhaft. EMDR vermag solche Verlusttraumata sehr effektiv aufzulösen und ermöglicht es den Betroffenen dadurch, sich wieder an alle Einzelheiten über die gemeinsamen Erlebnisse mit dem Verstorbenen zu erinnern.

Leonora

Leonora kam völlig deprimiert zu mir. Sie wirkte, als würde eine dunkle Wolke über ihr hängen. Es gefiel ihr gar nicht, zu mir zu kommen, und sie war nur gekommen, weil sie keine andere Möglichkeit mehr gesehen hatte. Sie war völlig verzweifelt und hatte Angst, sie könnte sich selbst etwas antun. Deshalb bat sie mich um Hilfe.

Ihr Bruder Joe, den sie sehr liebte, war plötzlich am Steuer eines Lastwagens an einem Herzinfarkt gestorben. Er war Anfang dreißig, robust und voller Leben gewesen. Nun war er völlig unerwartet nicht mehr da. Sein Tod hatte in Leonoras Leben sowie auch im Leben der übrigen Mitglieder der Familie, zu der Joes Frau und seine beiden kleinen Töchter gehörten, eine ungeheure Leere hinterlassen.

Da Leonora nicht in der Lage war, über den Verlust hinwegzukommen, verfiel sie in Depressionen und mied jeden gesellschaftlichen Kontakt. Als Teenager hatte sie sich nach dem plötzlichen Tod ihrer geliebten zweijährigen Schwester Molly vom Katholizismus abgewandt. Das Beharren der Priester darauf, daß Molly bei Gott im Himmel sei, hatte sie nicht zu trösten vermocht. Mollys Tod war Leonora völlig sinnlos erschienen, und sie hatte keine Möglichkeit gesehen, ihn zu verhindern.

Am stärksten belastete sie, daß sie sich nicht daran erinnern konnte, wie ihr Bruder und Molly ausgesehen hatten, als sie noch lebten. Leonora hatte nur vor Augen, wie sie kalt und tot in ihren Särgen lagen. »Es sieht nicht so aus wie Joe«, sagte sie zu mir, »aber ich kann dieses Bild einfach nicht aus meinem Kopf vertreiben.« Sie wurde häufig durch schreckliche Alpträume aus dem Schlaf gerissen, und sie lag dann mit kaltem Schweiß im Bett. In ihren Alpträumen ging es häufig darum, daß Joe oder Molly für immer allein und unter der Erde in einer Kiste eingesperrt waren. Manchmal träumte Leonora auch, sie selbst sei in einen Sarg eingeschlossen. Wir arbeiteten mehrere Sitzungen lang an Leonoras Trauer und an der Auflösung ihres Traumas. Während einer EMDR-Sitzung kurz vor dem Joes Todestag fing sie plötzlich an, nach Luft zu schnappen. Sie sah ein Bild von drei numerierten Türen. Die mittlere öffnete sich, und heraus trat Joe und hielt Molly auf dem Arm. Von den beiden strahlte ein Licht aus, wie Leonora es noch nie gesehen hatte, und beide lächelten ihr auf überirdische Weise zu.

Leonora war schockiert und verängstigt – dies war kein gewöhnliches visuelles Bild: Sie hatte die beiden gehört und gesehen, als ob sie tatsächlich da gewesen wären! Leonora hatte Angst und wollte mit der EMDR-Arbeit sofort aufhören, weil ihr diese Erfahrung zu unheimlich, zu weit von ihrer gewohnten Wirklichkeit entfernt war. Als sie von mir wissen wollte, was dies bedeute, sagte ich, daß ich es nicht wüßte. »Was hat es denn für Sie bedeutet?« fragte ich zurück. »Was haben die beiden Ihnen mitgeteilt?«

»Wir sind glücklich, und wir möchten, daß auch du glücklich bist«, hatte Joe Leonora gesagt. Als Leonora dies sagte, wurde sie von starken Gefühlen ergriffen und fing an zu weinen. Kurz darauf äußerte sie, die beiden Gestalten seien ebensoschnell wieder verschwunden wie sie zuvor aufgetaucht waren.

Leonora beruhigte sich wieder und sagte zu mir, sie wüßte, daß Joe und Molly irgendwo zusammen seien – also nicht allein –, und die beiden wollten, daß sie ihr Leben unbeschwert weiterführe. Sie war zutiefst bewegt und schien ihren Frieden wiedergefunden zu haben. Erneut fragte Leonora mich, was diese Vision bedeute. Und auch diesmal antwortete ich ihr, ich wüßte es nicht, doch empfahl ich ihr, die Erfahrung in Ehren zu halten und zu schauen, welchen Einfluß sie auf sie hätte. »Lassen Sie die Erfahrung zu sich sprechen und sich von ihr berühren«, ermutigte ich sie.

Als Leonora das nächste Mal zu mir kam, sagte sie, sie habe über ihren Bruder und ihre Schwester nachgedacht und dabei ein Gefühl tiefen Friedens verspürt, also keine quälende Trauer mehr. Sie *wisse* nun, daß es den beiden gut gehe und daß sie nicht allein wären. Leonora war nun davon überzeugt, daß der Tod nicht das Ende des Lebens sei, sondern eher eine Art Übergang. »Ich vermisse sie immer noch sehr, und ich weiß, daß das so bleiben wird.

Aber ich habe ein anderes Gefühl ihrem ›Tod‹ gegenüber, weil ich weiß, daß sie irgendwo leben und glücklich sind. Und da sie zusammen sind, werde ich sie, wenn ich selbst sterbe, wiedersehen.«

Seit dem Ende von Leonoras Traumabehandlung sind mittlerweile zwei Jahre vergangen. Sie hat danach nicht mehr unter den Verlusten gelitten, *ihr sind alle Erinnerungen an ihr Leben mit Joe und Molly wieder zugänglich, und die schrecklichen Bilder, die sie zuvor verfolgt hatten, sind verschwunden.* Leonora vermißt die beiden Geschwister immer noch, wird aber an Feiertagen und an den Geburtstagen der beiden nicht mehr so sehr durch die Trauer über ihren Verlust belastet. Ihr Schuldgefühl darüber, die beiden überlebt zu haben, ist verschwunden, und sie fühlt sich gut dabei, selbst ein erfülltes und glückliches Leben zu führen.

Acht
Umwandlung von Überzeugungen und Verhaltensweisen

Durch traumatische Ereignisse entwickeln Menschen oft schädliche Überzeugungen und Verhaltensmuster. Dieses Kapitel veranschaulicht, wie die EMDR-Verarbeitung Klienten zu einem Verständnis geleitet, mit dessen Hilfe sie derartige destruktive Tendenzen überwinden können. Adäquatere und realistischere Aussagen treten dann bei ihnen an die Stelle von Überzeugungen wie: »Ich bin hilflos«, »Ich bin schlecht« oder: »Ich bin nicht liebenswert.« Schädliche Verhaltensmuster – angefangen von solchen, die selbsteinschränkend wirken, bis hin zu extrem destruktiven – können vollständig eliminiert werden, wodurch sich das Leben eines Menschen dramatisch verändern kann.

Susan – Von einem schwachen Selbstwertgefühl zur Erkenntnis der eigenen Kraft

Susan war eine kluge, erfahrene Psychotherapeutin Mitte Fünfzig. Sie war introspektiv und scharfsichtig, hatte selbst viele Jahre lang als Klientin verschiedene Arten von Therapie erlebt und meditierte seit langem regelmäßig. Trotz ihrer vielfältigen Bemühungen um Selbsterforschung fühlte sich Susan in ihrer beruflichen Arbeit in schwerwiegender Weise blockiert. Sie erfreute sich unter Kollegen eines hohen Ansehens, und in ihrer psychotherapeutischen Privatpraxis war sie sehr erfolgreich. Doch wollte sie das, was sie wußte, nicht nur im Rahmen ihrer eigenen psychotherapeutischen Arbeit nutzen, sondern es auch anderen vermitteln. Sie wollte gern Kurse für graduierte Studenten sowie Workshops leiten und klinische Supervision anbieten. Doch hinderten tiefverwurzelte negative Überzeugungen sie daran, mit ihrem in vielen Jahren gesammelten Wissen und ihrer Weisheit in die Öffentlichkeit zu gehen.

In unserer ersten Sitzung sagte Susan: *»Ich habe Angst, daß mir, wenn ich vor einer großen Gruppe von Menschen spreche, der Faden reißen könnte. Ich habe Angst, daß mein Geist seinen Dienst versagen könnte. ... Ich glaube nicht, daß ich irgend etwas wirklich Wertvolles zu sagen habe.«* Diese irrationale Blockierung hinderte sie daran, sich kreativ auszudrücken, und das belastete sie sehr. Nun hoffte sie, daß sich EMDR als erfolgreich erweisen würde, wo andere Methoden versagt hatten.

Susan war das einzige Kind jüdischer europäischer Emigranten. Ihre Mutter war eine liebevolle, freigebige Frau, die unter chronischen Depressionen litt, weil sie in ihrem Leben so viele Verluste erlitten hatte. Sie hatte Susan die

Botschaft »Die Pflicht einer Frau ist es, für Männer zu sorgen« mit auf den Lebensweg gegeben. Susans Vater hingegen war ein zorniger und sehr kritischer Mann, der sehr stark linksorientierte ideologische Überzeugungen hatte, die er Susan mit allen Mitteln aufzuzwingen versuchte.

Susan beschrieb eine sehr belastende Situation aus ihrem Erwachsenenleben, auf die sie ihre berufliche Blockierung zurückführte. Es war die Zeit der freien Liebe in den sechziger Jahren gewesen, in der es kein besonders klares Bewußtsein von der Wichtigkeit beruflicher Grenzen und des potentiellen Schadens sexueller Beziehungen zwischen Studenten und ihren Lehrern gegeben hatte. Susan war damals in den Zwanzigern gewesen und hatte sexuelle Beziehungen zu zwei ihrer Supervisoren an einem angesehenen Psychotherapie-Institut gehabt. Beide Männer waren so alt, daß sie ihr Vater hätten sein können, und sie betrachtete sie als ihre Mentoren. Alles schien in Ordnung zu sein, bis sie merkte, daß sie schwanger war. Keiner der beiden Liebhaber war bereit, die Verantwortung für die Situation zu übernehmen. Ihre Sicht – die Susan im übrigen teilte – war, daß sie selbst an der Schwangerschaft schuld sei und deshalb keine Hilfe erwarten könne.

Die Situation wurde noch komplizierter, als Susan von den beiden nicht nur Supervision erhielt, sondern außerdem auch noch in einer Klinik für sie arbeitete. Als die Klinik nach einiger Zeit nicht mehr so gut ausgelastet war, verringerten ihre Arbeitgeber ihr Gehalt. Da Susan finanziell von ihnen abhängig war, war sie gezwungen, dies hinzunehmen. Die beiden fragten sie nie, wie es ihr ginge, und sie boten ihr auch keinerlei Hilfe an. Sie gingen völlig darüber hinweg, daß Susan schwanger war, und verhielten sich so, als würden sie ihr einen Gefallen tun, indem sie sie für sich arbeiten ließen.

Das sexuelle Fehlverhalten der Supervisoren war eindeutig ein grober Machtmißbrauch und schädigte Susan psychisch. Sexuelle Aktivitäten zwischen Therapeuten und ihren Patienten oder von Supervisoren und den von ihnen Betreuten sind ethisch nicht akzeptabel und ein Grund für den Entzug der Psychotherapeutenlizenz. Susan empfand aufgrund dieser Erfahrung eine so große Scham, Demütigung und Ablehnung, daß sie das Institut schließlich verließ. Weil ihr Vater sie als den Schandfleck der Familie ansah und sie verstieß, erhielt sie auch von ihren Eltern keinerlei Hilfe. Sie hatte in ihrer schwierigen Situation niemanden, an den sie sich wenden konnte. Ausschließlich auf ihre eigene innere Stärke und Entschlossenheit gestützt, kämpfte sie jahrelang, um sich selbst und ihre Tochter ernähren zu können. Obgleich Susan dies geschafft und gut für ihre Tochter gesorgt hatte, hatten die emotionalen Wunden, die jene Erfahrung bei ihr hinterlassen hatte, ihr berufliches Selbstwertgefühl und ihre Beziehungen zu Männern nachhaltig beeinflußt.

In ihrer ersten EMDR-Verarbeitungssitzung beschrieb sie erneut die belastendste Erinnerung, die mit dem Gefühl der eigenen Machtlosigkeit und Hilflosigkeit zusammenhing – die Erinnerung daran, wie sie mit den beiden Supervisoren/Liebhabern zusammengewesen war und diese dann keinen Gedanken darauf verschwendet hatten, ihr während ihrer Schwangerschaft zu helfen. Während sie darüber sprach, wurde sie allmählich immer aufgebrachter.

Sie vergegenwärtigte sich, wie sie, sichtbar schwanger, mit den beiden Männern in der Klinik gewesen war und diese versucht hatten, ihren Stundenlohn auf zehn Dollar herabzusetzen. Die mit dieser Szene verbundene negative Überzeugung lautete: »Ich bin schwanger, ich bin in dieser Situation, und ich selbst bin dafür verantwortlich. Ich kann von niemandem Hilfe erwarten.«

Dann formulierte sie die positive Aussage, von der sie hoffte, daß sie diese am Ende der Sitzung als zutreffend empfinden würde: »Ich bin schwanger, und wir drei haben alle etwas damit zu tun.« Anschließend präzisierte sie diese Aussage: »Wir sind *alle* dafür verantwortlich, und ich hatte das Recht, um Hilfe zu bitten.« Sie bewertete die letztere Aussage auf einer Skala von eins bis sieben [auf der sieben für »völlig zutreffend« stand] mit zwei. Mit anderen Worten: Susan empfand sie als nicht besonders zutreffend. Sie hatte sich ganz offensichtlich nicht in der Lage gefühlt, die Hilfe zu erbitten, die sie brauchte, um mit ihrem Baby allein überleben zu können. Als Susan ihr Bild anschaute, fühlte sie sich »entsetzt, verschüchtert und so, als würde sie innerlich zusammenbrechen«, und wenn sie an diese Zeit zurückdachte, fühlte sie sich allein und unglücklich.

Während sie Augenbewegungen ausführte, erlebte sie Einsichten und Körperempfindungen. Sie berichtete, von außen betrachtet habe sie sich als Erwachsene von normaler Größe gesehen, doch *gefühlt* habe sie sich sehr klein, so als sei sie ein Kind.

Susan versetzte sich in ein belastendes Kindheitserlebnis zurück. »Ich sehe meinen Vater. Er ist sehr groß, und ich bin klein. Er zerreißt mein Halloween-Kostüm ... er ist außer sich vor Wut und zerreißt dieses Ding, auf das ich so stolz bin. Ich denke: ›Ich hasse dich!‹ Doch ich kann ihn nicht daran hindern, dies zu tun!« Susan hatte sich das Kostüm von ihrem Taschengeld zusammengespart, und ihr Vater hatte ihre Gefühle völlig ignoriert und es zerstört, weil er der Meinung war, es sei nicht mit seinen ideologischen Überzeugungen zu vereinbaren.

In der nächsten Serie von Augenbewegungen brachte Susan ihre Verletztheit und ihre Wut auf ihren Vater zum Ausdruck. Durch ihre Tränen hindurch brüllte sie: »Hör auf damit! Du verletzt mich!« Anschließend schrie sie, als würde sie jemand anderen in der Nähe anflehen: »Hilf mir!« Schließlich ebbten ihre Wut und ihr Schmerz ab.

Susan wurde nun ruhiger und sah als nächstes ein Bild von ihrem Vater vor seinem Tode im Alter von 85 Jahren. Er wirkte bemitleidenswert: einsam, vergreist und gebrochen. Ihr wurde klar, daß er aufgrund dessen, wie er andere Menschen behandelt hatte, vereinsamt war. Er selbst hatte eine Situation geschaffen, in der er dazu verurteilt war, einsam zu sterben. Er war immer sehr unzugänglich gewesen und hatte nie verstehen können, was sie empfand. Ihr wurde klar, daß sie aufgrund ihrer Kindheit und Jugend in ihrer Familie und aufgrund der Gewalttätigkeit ihres Vaters nie gelernt hatte, ihre Gefühle zum Ausdruck zu bringen. Aus den gleichen Gründen hatte sie auch nicht gelernt, sich selbst wichtig zu nehmen und ihre Bedürfnisse und Gefühle auszudrücken.

Während der nächsten Serie von Augenbewegungen kehrte Susan zum ursprünglich gewählten Bild zurück und fokussierte auf einen der beiden Supervisoren. Sie hatte nun eine neue Perspektive entwickelt:

»Ich sehe, daß er die Realität völlig leugnet. Er hat Angst, und so [indem er ignorierte, daß er der Vater des ungeborenen Kindes sein konnte und daß sie Hilfe brauchte] verhält er sich, wenn er Angst hat. Ich sehe mich selbst als stark. Er hat Angst ... und ich sehe meine eigene Macht nicht.

Ich sehe meine Mutter, die ›Dienerin‹, die alles über sich ergehen ließ, und meinen Vater, einen unmöglichen Mann. Sie ist an der Situation zerbrochen. Sie hat mir nicht beigebracht, mich Männern gegenüber zu behaupten. Meine Mutter sagt, es tue ihr leid, daß sie nicht in der Lage gewesen sei, mich etwas zu lehren – ihr selbst habe auch niemand etwas beigebracht. Sie habe nicht gewußt, was sie hätte anders machen können. ›Nimm einfach alles selbst in die Hand, und bitte niemanden um Hilfe.‹«

Mittlerweile war Susan klar geworden, welches Erbe – »Bitte niemals um Hilfe!« – die Frauen in ihrer Familie über viele Generationen weitergegeben hatten, und ihre Sicht veränderte sich. Sie dachte daran, daß sie in ihrer Situation vieles hätte tun können – sie wandte das, was sie *jetzt* wußte, auf die Situation *damals* an. Sie verband das Erinnerungsnetzwerk ihres jüngeren Erwachsenen-Ich mit dem ihres gereiften Erwachsenen-Ich.

Eine neue Kraft schien sie zu erfüllen. »Ich sehe, wie ich aus dem Raum gehe und außerhalb jener Situation eine machtvolle Therapeutin finde. Ich rufe ein paar Freunde an und sage: ›Ich bin schwanger‹, und ich erzähle ihnen die Wahrheit. Ich muß mich entscheiden, wie ich mir Hilfe verschaffen will. Ich reiche beim Berufsverband eine Beschwerde ein, damit sie [die beiden Supervisoren] es nicht mit irgend jemand anderem genauso machen können wie mit mir. Sie waren meine Lehrer und Psychotherapeuten. Sie hätten besser wissen müssen, was sie tun.«

Als nächstes stellte Susan sich vor, daß sie die beiden Supervisoren dazu bringen würde, die Verantwortung für ihren Machtmißbrauch zu übernehmen. Sie wurde dabei von verständnisvollen Freunden unterstützt. »Es geht hier darum, bewußt zu machen, daß ein Schaden angerichtet worden ist«, sagte sie mit fester Stimme.

Am Ende der Sitzung kehrten wir zum ursprünglichen Bild zurück, und Susan wurde klar: »Ich habe andere Wahlmöglichkeiten. Ich brauche mich nicht von ihnen manipulieren zu lassen. Ich kann mich aus einer Situation zurückziehen, in der ich mich nicht sicher fühle.«

Ursprünglich hatte sie sich hilflos gefühlt, wenn sie mit ihren beiden Supervisoren/Liebhabern in einem Raum gewesen war. Die beiden waren älter als sie, erfahrener im Rationalisieren und Manipulieren, und sie befanden sich ihr gegenüber in einer übergeordneten Position.

»Ich brauche nicht dort zu bleiben und mich zu verteidigen«, sagte sie. »Als es um meinen Vater ging, konnte ich nicht fortgehen und mir Hilfe suchen. *Ich habe das Recht, um Hilfe zu bitten.*«

Als sie sich das ursprüngliche Bild erneut vergegenwärtigte, trat eine neue Überzeugung an die Stelle der alten: »Wenn ich Hilfe benötige, kann ich darum bitten.« Diese neue Überzeugung empfand sie als völlig zutreffend. Sie wiederholte diese Aussage. Während sie Augenbewegungen ausführte, fuhr sie dann fort: »Wir waren alle verantwortlich. Sie sind verantwortlich, weil sie eine sexuelle Beziehung zu mir gehabt haben. Sie hätten dies verhindern müssen. Ihnen hätte klar sein müssen, daß sie ihre Macht mißbrauchten.« Damit ging unsere Sitzung zu Ende. Susan war erschöpft, aber nicht mehr verwirrt und aufgebracht.

Als sie in der folgenden Woche zur nächsten Sitzung kam, wirkte sie sehr lebhaft und frisch. Sie sagte, sie sei über das Schlimmste hinweg: Sie hatte sich von ihrer Vergangenheit gelöst, ihren Supervisoren/Liebhabern vergeben und bereute ihr eigenes Verhalten nicht mehr, weil sie es nun in seinem Kontext verstand.

In dieser Sitzung beschäftigten wir uns damit, wie der Mißbrauch der Supervisoren Susans Sexualität geschädigt hatte. Nach der Geburt ihrer Tochter hatte sie sich zehn Jahre lang durch Enthaltsamkeit geschützt, und auch später war sie in sexueller Hinsicht immer sehr vorsichtig gewesen. Sie hatte aus der Überzeugung heraus gelebt: »Wenn ich jemandem nahe komme, werde ich zurückgewiesen. Alle wollen mich benutzen. Ich bin nicht attraktiv.«

Mit Hilfe von EMDR verarbeitete sie Schicht um Schicht die Zurückweisungen, die sie in der Vergangenheit durch Männer erfahren hatte. Im Laufe der Sitzung wurde Susan sich stärker dessen bewußt, was sie im Augenblick für wahr hielt, und ihr kamen viele Erkenntnisse.

Selbstsicher stellte sie fest: »Ich habe gelernt, nicht zu vertrauen, weil ich verletzt worden bin, aber ich kann jetzt meinem Herzen folgen. Ich kann in Beziehungen meine eigenen Interessen verteidigen. Es ist jetzt für mich in Ordnung, verletzlich zu sein, weil ich meinen Gefühlen vertrauen kann. Ich kann über meine Gefühle und über meine Wahrheit sprechen. Ich kann mich öffnen und mich verschließen, je nachdem, was ich als notwendig empfinde – beides ist wichtig.«

Nach der letzten Serie von Augenbewegungen lachte sie. »Ich muß völlig lebendig sein und die, die ich bin.« Sie sah sich vor Freude tanzen. »Ich bin voll und ganz mit mir selbst verbunden. Ich bin eine Frau, die völlig in ihrem Körper zu Hause ist. Ich stimmte in ihr Lachen ein und freute mich über ihre Freude und Überschwenglichkeit.

Kurz darauf fing Susan an, im Rahmen eines Psychotherapielehrprogramms für Assistenzärzte zu unterrichten, und *sie hatte keinerlei Probleme mit ihrer Arbeit.* Sie hatte die Therapie bei mir mit der Überzeugung »Ich habe nichts zu sagen« begonnen, und dies war nun für sie kein Thema mehr.

In unserer letzten EMDR-Verarbeitungssitzung beschäftigten wir uns mit dem Thema des kreativen Ausdrucks. Wir hatten den größten Teil unserer Arbeit in den ersten beiden EMDR-Verarbeitungssitzungen abgeschlossen und widmeten diese letzte Sitzung der Feinarbeit. Susan entwickelte in dieser Sitzung das Vertrauen, daß sie sich auf ihre Kreativität verlassen und daß sie diese fördern konnte. Sie hatte das Gefühl, in den drei Sitzungen ihre Ziele erreicht zu haben, und sie hatte vor, mich anzurufen, falls sie es für notwendig hielte, an weiteren Dingen zu arbeiten.

Ein Jahr danach rief ich Susan an, um festzustellen, wie es ihr ging, und um sie um Erlaubnis zu bitten, etwas über ihre Geschichte zu schreiben. Es ging ihr blendend! Sie lehrte, gab klinische Supervision und leitete Beratungsgrup pen. Sie fühlte sich sehr wohl dabei, daß sie in die Welt hinausgegangen und in ihrem beruflichen Umfeld zu einer wichtigen Persönlichkeit geworden war. Sie hatte keine Angst mehr davor, in der Öffentlichkeit zu sprechen, und sie erfreute sich unter Kollegen eines hohen Ansehens und großer Sympathie. Der Vater ihrer Tochter war kürzlich gestorben, und sie hatte die Möglichkeit gehabt, vor seinem Tod mit ihm ins Reine zu kommen. Ihre Wut, Verletztheit und Verbitterung über sein Leugnen hatten sich aufgelöst, und sie hatte ihren Frieden gefunden.

Leila –
Von einem Leben ohne Wahlmöglichkeiten
zu »Was ist das Beste für mich?«

Leila kam in völliger Panik zu mir. Ihre achtjährige Ehe ging zu Ende, und sie mußte sich eine Arbeit suchen und für sich selbst sorgen. Sie versteckte ihre Angst vor der neuen Situation und ihr Gefühl der eigenen Unzulänglichkeit hinter kühlem Intellekt. Leila war eine attraktive dreißigjährige Frau aus Trinidad und lebte schon seit elf Jahren in den USA. Obwohl ihre intellektuellen Überzeugungen nichts mit denen ihrer Familie und ihrer Ursprungskultur zu tun hatten, wurde sie emotional von den Vorstellungen beherrscht, die ihre Eltern ihr vermittelt hatten.

Leila hatte große Angst davor, allein nicht überleben zu können, obwohl sie in der Vergangenheit immer gearbeitet hatte. Während der letzten beiden Jahre hatten sie und ihr Mann für eine Gruppe emotional gestörter Heranwachsender die Funktion von Pflegeeltern übernommen. Doch nun hatten beide beschlossen, die Pflegeelternarbeit aufzugeben, sich zu trennen und in getrennte Wohnungen zu ziehen. Leila würde also gleichzeitig ihre Ehe, ihre Arbeit und ihr Zuhause verlieren.

Als ich Leila das erste Mal sah, war sie so gelähmt vor Angst, daß sie nicht einmal damit begonnen hatte, nach einer neuen Arbeit zu suchen – und die Zeit lief ihr davon. Sie war sich nicht einmal darüber im klaren, was für eine Art von Arbeit sie sich suchen wollte; außerdem glaubte sie, sie sei nicht intelligent genug.

Leila war das jüngste von vier Kindern einer armen Familie. In Trinidad gibt es nur wenige Menschen, die eine Schule besucht haben, und ihre Eltern gehörten nicht zu diesen Wenigen. Das Leben auf der Insel war einfach, gemächlich und naturverbunden.

Als Kind hatte Leila oft unter Asthma gelitten. Ihre Mutter hatte sie und ihre Geschwister extrem stark kontrolliert und behütet. Sie hatte ihr verboten, mit anderen Kindern zu spielen, zu schwimmen, Fahrrad zu fahren und barfuß zu gehen. Daß sie den ganzen Tag in der Nähe ihrer Mutter bleiben mußte, hatte sie schrecklich gelangweilt, und sie hatte sich deshalb wie eine Gefangene gefühlt. Oft hatte sie sehnsüchtig aus dem Fenster geschaut und die anderen Kinder beim Spielen beobachtet. Auch während ihrer Adoleszenz war sie noch dieser Isolation unterworfen, weil ihre Mutter, die in Leilas siebtem Lebensjahr zum Christentum konvertiert war, Wert darauf legte, daß Leila ein »gutes Mädchen« war, und es ihr nicht erlaubte, mit Jungen zu sprechen oder sich mit ihnen zu treffen.

Leila empfand die Schule als quälend und demütigend. Jedes Kind in der Klasse erhielt vom Lehrer eine Rangstufe von eins bis dreißig zugewiesen, und jeder wußte, welchen Rang alle anderen hatten. Leila blieb wegen ihres Asthmas häufig der Schule fern und hatte deshalb keinen besonders hohen Rang. Aufgrund ihres häufigen Fehlens hatte sie einige grundlegende Dinge nicht gelernt, die allen übrigen zur Verfügung standen. Wenn ein Kind irgend etwas nicht verstand, wurde es vor der ganzen Klasse geschlagen. Nach kurzer Zeit glaubte Leila deshalb, sie sei dumm.

Die ständige Demütigung in der Schule und die allgemeine, kulturell bedingte Ansicht, daß Mädchen unwichtig seien und daß sie nicht klug zu sein bräuchten bzw. es gar nicht sein *sollten*, belastete Leila sehr. Weil sie ein Mädchen war, fühlte sie sich intellektuell minderwertig und deshalb nicht in der Lage, erfolgreich zu sein.

Während der Vorbereitung auf ihre erste EMDR-Verarbeitungssitzung beschäftigten wir uns mit ihrem Gefühl der eigenen Unzulänglichkeit. Sie hatte immer Angst gehabt, ihre Klassenkameraden könnten über etwas sprechen, das sie nicht verstand, und dadurch würde ihr Mangel an Intelligenz offenkundig werden. Als Beispiel führte sie an, daß sie mit einer Gruppe von Freunden bei einer Party Trivial Pursuit gespielt und Antworten auf Fragen nicht gewußt hätte. Sie hatte sich dadurch gedemütigt gefühlt, obwohl es allen anderen Mitspielern gleichgültig zu sein schien, wenn sie selbst eine Antwort nicht wußten.

Zu Anfang der Verarbeitung fokussierte Leila auf ein Erlebnis, das sie im Alter von elf oder zwölf Jahren in der Schule gehabt hatte. Damals wußte sie nicht, was Substantive, Verben und Adverbien waren. Der Lehrer, den Leila als »ausgezeichnet und sehr streng« charakterisierte, sagte zu ihr: »Du solltest das begreifen. Wenn du es nicht verstehst, bist du dumm.« Leila fühlte sich gedemütigt. Ihr Bauch war angespannt und ihr Gesicht tiefrot angelaufen.

Bald darauf fühlte Leila sich »innen leer und angespannt«. Übelkeit und Traurigkeit folgten. Leila war abgelenkt und merkte, daß sie sich vorstellte, sie würde draußen spielen. »Nichts macht mir Spaß, weil ich eigentlich arbeiten soll«, sagte sie. »Ich fühle mich schuldig. In der Schule sollte ich lernen, aber das ist die einzige Gelegenheit, die ich habe, mit anderen zusammen zu sein. [Ihre Mutter zwang sie, im Haus zu bleiben und sich nach der Schule und an den Wochenenden von den übrigen Kindern fernzuhalten.] Ich fühlte mich deswegen schuldig – ich habe nicht so viel gelernt, wie ich hätte lernen können.«

Sie fing an zu weinen und schluchzte laut. »Ich habe nichts gelernt, weil ich spielen wollte. Warum sollte ich zur Schule gehen? Ich habe das nie begriffen. Und weil ich mich nicht auf die Schule konzentrierte, bekam ich schlechte Noten und wurde deshalb gedemütigt. Ich wollte nicht zur Schule gehen, weil ich so schlecht war. Auch meine Mutter hat mich gedemütigt. Einmal fühlte ich mich so schrecklich, daß ich mein Leben mit einem Messer beenden wollte. Wegen meiner schlechten Zeugnisse hat meine Mutter mich zweimal vor allen anderen mit einem Gürtel geschlagen.«

Während der nächsten Serie von Augenbewegungen erinnerte sich Leila an weitere Situationen, in denen sie gedemütigt worden war. Anläßlich eines anderen schlechten Zeugnisses verglich ihr Vater sie negativ mit einem anderen Mädchen. Nach diesem Erlebnis verbarg Leila die Zeugnisse vor ihrem Vater. Nach einer weiteren Serie von Augenbewegungen hörte sie auf zu weinen und fühlte sich auch nicht mehr gedemütigt. Sie erinnerte sich nun an eine Situation, in der sie mit ihrer Schwester zuversichtlich über einen College-Besuch gesprochen hatte.

Als ich Leila bat, zu ihrem ursprünglichen Bild zurückzukehren, gelang ihr dies nicht. Statt dessen erinnerte sie sich daran, wie ihr Lehrer sie für ein spezielles Examen zur Qualifikation für den High-School-Besuch ausgewählt hatte! In ihrem Geist war eine neue Information aufgetaucht. Trotz ihrer schlechten Noten infolge von Krankheit und trotz ihrer mangelhaften Konzentration auf die Schule hatte der Lehrer Leilas intellektuelles Potential erkannt. Niemand anderes in ihrer Familie hatte diese Prüfung jemals bestanden, doch Leila bereitete sich gut vor, schnitt gut ab und ging dann zur High-School. Ein separates Erinnerungsnetzwerk, in dem Erfolge gespeichert waren, war nun mit demjenigen verbunden worden, in dem sich ihre Versagenserlebnisse befanden.

Während sie über diese neue Erinnerung nachdachte und gleichzeitig Augenbewegungen ausführte, empfand sie im Bauch ein Kribbeln, das freudige Erregung anzeigte. »Ich spüre die Unterstützung, die ich von meinem Bruder und von anderen bei der Vorbereitung auf die Prüfung erhalten habe«, sagte sie freudig.

Leilas neue beherrschende Überzeugung lautete: »Wenn ich mich vorbereite, kann ich es schaffen.« Die Sitzung endete in einer sehr positiven Atmosphäre.

Bis zu ihrer nächsten Sitzung hatte sich viel verändert. Als wir die Szene der Demütigung vor der Klasse noch einmal überprüften, sagte Leila: »Ich bin ein

Mensch und brauche Kontakt zu anderen Menschen. Die soziale Interaktion in der Schule war für mich sehr wichtig. Wenn man mich in der Schule wegen schlechter Leistungen gedemütigt hatte, blieb ich wegen Krankheit zu Hause. Dort schenkte mir meine Familie viel Aufmerksamkeit. Doch während ich mir dies jetzt vergegenwärtige, spüre ich den Schmerz nicht mehr, unter dem ich damals gelitten habe. Ich sehe die positiven Situationen besser. *Ich sehe jetzt das Abschlußexamen, bei dem ich erfolgreich war, und ich spüre dies in meinem Herzen. Wenn ich aufpaßte, konnte ich Informationen aufnehmen und sie lernen. Ich bin in der Lage, Dinge zu verstehen.«* Leila hatte ihr altes negatives Bild und die damit zusammenhängende Überzeugung durch ein positives Bild und eine ebensolche Überzeugung ersetzt, die sie als völlig zutreffend empfand.

Auf meine Bitte hin suchte sie in ihrem Leben nach Orten, an denen sie sich dumm gefühlt hatte. Sie fand jedoch keine spezifischen Bilder dieser Art. Deshalb bat ich sie, auf die Überzeugung »Ich bin nicht klug genug« zu fokussieren und mit den Augenbewegungen zu beginnen.

Sofort tauchte ihre Angst, sie könnte nicht für sich selbst sorgen, auf. Sie fühlte sich ihr nicht gewachsen und wollte »aus-checken«. »Ich werde müde und möchte schlafen. Immer fange ich etwas an und sabotiere mich dann selbst. Seit mein Mann mich verlassen hat, habe ich kein Sicherheitsnetz mehr.« Mir fiel auf, daß diese Gefühle mit jener Lähmung zusammenzuhängen schienen, die sie empfand, weil sie sich um eine neue Arbeit kümmern mußte.

Eine Reihe von »Solltes« tauchte nun auf. »Ich sollte nicht um Hilfe bitten müssen. Ich sollte dazu in der Lage sein. Ich sollte mich nicht von irgend jemandem abhängig machen.« Leila beurteilte sich nach sehr strengen Maßstäben. Ihr wurde aber auch klar: »Ich möchte, daß jemand für mich sorgt.«

Während der nächsten Serie von Augenbewegungen weinte sie und sagte: »Ich verdiene es nicht, daß sich jemand um mich kümmert.« Diese Überzeugung verarbeitete sie während der nächsten Serien von Augenbewegungen. Sie hatte das Gefühl, dies nicht zu verdienen, weil sie eine Frau war. Dann machte sie sich bewußt, daß sie in ihren Beziehungen stets die Männer finanziell und emotional unterstützt hatte. Sie erinnerte sich, daß ihre Mutter ihr während ihrer Kindheit wiederholt vorgeworfen hatte, sie sei egoistisch. Plötzlich wurde Leila klar, daß sie diesen angeblichen Egoismus in ihren Beziehungen durch selbstaufopferndes Verhalten überkompensiert hatte.

Sie erinnerte sich daran, daß ihr Vater immer wirklich selbstlos gewesen war und nach Kräften für die Gemeinschaft gespendet hatte. Er war von vielen geliebt und bewundert worden. Leilas Vater hatte von Herzen gegeben, nicht aus ideologischen Gründen. Leilas Mutter hatte ihn deswegen immer beneidet. Ihr Geben war vom Makel zuckersüßer Heiligkeit befleckt gewesen, weil sie sich an ihrer Überzeugung darüber orientiert hatte, was man tun »sollte«, um rechtschaffen zu sein. Für Leilas Mutter war Selbstaufopferung aufgrund ihrer religiösen Überzeugungen wichtig gewesen.

Leila sagte: »Ich empfinde es als einen Segen, wenn ich geben kann. Ich möchte es nicht tun, weil es eine Rolle ist oder weil ich Selbstaufopferung für wichtig halte.« Sie versicherte: »Ich kann für mich selbst sorgen *und* anderen etwas geben.«

Obwohl Leilas Traurigkeit nachgelassen hatte, war sie in unserer nächsten Sitzung sehr besorgt. Ihr letzter Arbeitstag näherte sich, und sie würde schon bald ihr Zuhause verlieren. Dennoch hatte sie noch nichts unternommen, um eine neue Arbeit zu finden. Wir sprachen darüber, welche Arbeit sie sich wünsche und wieviel Geld sie verdienen wolle. Leila hatte eine gute Ausbildung im Gastronomiegewerbe und interessierte sich sehr für Catering.

Als wir uns mit den einzelnen Schritten beschäftigten, die sie unternehmen mußte, um in diesem Bereich eine Arbeit zu finden, fiel mir auf, daß sie die Schritte auf diesem Weg ausgezeichnet analysierte und in der richtigen zeitlichen Abfolge darstellte. Doch spuckte sie gleichzeitig eine wahre Flut einschränkender Überzeugungen aus. – »Ich bin nicht gut genug ... nicht klug genug ... Niemand wird meine Dienste in Anspruch nehmen wollen ... Wenn ich ein solches Unternehmen aufzubauen versuche, werde ich blitzschnell alles verderben.«

Statt mich mit Leilas negativen Überzeugungen zu beschäftigen, bat ich sie, ihre Augen hin und her zu bewegen und sich dabei vorzustellen, sie würde die Arbeit verrichten, die sie anstrebe. Ich wollte auf diese Weise ihre positive Vision von der Arbeit, die sie liebte, stärken. Wenige Minuten später sagte sie: »Es fühlt sich gut an. Die Arbeit ist flexibel, ich arbeite unabhängig, und meine kreativen Bedürfnisse werden erfüllt. Ich sehe ein sehr erfolgreiches Unternehmen. Es fühlt sich ehrlich und sauber an.«

Ich forderte sie auf: »Vergegenwärtigen Sie sich nun weiter das positive Gefühl, das Sie bei dem haben, was Sie tun wollen, und stellen Sie sich vor, daß Sie alles Notwendige tun, um dieses Ziel zu erreichen.« Ich wollte feststellen, ob sie in der Lage war, ihre Ressourcen für ihr zukünftiges Handeln zu nutzen. Nachdem sie einige Minuten lang Augenbewegungen ausgeführt hatte, tauchte die Angst vor Demütigung wieder auf. »Wenn jemand mir eine Frage stellen würde, die ich nicht beantworten könnte, wäre das für mich demütigend.« Ihre Angst wurde stärker. »Mein Gehirn würde aussetzen, und ich könnte nicht antworten. Ich bin einfach nicht intelligent genug. ... Ich würde abgelehnt werden und könnte meinen Lebensunterhalt nicht mehr verdienen.«

Leila glaubte, man könnte sie durch Fragen über bestimmte Nahrungsmittel und Speisen aus der Fassung bringen. Sie hatte offensichtlich irrationale und völlig überhöhte Erwartungen an sich selbst. Kein Koch weiß alles über alle Nahrungsmittel und Speisen – über ihre Zubereitung und über ihren Nährwert!

Es war Zeit, ihr durch das kognitive Einweben den Zugang zu Informationen zu erschließen, die in einem anderen Teil ihres Gehirns gespeichert waren. Ich sagte: »Sie müssen sich so gründlich vorbereiten wie damals auf die Prüfung. Zwar werden Sie auch dann nicht alle Fragen beantworten können, aber Sie werden genug wissen, um erfolgreich sein zu können.« Sie stimmte mir zu, und während sie über das, was ich gesagt hatte, nachdachte, geleitete ich sie durch eine weitere Serie von Augenbewegungen.

Die Aussicht, mehr über Nahrungsmittel und Speisen und über deren jeweiligen Einfluß auf den menschlichen Körper zu lernen, begeisterte sie. »In der

Schule in New York war ich gut. [Als sie elf Jahre zuvor in die USA gekommen war, hatte sie an einer Schule für Gastronomieberufe gut abgeschnitten.] Ich weiß, daß ich in der Lage bin, Dinge zu lernen und die Informationen, die ich benötige, aufzunehmen. Das habe ich auch schon früher gemacht.«

Das Einweben hatte seinen Zweck erfüllt. Leila erinnerte sich an ihre früheren Erfolge, hatte wieder Kontakt zu den damit verbundenen Empfindungen und sah in ihrem Geist die entsprechenden Bilder. Während sie weiter Augenbewegungen ausführte, erinnerte sie sich an ihre Fähigkeiten im gastronomischen Bereich und erkannte: *»Ich brauche nicht alles zu wissen – ich kann jederzeit lernen, was ich brauche.«* Sie konzentrierte sich während einer Serie von Augenbewegungen auf diesen Gedanken.

Dann kam Leila eine wichtige Erkenntnis. Weil ihre Eltern ungebildet gewesen waren, hatten sie die Fragen, die Leila ihnen als Kind gestellt hatte, nicht beantworten *können*. Statt dessen hatten sie das Mädchen durch Demütigungen zum Schweigen gebracht. »Diese Abwehrstrategie haben meine Eltern angewendet, um sich nicht selbst dumm zu fühlen. Weil sie so reagierten, habe ich aufgehört, Fragen zu stellen. Sie konnten sie sowieso nicht beantworten. Sie haben ihre Ängste und ihre eigenen Gefühle der Unzulänglichkeit auf mich übertragen.« Weitere neue positive Überzeugungen traten an die Stelle ihrer alten negativen. *»Ich habe eine Menge schlechte Lektionen gelernt, und ich muß mir selbst gegenüber Güte entwickeln. Ich bin gut genug, und ich weiß genug über Nahrungsmittel und Speisen. Ich lese gern in Büchern über Nahrungsmittel und Speisen. Ich habe keine Angst vor ihnen. Ich kann Erfolg haben.«*

Sie stellte sich vor, sie würde die Schritte unternehmen, die notwendig waren, wenn sie die Art von Arbeit bekommen wollte, die sie sich wünschte. Nachdem sie die Serie von Augenbewegungen beendet hatte, sagte sie begeistert: »Es fühlt sich gut an! Ich habe große Lust, in diesem Bereich zu arbeiten. Und diese Begeisterung muß ich in jedem Augenblick zum Ausdruck bringen.«

Als Leila das nächste Mal zu mir kam, strahlte sie und erzählte mir begeistert, was sich in ihrem Leben alles verändert hatte. Unsere letzte EMDR-Verarbeitungssitzung war für sie ein ungeheurer Durchbruch gewesen.

Danach hatte sie zwei Stellenangebote bekommen: Sie hatte die Wahl, in einem Behandlungszentrum für Heranwachsende oder aber für eine reisende Rock 'n' Roll-Gruppe zu kochen. Wenn sie das erste Angebot annahm, konnte sie zusätzlich einen Catering-Service für Feste und Feiern aufbauen, und dazu hatte sie große Lust. Eine Welt voller Möglichkeiten lag vor ihr. Sie machte sich keine Sorgen mehr darüber, daß sich niemand für ihre Mitarbeit interessieren könnte. Jetzt machte ihr nur noch Kopfzerbrechen, welches der beiden Angebote für sie das Beste war! Leila strahlte Selbstvertrauen aus und fühlte sich ausgezeichnet.

Auch ihre Sorgen darüber, daß sie nicht genug wüßte, waren verschwunden. Dieses Problem, das während der vorherigen Sitzung zweimal aufgetaucht war, schien sich völlig aufgelöst zu haben. Auch das belastende Gefühl, nicht intelligent genug zu sein, war verschwunden. Leila war bei einem Treffen mit »sehr intelligenten Menschen« zusammen gewesen, vor denen sie vorher große Angst gehabt hatte, und sie hatte sich ihnen nicht im geringsten unterlegen gefühlt.

Sie kam nach dieser Sitzung noch dreimal zu mir, und ihre allgemein positive Stimmung, ihr Selbstvertrauen und ihr Selbstwertgefühl wurden in dieser Zeit immer stärker. Sie hatte das Gefühl, daß ihr eine ganze Welt voller Möglichkeiten offenstand und daß sich nun alles zum Guten wenden würde. Trotz der vielen Veränderungen und Verluste, die sie erlebt hatte, fühlte sie sich gut und nahm ihr Leben in die eigenen Hände.

Als ich ein Jahr später noch einmal mit ihr sprach, fühlte sie sich immer noch ausgezeichnet. Sie sagte, die EMDR-Arbeit habe sie völlig verändert. Sie sei dadurch von ihrem hoffnungslosen Gefühl »Oh, mein Gott! Was soll ich nur machen?« zu der Perspektive »Schau nur, wie viele Möglichkeiten ich habe!« übergewechselt. Die durch EMDR gestärkten positiven Überzeugungen hatte sie immer noch, und sie sagte: »*Ich bin gut genug. Ich kann um das bitten, was ich möchte. Ich glaube an mich selbst. Ich kann für mich selbst sorgen.*« Zum Zeitpunkt unseres letzten Gesprächs kochte Leila nach wie vor in dem Behandlungszentrum für Heranwachsende, und ihre Arbeit machte ihr Spaß. Sie sagte: »Ich bin völlig unabhängig, und das ist wunderbar! Nicht von einem Mann abhängig zu sein, empfinde ich als sehr befreiend.« Es war eine Freude, mit ihr zu sprechen.

Marla – Vom Selbsthaß zur Selbstliebe

Marla hatte ihre Arbeit verloren, an der sie sehr gehangen hatte. Eine Woche nach diesem Verlust hatte sie starke Selbstmordgedanken gehabt, war aber noch rechtzeitig in ein örtliches Kriseninterventionszentrum gefahren. Ein paar Tage später betrat eine hübsche, große Frau mein Behandlungszimmer. Ein Therapeut, bei dem sie vor ihrem kürzlichen Umzug nach Nord-Kalifornien lange in Behandlung gewesen war, hatte Marla zu mir geschickt.

Auszüge aus ihrem Tagebuch spiegelten ihren Geisteszustand zum Zeitpunkt ihres ersten Besuchs. »Meine frühe Kindheit war, wie Erica Jong es ausdrücken würde, ›ein Ort der Zuflucht und ein Ort der Angst‹.« Im Alter von zehn oder elf Jahren hatte Marla, gepeinigt von Klassenkameraden und sogenannten Freunden, für sich noch einen dritten Ort geschaffen: einen Ort der Hoffnung.

Dort beschloß sie, »es ihnen allen zu zeigen«. Sie würde groß und berühmt werden, unangreifbar für ihren Spott, und ihre Peiniger »würden sich schämen und sich als jene minderwertigen Kreaturen erkennen, die sie tatsächlich waren.« Doch als Marla 43 Jahre alt war, war ihr »Ort der Hoffnung« ausgebrannt. Die Angst hatte sie in ihrer Gewalt, und sie stand kurz davor, Zuflucht im Selbstmord zu suchen.

Sie bereitete sich auf diesen letzten Akt der Selbstbestimmung in ihrem Leben vor. Sie nahm Musik auf, die bei ihrer Bestattung gespielt werden sollte, schrieb ein Testament und außerdem eine Erklärung, in der sie lebenserhaltende Maßnahmen generell ablehnte. Diese Schriftstücke und die aufgenommene

Tonbandkassette legte sie auf ihren Eßzimmertisch. Dann ging sie in ihr Arbeitszimmer und hinterließ auf dem Computer eine Notiz über ihren Selbstmord. Das einzige, was ihr noch zu tun blieb, war, sich umzubringen.

Doch dann fand Marla einen letzten Ort der Zuflucht. Sie wählte den Notruf für Krisensituationen, und als am anderen Ende der Leitung der Hörer abgehoben wurde, weinte sie, hatte sich aber ansonsten unter Kontrolle.

»Die Frau vom Krisennotdienst ließ den üblichen aufmunternden Sermon los, der mich weder überzeugte noch mich von meinen Plänen abbrachte. Ich durchschaute ihr gekünsteltes Verständnis sofort. Sie sagte sogar, wenn ich mich umbringen würde, so wäre das auch für sie schrecklich. Sie kannte mich doch nicht einmal! Wie sollte es ihr da etwas ausmachen, ob ich am Leben bliebe? Wenn sie mich wirklich gekannt hätte, hätte sie wahrscheinlich wie alle anderen vermutet, ich würde irgend etwas falsch machen und hätte den allgemeinen Niedergang in meinem Leben deshalb selbst zu verantworten. Nachdem sie mich gefragt hatte, ob irgend jemand bei mir zu Hause sei und bei mir sein könne, nannte sie mir Namen und Adresse des nächsten Kriseninterventionszentrums. Michael, mein Geliebter, war zur Arbeit. Ich hatte ihn angerufen und gefragt, wann er nach Hause komme, weil ich meine Arbeit verloren hätte und ihn bräuchte, und er hatte gesagt, er sei bald zurück. Doch ›bald‹ war mir nicht schnell genug gewesen.

Aus Gründen, die mir nicht klar sind, sprach ich mit dieser unbekannten Frau am Telefon lange genug, um ihr zu versprechen, daß ich sie nach meiner Ankunft in jenem Krisenzentrum anrufen würde. Ich hinterließ eine kurze Nachricht für Michael und fuhr mit gemischten Gefühlen los. Ich war verwirrt und weinte, hatte mir aber fest vorgenommen, während der fünf Meilen langen Fahrt zu meinem Ziel keine anderen Menschen zu verletzen oder zu gefährden.«

Schuldgefühle und Selbsthaß nagten an ihr. Obwohl Marla sich sagte, daß sie »mit der Welt und ihrer ganzen Scheiße zurechtkommen« könnte, waren die

Überzeugungen und Axiome, die sich in den 43 Jahren ihres Lebens in ihrem Geist angesiedelt hatten, stärker als ihre Selbstliebe: »Wenn du dich an die Gesetze hältst und tust, was deine Pflicht ist, wirst du alles bekommen, was du dir jemals gewünscht hast.« – »Wenn du es nur schaffen würdest abzunehmen, würden die Menschen dich mehr schätzen.« – »Wenn du das anziehst, siehst du hübsch aus, und ich lasse mich dann gern mit dir in der Öffentlichkeit sehen.« – »Wenn du deiner Mutter mehr geholfen hättest, wäre sie nicht im Krankenhaus, und dein Vater hätte nicht euer Haus verloren.« – »Wenn du nicht als Kind im Krankenhaus gewesen wärest, hätten wir nicht soviel für die Arztkosten bezahlen und unser Haus nicht aufgeben müssen.« – »Wenn du nichts falsch gemacht hättest, hättest du deine Arbeit immer noch, denn kein Chef entläßt eine wertvolle Mitarbeiterin.« – »Wenn du meiner Meinung bist, werde ich dich lieben.« – »Wenn du so bist wie deine ältere Schwester, werden wir dich lieben« – »Wenn du nicht ständig so leicht verletzt und so hypochondrisch wärest, würden andere Menschen dich mehr schätzen.« – »Hör auf zu weinen!« – »Verfalle doch nicht ständig in Panik!« – »Das *tut* nicht weh!«

Marla hatte das Gefühl, von niemandem verstanden zu werden. »Sie haben mich einfach nicht verstanden. Das Leben *tat* mir weh. Meine Kindheit tat mir weh. Meine Phantasien taten mir weh, weil sie nie wahr werden konnten. Lange Zeit war mein Ort der Hoffnung gewesen, ein hochgeachteter Mensch zu werden. Nun war mir nicht einmal mehr das geblieben. Ich fühlte mich nicht mehr in der Lage, aus meinem Leben das zu machen, was es meiner Meinung nach sein mußte ... Deshalb konnte ich es nur noch beenden.«

In ihrer Verzweiflung rief Marla vom Münzfernsprecher in der Eingangshalle des Krisenzentrums aus ihren früheren Therapeuten an. »Bob hat mir viele Male geholfen, ohne mich oder mein Tun jemals zu verurteilen. Diese bedingungslose, nicht urteilende Zuwendung hatte mir über viele schwierige Situationen hinweggeholfen.« Er riet ihr dringend zu einer EMDR-Therapie und gab ihr Namen und Adresse mehrerer Therapeuten.

In unserer ersten Sitzung machten wir eine Bestandsaufnahme von Marlas bisherigem Leben. Sie hatte eine sechzehn Monate ältere Schwester und einen drei Jahre jüngeren Bruder und war ein »Unfall« gewesen, das Kind, das nie hätte geboren werden sollen. Sie hatte sich von ihren Eltern immer abgelehnt gefühlt. »Meine Mutter hat mir erzählt, sie hätte zwei verschiedene Arten von Geburtenkontrolle angewendet und sei trotzdem mit mir schwanger geworden.« Diese »Lektion« hatte sie Marla immer wieder gepredigt, um ihr einzuschärfen, daß sie bis zu ihrer Hochzeit Jungfrau bleiben sollte – »denn Geburtenkontrolle funktioniert in unserer Familie nicht.« – »Die Babys kamen einfach, ob gewollt oder ungewollt. Das hat mein Bild von meinem Wert von Anfang an geprägt.«

Marla war in ihrer Kindheit dick gewesen und war von ihren Eltern stets unbarmherzig mit ihrer schlanken und blonden älteren Schwester verglichen worden, die außerdem bevorzugt wurde. Die beiden Mädchen bekamen gewöhnlich gleichartige Kleidungsstücke in verschiedenen Farben, und für Fotos, die als Weihnachtskarten verschickt werden sollten, wurde sogar der jüngere Bruder in Shorts gekleidet, die der Kleidung der beiden Mädchen ähnelten. »Alles sollte ›seine Ordnung haben‹. Aber ich *war* nun einmal nicht ›in Ordnung‹. Sie wußten es, und ich wußte es auch. Ganz offensichtlich war ich ein dickes Kind.«

Marla fühlte sich von ihren Eltern nicht verstanden, nicht unterstützt und nicht gehört. Nicht einmal die schulischen Erfolge des Mädchens erkannten sie an. Als sie die Aufnahmeprüfung für eine der angesehensten Krankenpflegeschulen im ganzen Land bestand, weigerten sich ihre Eltern, die Studiengebühren dafür zu bezahlen – obwohl sie die Gebühren für das Studium ihrer Schwester am örtlichen College übernommen hatten. »Statt Büchern für das College bekam ich einmal zu Weihnachten eine Bowlingkugel – damit unsere Familie zusammen zum Bowling gehen konnte. Was *ich* wollte, war nicht mit dem zu vereinbaren, was meine Eltern wollten. Für sie war nur wichtig, daß ich gut aussah und meiner Schwester möglichst ähnlich war.«

Als Erwachsene wurde Marla eine talentierte Schriftstellerin und Erzieherin. Doch aus verschiedenen Gründen entwickelten sich viele Dinge in ihrem Berufsleben nicht so, wie sie gehofft hatte. Ihre Enttäuschung darüber hatte ihr

Selbstwertgefühl geschwächt und in ihr ein Gefühl der Hoffnungslosigkeit erzeugt.

Sie beschloß, sich bei der EMDR-Verarbeitung zunächst darauf zu konzentrieren, warum es ihr nicht gelungen war, ihren Chef von der ungerechtfertigten Entlassung abzubringen. Sie führte ihr unschlüssiges Verhalten in dieser Situation auf ihre Überzeugung, sie sei »ein schlechtes Mädchen«, zurück und brachte diese Überzeugung mit der Erinnerung an ein Foto von sich im Alter von drei oder vier Jahren in Verbindung. Doch da Marla mit dieser Erinnerung zunächst nicht viel anfangen konnte, tat sie sie als unwichtig ab.

Ich drängte sie jedoch, das Foto, das in Marlas Erinnerung »wie ein unwichtiges Pünktchen wirkte«, zu beschreiben. Sie war damals wegen einer Gehirnerschütterung im Krankenhaus gewesen, weil sie auf den Küchentisch geklettert und von diesem heruntergefallen war.

»Ich erinnere mich noch, wie ich im Krankenhaus aufwachte und nur weiß, schwarz und grau sah, keine anderen Farben. Ich war in einem Kinderbett, obwohl ich zu Hause schon in einem normalen Bett schlief. Ich sah Krankenschwestern in weißer Nonnenkleidung, doch niemand kümmerte sich um mich. Ich wußte nicht, wo ich war, aber ich war mir sicher, daß man mich hierher gebracht hatte, weil ich sehr böse gewesen war. Ich hatte Angst und glaubte, in einem Gefängnis für Babys zu sein, weil an meinem Bettchen Gitterstäbe waren.«

Ich stellte die EMDR-Leuchte so ein, daß die Signalgeschwindigkeit für Marla angenehm war, und während ihre Augen den grünen Lichtpunkten folgten, brachen aus ihr Gefühle hervor, die vierzig Jahre lang verborgen gewesen waren.

»Ich bin kein Baby! Warum bin ich in einem Kinderbett? Ich habe Angst! Wo sind Mami und Papi? Sie sind nicht hier, weil ich böse war. Ich bin auf den Tisch geklettert und dann hinuntergefallen. Deshalb bin ich in diesem Gitterbett. Das ist ein Gefängnis! Es tut mir leid, Mami. Es tut mir leid, Papi. Bitte, laßt mich hier heraus. Ich werde wieder gut sein, das verspreche ich euch. Ich verspreche es. Bitte, bitte, habt mich wieder lieb.«

Marla durchlebte, wie sie in der antiseptisch-kühlen Atmosphäre des Krankenhauses aufgewacht war und niemand ihr Wärme und Liebe geschenkt oder sie getröstet hatte. Als Erwachsene vermochte sie mit Hilfe von EMDR verbal auszudrücken, was sie als dreijähriges Kind nicht hatte sagen können.

Während weiterer Serien von Augenbewegungen brachte sie diese frühe Erinnerung mit Erinnerungen an andere Krankenhausaufenthalte in Verbindung. Mit drei Jahren hatte man ihr die Mandeln entfernt. Sie roch und schmeckte während der Verarbeitung den Äther. Ihr war schlecht, und sie hatte Angst. Als nächstes trat ihre Eifersucht darauf, daß ihrer Schwester soviel Aufmerksamkeit geschenkt wurde, zutage. Wieder fühlte Marla sich ungeliebt.

Eine weitere Krankenhauserinnerung tauchte auf. Diesmal war Marla sieben oder acht Jahre alt und mußte zwei Wochen wegen Rektalpolypen ins Krankenhaus. Dies war für sie eine sehr demütigende Erfahrung gewesen. Eine Gruppe von Assistenzärzten untersuchte ihr Rektum und machte beschämende Kommentare, ohne auf ihre Gefühle Rücksicht zu nehmen. Auch die Spritzen, die sie erhielt, waren für sie sehr schmerzhaft.

»Es interessierte niemanden, ob ich irgendwelche Gefühle oder Bedürfnisse hatte.« Wieder fühlte sie sich alleingelassen und ungeliebt.

Während der nächsten Serie von Augenbewegungen erinnerte sie sich, wie ihr Vater ihr ein Fernsehgerät ins Krankenhaus gebracht hatte, und sie spürte seine Liebe und Fürsorglichkeit. Dann erinnerte sie sich daran, daß ihr Vater einmal mitten im eiskalten Winter in Minnesota fröhlich Wasser auf die Wiese hinter dem Haus gesprüht hatte, damit seine Kinder eine private Schlittschuhbahn hatten! Sie war sehr glücklich, während sie mit ihren Geschwistern Schlittschuh fuhr und ihr Vater auf einem Plattenspieler Musik dazu laufen ließ. Sie lächelte. »Er hatte viel Freude an uns Kindern.«

Wir kehrten zu dem Bild von ihrem Krankenhausaufenthalt als Kleinkind zurück, und sie fühlte sich nun in dieser Situation »körperlich größer«. Ihre Angst war verschwunden. Ihre »inneren Eltern« fingen spontan an, das Kind zu trösten. Als Erwachsene wußte Marla, was das Kind in seinem Bettchen brauchte und wie es sich gefühlt hatte. Jetzt konnte sie ihm helfen. Marlas Tränen des Schmerzes wurden zu Tränen des Trostes und der Freude, als das Kind sah, daß es von einem liebevollen Gesicht angeschaut wurde. Das Kind spürte die liebevolle Berührung einer Person, die in der Lage war, es auf den Arm zu nehmen und es zu halten. Und es hörte auch, was eine liebende Mutter zu ihm sagte.

»Ach Liebes, es tut mir so leid, daß du dir weh getan hast. Ich liebe dich. So einem netten kleinen Mädchen wie dir hätte so etwas nicht passieren dürfen. Ich liebe dich. Du mußt große Angst haben. Aber ich bin hier, und ich werde für dich sorgen und dich lieben, ob du vom Tisch fällst oder nicht. Ich wünschte, daß das nicht passiert wäre. Ich bin hier. Du brauchst dich nicht allein und verängstigt zu fühlen. Möchtest du gern ein Stofftier bei dir im Bett haben? Sie haben dich in ein Gitterbettchen gelegt, damit du nicht herausfällst und dir noch mal weh tust. Aber das bedeutet nicht, daß du ein Baby bist. Ich werde mich um dich kümmern und dich schützen. Ich möchte nicht, daß du verletzt wirst. Ich liebe dich.« Marla war nun klar geworden, daß sie sich nicht verletzt hatte, weil sie durch und durch schlecht oder böse war.

Am Ende der Sitzung rief diese Erinnerung keine Gefühle der Verlassenheit oder des Schlechtseins mehr hervor. Marla hatte den Vorfall nun so weit verarbeitet, daß sie ihn als eine Situation sehen konnte, in der sie sich geliebt fühlte, zu einer Erfahrung der Zuneigung und Wärme. Später sagte sie zu mir: »Die Untersuchung dieser alten Erinnerung hat meine Gefühle über jene Situation verändert, so daß ich mich darin geliebt und geschätzt fühlte. So hätten meine Eltern es auch sicherlich haben wollen. Ich fühlte mich nicht mehr von ihnen verlassen und in ein Gefängnisbett verbannt. Ich gab meinen Eltern nicht mehr die Schuld dafür, daß sie nicht da gewesen waren, als ich sie gebraucht hatte. Ich hatte ja schließlich *mich*. Meine Eltern hätten nicht für mich tun können, was ich während der Verarbeitung für mich getan habe. *Sie* wußten nicht, was ich brauchte, *aber ich wußte es*.« Marla hatte Kontakt zu einer inneren Ressource hergestellt, die immer vorhanden gewesen war, von der sie sich jedoch noch nie hatte unterstützen lassen. Ich war beeindruckt von der

Schönheit und Sanftheit dessen, wie Marla ihr Mitgefühl und ihre Liebe zu sich selbst zum Ausdruck brachte.

Nach dem Ende dieser Sitzung fühlte Marla sich »erschöpft, aber ruhig. Es war so, als hätte jemand mein Tagebuch gelesen und genau das getan, was notwendig war, damit ich mich besser fühlte. Ich hegte keinerlei Feindseligkeit mehr gegenüber irgend jemandem. Ich empfand Liebe für das kleine Mädchen, das in dem Gitterbettchen aufgewacht war. Und das Kind wußte, daß es geliebt wurde. Das ist die Verarbeitung. Keine Schuldgefühle, kein Beschuldigen, nur Liebe und Fürsorge – Empfindungen, die jetzt zu einem Teil von mir geworden sind. Die eine EMDR-Sitzung hat mein Leben nicht rosig gefärbt, aber ich lebe weiterhin an einem Ort der Zuflucht und an einem Ort der Hoffnung.«

In der folgenden Woche empfand Marla keinen Schmerz mehr bei jener Erinnerung. Sie war weniger beunruhigt, und an ihrem neuen Arbeitsplatz hatte sie mehr Selbstvertrauen. Auch ihre Selbstmordgedanken und -gefühle waren verschwunden. Sie hatte nicht mehr vor, sich selbst zu verletzen.

Einige Wochen später arbeiteten wir an Marlas Überzeugung »Meine Gefühle zählen nicht – ich bin nicht wichtig.« Sie erinnerte sich an eine Situation, in der ihre Familie Verwandte besucht hatte, die auf einer Farm lebten. »Meine Schwester wurde eingeladen, eine Woche dort zu bleiben. Ich wollte das auch. Doch sagte man mir, das ginge nicht, weil ich noch zu jung sei. Ich erinnere mich daran, daß ich damals geweint und meinen Eltern zu erklären versucht habe, warum sie auch mir erlauben sollten, auf dem Bauernhof zu bleiben. Doch sie sagten nur, ich sollte aufhören zu weinen. Ich erwiderte, wenn ich nicht auf dem Hof bleiben dürfte, würde ich nie mehr auf einem Bauernhof sein können. Die Erwachsenen sagten mir, daß das nicht stimme, doch ich wußte, daß ich Recht hatte und tatsächlich nie mehr Gelegenheit haben würde, auf einem Bauernhof zu sein. Ich konnte gar nicht mehr aufhören zu weinen und fühlte mich völlig niedergeschmettert. Niemand schien sich für mich zu interessieren. Niemand hörte mir zu. Ich sollte nur endlich Ruhe geben.«

Wir begannen die EMDR-Verarbeitung mit dem Bild, wie Marla im Auto weinte und ihre Eltern sagten: »Nun hör doch endlich auf zu heulen! Wir haben keine Lust, uns das noch länger anzuhören.« Sie fühlte sich übergangen und mißachtet. Kurz darauf sagte sie: »Ich wollte von ihnen ein Zeichen, daß sie mich hörten. Jemand hätte in irgendeiner Form zu mir sagen sollen: ›Es tut mir leid, daß dir das so weh tut.‹ Sie hätten mir durch irgendeine Geste signalisieren sollen: ›Ich bin hier‹.«

Als nächstes erinnerte sie sich an eine Situation, in der ihr Arm zwei Wochen lang gebrochen war, bevor ihre Eltern ihre Klagen darüber ernst nahmen. Sie fühlte sich völlig ignoriert. Die Arztrechnungen für ihre vielen Verletzungen und Krankheiten hatten ihre Eltern finanziell sehr belastet.

Weitere Erinnerungen tauchten auf, in denen ihre Eltern ihr die Botschaft »Fühle nichts, und sage uns nicht, wie du dich fühlst« vermittelt hatten. Dann erinnerte sie sich daran, daß Jungen, die sie mochte, immer wieder ihre Schwester bevorzugt hatten und daß sie dies sehr verletzt hatte. Plötzlich kam ihr eine Erkenntnis: »Es ist beängstigend, tiefe Gefühle zu haben. Ganz egal, ob ich mich glücklich oder traurig fühle, es scheint niemanden zu interessieren. Ich habe keine Möglichkeit, Menschen mitzuteilen, wie verletzt ich mich fühle – sie hören mir einfach nicht zu. Ich bin nur dann ein gutes Mädchen, wenn ich keine Aufmerksamkeit für mich beanspruche und wenn ich keine Gefühle habe, denn sie wollen mir nicht zuhören.«

Interessierten sich Marlas Eltern für die Gefühle von *irgend jemand?* Marla glaubte das nicht. Sie erinnerte sich daran, daß auch ihrem Vater nie jemand zugehört hatte, und sie bezeichnete ihre Großmutter als »eine gefühllose Person«.

Andererseits erinnerte sie sich an die Liebe ihres Großvaters. »Großpapa hat mich ohne irgendwelche Bedingungen geliebt«, sagte sie mit warmherziger Stimme. Glückliche Erinnerungen daran, wie sie auf dem Schoß ihres Großvaters gesessen hatte, tauchten auf. »Großpapa hat mir zugehört.« Trotz dieser glücklichen Erinnerungen litt sie weiterhin darunter, daß niemand ihr hatte zuhören wollen. So war sie immer deprimierter geworden und hatte sich immer hilfloser gefühlt. »Nie ist jemand da, wenn ich mich verletzt fühle«, sagte sie. »Niemand will mir dann zuhören.« Ein Gefühl der Leere überkam sie.

Ich merkte, daß ihre Verarbeitung kreiselte. Um Marla aus dieser Situation heraus und der Auflösung näher zu bringen, mußte ich mit dem Einweben arbeiten. Ich forderte sie auf, das kleine Mädchen zu umarmen und ihm zuzuhören. »Fragen Sie es, was es auf dem Herzen hat.«

»Marla, mein Liebes, ich weiß, daß du sehr gern hier auf dem Bauernhof bleiben möchtest. Laß uns sehen, was wir tun können. Ich hab dich lieb und möchte dich nicht verletzen. Wir werden uns etwas ausdenken. An diesem Schmerz können wir etwas ändern. Nimm also meine Hand, und laß uns gemeinsam schauen, was wir machen können.«

Dieser Dialog linderte Marlas Schmerz. Später teilte sie mir mit: »Das Ergebnis war nicht so wichtig wie die Tatsache, daß mir jemand zugehört und meine Gefühle anerkannt hat. Bis zu jener EMDR-Sitzung hatte ich noch nie das Gefühl gehabt, daß mir jemand zuhörte. Endlich belastete mich diese Erinnerung nicht mehr. Ich habe mich um mich selbst gekümmert und jemanden gefunden, der jenem kleinen Mädchen zuhörte – nämlich *ich selbst.*«

In der folgenden Woche hatte Marla viele Gelegenheiten, ihre eigenen Interessen zu verteidigen, und als ich sie das nächste Mal traf, beschrieb sie glücklich, sie habe nun in allen Bereichen ihres Lebens wesentlich mehr Selbstvertrauen. Sie hatte eine formelle Beschwerde gegen ihren alten Chef eingereicht und sich gegen ungerechte Anschuldigungen ihres neuen Chefs zur Wehr gesetzt. Und sie war zufrieden über das Ergebnis jener Auseinandersetzung. Ihre Selbstmordgedanken und -gefühle waren verschwunden, und sie fühlte sich zunehmend ausgeglichen und stark.

Wir arbeiteten weiter an Marlas geringem Selbstwertgefühl und fokussierten auf ihre Überzeugung »Ich treffe nicht die richtigen Entscheidungen« – eine Überzeugung, die in der aktuellen Situation durch die Kritik ihrer Mutter an ihrem derzeitigen Liebhaber wieder in den Vordergrund getreten war und auch durch Marlas Gefühl, sie werde abgelehnt, weil sie nicht den Idealen ihrer Mutter nacheifere, verstärkt wurde. Am Ende der Sitzung war an die Stelle jener Überzeugung eine andere getreten: »Daß meine Mutter Michael nicht mag, ist nicht weiter tragisch; Mütter sind so. Ich habe mit der Beziehung zu Michael eine gute Entscheidung getroffen. Es ist *ihr* Problem, wenn er ihr nicht gefällt.«

Einige Wochen später beschloß Marla, sich mit ihrer irrationalen Angst, daß Michael sie verlassen würde, auseinanderzusetzen. Sie brachte diese Angst mit einer traumatischen Erfahrung in Verbindung: Ein früherer Partner hatte sie nach einer zehnjährigen Beziehung verlassen und eine andere Frau geheiratet. Sie erforschte dieses Gefühl weiter und verfolgte es in ihre Teenager-Zeit zurück.

Damals hatte sie zum ersten Mal an Selbstmord gedacht. »Jedesmal wenn ich einen Jungen mochte und er zu uns nach Hause kam, fühlte er sich sofort von meiner älteren Schwester Kelly angezogen, die blond war und eine sehr gute Figur hatte. Als ich einmal mit einem Jungen, den ich mochte, Tischtennis spielte, entwickelte sich zwischen ihm und meiner Schwester ein Techtelmechtel. Ich zog mich daraufhin weinend in mein Zimmer zurück. Jungen mochten meine Schwester immer mehr als mich. Ich versuchte, mir mit einem Kamm die Handgelenke aufzuschneiden. Als mir das nicht gelang, rief ich schließlich meine Mutter. Diese tröstete mich, sagte aber auch, wenn ich abnehmen würde, wäre ich attraktiver, und die Jungen würden mich dann mögen. Daraus schloß ich, daß ich so, wie ich war, nicht gut genug war. Ich würde nur dann gut genug sein, um von anderen gemocht zu werden, wenn ich dünn und meiner Schwester ähnlicher wäre.«

Während Marla diese belastende Erinnerung verarbeitete, weinte sie darüber, daß sie keine »ganze Person« sei. Verzweifelt sagte sie: »Irgend etwas fehlt mir, und ich weiß nicht was. Das ist das Gefühl, das mich zum Selbstmord treibt. Selbst wenn ich mein Bestes tue, reicht das nicht, um mir meine Arbeitsstelle zu erhalten. Wie kann ich da erwarten, Michael halten zu können? Er wird mich irgendwann genauso ablehnen wie alle anderen.«

Dann schaltete sich ihre innere Mutter mit ungeheuer starkem Mitgefühl ein. »Liebling, du bist okay. Ich liebe dich, ob du nun schmutzig, alt, glücklich oder traurig bist. Es ist egal, wie du bist und was du besitzt. Du bist wundervoll. Ich bin so froh, daß du da bist. Wir brauchen niemanden, der vollkommen ist. In Michael hast du jemanden, der dein Gewicht akzeptiert und dich gleichzeitig ermutigt, dich um deine Fitneß zu kümmern, und er erwartet von dir auch nicht, daß du ständig lächelst. Er liebt dich, und ich liebe dich. Ich möchte, daß du leben kannst, ohne den Erwartungen anderer Menschen entsprechen zu müssen.«

Marla fühlte sich daraufhin sehr gut und sagte, ihr Gefühl der inneren Leere sei verschwunden. Der Schorf war ab, und der Schmerz war verschwunden; es blieb nur noch eine starke Empfindlichkeit.

Als wir die ursprüngliche Szene der Zurückweisung im Teenageralter durch einen Jungen noch einmal überprüften, hatte sich das Bild verändert: Sie befand sich in ihrem Schlafzimmer und sang in voller Lautstärke. »Wer braucht sie denn? Ich kann allein viel mehr Spaß haben. Ich muß mir selbst näher kommen. Ich bin liebenswert. *Ich bin innerlich wundervoll.* Ich möchte mich nicht mehr so sehen, wie andere mich gerne hätten.«

Erschöpft beendete Marla die Sitzung. Sie war hocherfreut darüber, sich aus dieser neuen Perspektive – von innen – kennenzulernen, statt sich weiterhin so zu beurteilen, wie sie glaubte, andere würden sie sehen.

In einer späteren EMDR-Verarbeitungssitzung fokussierten wir auf ihre Angst davor, in der Öffentlichkeit zu singen. Sie sang sehr gern, wenn sie allein war, doch war sie sehr beunruhigt wegen eines Vorsingtermins für ein Musical, in dem sie sich um eine Rolle beworben hatte.

Ihre Angst vor öffentlichen Auftritten beruhte auf den Demütigungen, unter denen sie in der Schule gelitten hatte:

»Die fünfte und die sechste Klasse waren für mich die schrecklichsten während meiner ganzen Schulzeit. Meine Klassenkameraden hänselten mich, sie schrieben auf Bilder, die ich im Kunstunterricht in der Schule malte, Spitznamen, die auf meine Körperfülle anspielten. Ich versuchte, mit einem Erwachsenen darüber zu sprechen, wie sehr mich das verletzte. Doch sagte dieser nur, wenn ich abnehmen würde, würden sie mich auch nicht mehr hänseln, und im übrigen sollte ich ihr schlechtes Benehmen einfach ignorieren.

231

Das Schlimmste für mich war, wenn zweimal im Jahr Größe und Gewicht aller Kinder festgestellt wurden. Die Messungen wurden von einer Krankenschwester durchgeführt, die die Meßergebnisse gewöhnlich dem Klassenlehrer zurief, der sich auf der anderen Seite des Klassenzimmers befand. Natürlich warteten alle darauf, daß mein Gewicht genannt wurde, und als ich dann an der Reihe war, brach die ganze Klasse in schallendes Gelächter aus, und auf dem Spielplatz in der Pause erzählten meine Klassenkameraden den Kindern aus den anderen Klassen, wieviel ich wog. Meine Eltern meinten nur lakonisch, ich müsse eben abnehmen, wenn mir das nicht gefiele. Doch als zum letzten Mal das Gewicht festgestellt wurde, bat ich meine Mutter, zu Hause bleiben zu dürfen. Daraufhin schrieb sie der Frau, die die Messungen durchführte, einen Brief und bat sie, mein Gewicht nicht laut zu rufen. Das tat diese dann zwar auch nicht, sagte es aber immer noch so laut, daß alle anderen Kinder es hören konnten.«

Marlas Psyche interpretierte diese Demütigung wie folgt:

»Wenn ich einfach nur ich selbst bin, mögen andere Menschen mich nicht. Einfach nur Marla zu sein, reicht nicht aus. Nur wenn ich weniger wiegen würde, würden die anderen Menschen mich mögen.« Marla fokussierte auf die Szene von der Gewichtsmessung in der fünften Klasse und wurde wütend darüber, daß man sie öffentlich lächerlich gemacht hatte. »Ich würde so etwas einfach nicht zulassen. Wie konnten sie so etwas wagen?«

In verändertem Ton fuhr sie fort:

»Ich werde jetzt selbst die Zügel in die Hand nehmen.« Sie stellte sich vor, ihr Erwachsenen-Ich würde der Krankenschwester sagen, das kleine Mädchen solle *nicht* im Klassenzimmer gewogen werden. Dann hatte Marla eine Offenbarung. Mit ehrfürchtiger Stimme sagte sie: »*Wenn bestimmte Dinge geschehen, dann nicht deshalb, weil ich so oder anders bin; Dinge geschehen einfach.*

Manchmal ist das, was geschieht, gut, manchmal nicht. Es kann sein, daß ich gut singen kann oder daß ich den Ton nicht halten kann. Das eine wie das andere ist nicht das Ende der Welt. Es hat keinerlei Auswirkung darauf, wer ich bin.« Während sie sich diesen Gedanken vergegenwärtigte, geleitete ich sie durch eine weitere Serie von Augenbewegungen.

Wir kehrten zur ursprünglichen Szene im Klassenzimmer zurück. »Ich höre, wie die anderen Kinder mich hänseln, doch es hat nicht mehr die gleiche Wirkung wie vorher auf mich. Ich werde nicht anfangen, Dinge zu tun, die ich nicht tun will. Ich habe das Gefühl, in einer Position der Stärke, nicht der Schwäche zu sein.« Tränen strömten über Marlas Wangen, während ihr klar wurde: »Ich bin bei mir. Ich habe die Kraft und das Mitgefühl, die ich brauche, um für mich selbst sorgen zu können. Abzunehmen und Geld und Freunde zu haben sind nicht die Dinge, die ich brauche.«

Sie lächelte und sagte, sie fühle sich »sehr gut«. Und tatsächlich war diese Selbstliebe für Marla gut! »Ich fühle mich von innen heraus stark. Ich brauche den Beifall anderer nicht. *Ich mag mich. Ich liebe mich aus der Perspektive meiner eigenen inneren Eltern. Ich mag mich wirklich sehr. Ich habe das vorher noch nie so gespürt – von innen, nicht von außen urteilend.«*

Sie kehrte zur ursprünglichen Szene des Gewogenwerdens zurück. »Ich bin nicht dort«, sagte sie. »Ich werde nicht gewogen. Es ist geschehen, und es hat weh getan, aber es wird nicht mehr geschehen. Es mag sein, daß ich vierzig Jahre lang gelitten habe, aber vor mir liegen weitere vierzig Jahre, die besser sein können.«

Sie stellte sich vor, sie würde am nächsten Tag vorsingen, und ihr war nun klar, daß ihr Erfolg oder Mißerfolg für ihren Wert als Mensch völlig belanglos war. »Das bin ich. Wenn ihr mich nicht mögt, wie ich bin, werde ich die Situation auch ohne euren Beifall genießen. Ob ich angenommen werde oder nicht, hat nicht das Geringste mit meinem Wert zu tun. Es ist okay für mich, den Ton nicht zu treffen, und es ist auch okay für mich, von anderen Menschen nicht gemocht zu werden.« Sie war angesichts der vorgestellten Szene nicht mehr beunruhigt und rief: »Ich werde meinen Spaß haben!«

233

Tatsächlich schnitt sie beim Vorsingen besser ab, als sie je für möglich gehalten hatte. Als sie gebeten wurde, ohne Begleitung zu singen, sang sie aus vollem Herzen, und es machte ihr großen Spaß. Und sie bekam die Rolle! Glücklich erzählte sie mir in der folgenden Woche von ihrem Erlebnis. Ihre neuen positiven Überzeugungen schienen sich gut auszuwirken. »Ich liebe mein Leben«, sagte sie freudig. »Ich spüre, daß sich mein ganzes Leben verändert. Endlich habe ich das Gefühl, daß ich Einfluß auf mein Leben habe. Ich habe Wahlmöglichkeiten.«

Wir arbeiteten noch ein paar Monate lang weiter, doch der größte Teil der Verarbeitung war in den beschriebenen EMDR-Sitzungen abgeschlossen worden. Marlas tiefes Gefühl, sich selbst zu akzeptieren und zu lieben, blieb bestehen, und sie war in ihrer Beziehung mit Michael sehr glücklich. Ihre Angst, er könnte sie verlassen, tauchte nie mehr auf.

Marla ist zuversichtlich, daß sie mit allem, was das Leben ihr bringen könnte, fertig werden kann. Sie hat mehrere Monate lang in der Musical-Produktion mitgesungen, und sie hat eine Arbeit gefunden, die ihr liegt. Und trotz gelegentlicher Schwierigkeiten in ihrem Beruf und zuweilen wiederkehrender Unsicherheit fühlt sie sich weiterhin innerlich ausgeglichen und hat ihren Frieden gefunden.

Neun
Entdeckung des Transpersonalen

Ich arbeite nun schon seit fast vier Jahren mit EMDR, und das einzige Problem, das ich dabei habe, ist, meine tiefe Ehrfurcht vor dieser erstaunlichen Methode im Zaum zu halten. Einen Klienten durch eine EMDR-Sitzung zu geleiten ist immer wieder eine sehr bewegende Erfahrung für mich. Es ist, als wäre ich eine Hebamme bei der Geburt des Selbst. Bei manchen Klienten sind die Wehen lang und stark, bei anderen kurz und leicht. Doch alle erleben ein Gefühl der Glückseligkeit, wenn ihr wahres Selbst sich von den negativen Einflüssen der Vergangenheit befreit und sich in seiner ganzen Schönheit, Reinheit und Anmut entfaltet.

BEA SCARLATA, EMDR-Therapeutin

Es ist schwer, Menschen, die EMDR noch nicht selbst als Klienten oder als Therapeuten erfahren haben, jenes Gefühl der Ehrfurcht zu erklären, das man häufig beim Abschluß einer EMDR-Verarbeitungssitzung empfindet. Eine geradezu sakrale Atmosphäre herrscht dann im Behandlungsraum. Ein kanadischer Psychiater hat dies als eine Art von Euphorie bezeichnet, die Klient und Therapeut miteinander teilen und durch die eine tiefe Verbindung zwischen ihnen entsteht. Kürzlich traf ich bei einem Level II EMDR-Training eine Kollegin, die ich lange nicht gesehen hatte. Sie setzte EMDR erst seit wenigen Wochen in ihrer Praxis ein, doch empfand sie die durch EMDR initiierten Transformationen, die sie bei ihren Klienten miterlebt hatte, als zutiefst inspirierend. »Das ist spirituell«, sagte sie. »Ich glaube, daß EMDR das menschliche Herz einer tiefen Quelle heilender Liebe öffnet.« Ein Psychologiedoktorand, der bei mir an einem EMDR-Kurs teilgenommen hatte, rief mich ein paar Monate danach plötzlich an. Er war während des Kurses zunächst sehr skeptisch gewesen, wie übrigens viele Kursteilnehmer. Nachdem er EMDR jedoch im Rahmen seiner Arbeit als Assistenzarzt bei Klienten eingesetzt hatte, von denen viele in der Vergangenheit schreckliche Mißbrauchserlebnisse gehabt hatten, äußerte er sich begeistert über die Wirkung der Methode. Drei der vier Klienten, mit denen er gearbeitet hatte, hatten während dieser Therapie spirituelle Erfahrungen [so hatte *er* es genannt!] gemacht, und ihre schrecklichen Mißbrauchserlebnisse waren transformiert worden.

Infolge der EMDR-Verarbeitung machen Klienten häufig spontan transpersonale oder die Sphäre des Ich transzendierende Erfahrungen. Diese können viele unterschiedliche Formen annehmen, darunter die des Eintretens in andere Bewußtseinszustände – solche der Transzendenz und der Ekstase –, weiterhin Erfahrungen jenseits von Zeit und Raum, Erleuchtungserfahrungen, ein tiefes Gewahrsein der eigenen Existenz, mystische Erfahrungen, Offenbarungen, spirituelle Einsichten, tiefe Erfahrungen der Liebe und des Mitgefühls für sich selbst und für andere, Gefühle des Vergebens, ungeheuer starke Energiemanifestationen, Erfahrungen der Glückseligkeit und der erweiterten sensorischen Wahrnehmung, Erfahrungen des Friedens und der Gelassenheit sowie ein tiefes Gefühl des Wohlbehagens.

Wenn ein Klient eine solche transpersonale Erfahrung macht, ist der Raum, in dem dies geschieht, stets von einer Atmosphäre der Ehrfurcht erfüllt. Oft sind wir beide von der Schönheit des Offenbarten zu Tränen gerührt. Derartige Erfahrungen sind auch bei Klienten vorgekommen, die zuvor keinerlei religiöse oder spirituelle Interessen oder Ambitionen hatten.

Obwohl auch schon in den Berichten über Klienten in vorangegangenen Kapiteln hin und wieder von transpersonalen Erfahrungen die Rede war, möchte ich nun gezielter auf bestimmte Arten von Erfahrungen eingehen, die bei EMDR-Klienten häufig auftreten. Zu diesen zählen objektives Vergeben, tiefe Erfahrungen der Liebe und des Vertrauens zum Leben, kreative Impulse, ein gesteigertes Wohlgefühl, Erfahrungen einer spirituellen Befreiung und der Freiheit sowie spirituelle Einsichten und Offenbarungen.

Objektives Vergeben

Während der EMDR-Verarbeitungssitzungen entwickeln Klienten häufig ein spontanes Gefühl des Vergebens sich selbst oder einem anderen Menschen gegenüber, der ihnen in der Vergangenheit Schaden zugefügt hat. Dr. Sandra Wilson hat im Rahmen ihrer Studie über die Effektivität von EMDR bei der Behandlung traumatisierter Klienten festgestellt, daß viele Teilnehmer anläßlich einer Ergebnisüberprüfung fünfzehn Monate nach der EMDR-Therapie berichteten, sie hätten gegenüber Menschen, die ihnen in der Vergangenheit geschadet hatten, ein Gefühl des Vergebens verspürt. Dieses Vergeben ist keineswegs ein sentimentales Vergeben, das auf einer Vorstellung darüber, was man empfinden »sollte«, basierte, und es war auch keine vom behandelnden Therapeuten erzwungene oder »induzierte« Empfindung. Vielmehr entsteht dieses objektive Vergeben völlig natürlich, wenn Klienten sich der vollständigen Verarbeitung ihrer Gefühle der Wut, Traurigkeit und des Verratenwordenseins anvertrauen. Sie lernen dadurch wie von selbst, Ereignisse der Vergangenheit objektiv und ohne den zuvor damit verbundenen Affekt zu sehen. Man »sieht« aus dieser »globalen Perspektive« alle Bestandteile einer Situation, einschließlich der eigenen Rolle, als befände man sich über der ganzen Szene. Man empfindet sich als einen Teil eines größeren, überpersönlichen Ganzen. Man nimmt eine »höhere Ordnung« wahr.

Objektives Vergeben stellt sich häufig ein, wenn Klienten begreifen, daß Vergeben nicht gleichbedeutend mit Vergessen ist. Sie sind dann in der Lage, die Vergangenheit loszulassen, die sie bisher in ihrem Körper und Geist festgehalten haben. Wenn sie erkennen, daß es *für sie* nicht gut ist, an Wutgefühlen festzuhalten, lösen sich diese Gefühle auf und lassen die Klienten in Ruhe.

Ich möchte jedoch ausdrücklich darauf hinweisen, daß Vergeben bei einem Menschen, der von anderen geschädigt worden ist, auftauchen *kann*, aber *keineswegs* auftauchen *muß*. Geschieht dies nicht, so ist das *kein* Zeichen dafür, daß irgend etwas mit dem Klienten nicht in Ordnung ist oder daß er oder sie etwas tun muß, um das genannte Resultat zu erreichen. Das Gefühl des Vergebens tritt spontan auf, so wie Gnade, und ist für diejenigen, die es erleben, wie ein Segen. Jana war eine Klientin, die während einer EMDR-Verarbeitungssitzung eine solche Segnung empfing.

Jana

Jana war eine Psychologiestudentin, die sich wegen akuter, lähmender Prüfungsangst in eine EMDR-Therapie begab. Sie konnte sich nicht zum Studieren zwingen und hatte große Angst, in ihrem Kurs zu versagen. Nach der ersten Sitzung, in der wir uns mit ihrer Lebensgeschichte beschäftigten, fühlte sie sich bereit, mit der EMDR-Verarbeitung zu beginnen.

Sie fokussierte zunächst auf ein Bild davon, wie sie an ihrem Tisch saß und den Test vor sich liegen hatte. Sie empfand ungeheuer starke Panik und Angst. Ihr Magen war völlig verkrampft. Mit dem Bild verband sie die Überzeugung »Ich muß perfekt sein«.

Kurz nachdem sie mit den Augenbewegungen begonnen hatte, fing sie an, heftig zu zittern und zu schluchzen. Offenbar war ihr eine Erinnerung an eine schreckliche Mißhandlung in ihrer frühen Kindheit gekommen. Nach einer mehrminütigen emotionalen Abreaktion wirkte sie wieder ruhig.

Zum Zeitpunkt des traumatischen Erlebnisses war Jana etwa sechs Jahre alt gewesen und hatte gerade damit begonnen, das Lesen zu lernen. Sie saß im Wohnzimmer und versuchte, ihrer Mutter aus einem Buch vorzulesen. Als sie einige Wörter nicht entziffern konnte, wurde ihre Mutter ungeduldig. Dadurch wurde das kleine Mädchen noch nervöser und las infolgedessen noch abgehackter, was wiederum ihre Mutter noch wütender machte. Mit wildem, wie wahnsinnig wirkendem Blick und blutunterlaufenen Augen packte sie Jana, band sie an ihr Bett und schlug erbarmungslos mit einem Verlängerungskabel auf sie ein. Ihr ganzer kleiner Körper war mit Striemen übersät.

Jana sah die Verbindung zwischen ihrer Überzeugung, sie müsse bei ihrer aktuellen Prüfung perfekte Leistungen erbringen, und der in ihrer Kindheit entstandenen Überzeugung, sie müsse perfekt sein, um nicht von ihrer Mutter geschlagen zu werden. Als nächstes verarbeitete sie ihre ungeheure Wut auf ihre Mutter. Wie hatte diese sie so behandeln können? Plötzlich war ihr die Antwort klar: Ihre Mutter war geistig krank gewesen. Ihre Mutter war verrückt!

Jana wurde nun auch auf ihren Vater wütend, weil er sie als kleines Kind mit ihrer verrückten Mutter allein gelassen hatte. »Er kann mich nicht geliebt haben, wenn er mich bei ihr zurückgelassen hat«, flüsterte sie. Ihr ganzes Leben lang hatte sie das Gefühl gehabt, nicht liebenswert zu sein, weil ihr Vater sie im Stich gelassen und ihre Mutter sie so schrecklich mißhandelt hatte. Während sie ihr Gefühl, nicht geliebt zu werden, verarbeitete, schluchzte sie herzerweichend.

Plötzlich wurde ihr klar, daß ihr Vater sie doch geliebt hatte. Er hatte ihre Mutter verlassen, als sie selbst fünfzehn Monate alt gewesen war, aber die Gründe dafür hatten nichts mit ihr zu tun gehabt. Sie erkannte, daß ihre Überzeugung, nicht liebenswert zu sein, nichts mit dem Weggehen ihres Vaters zu tun hatte. In diesem Augenblick vermochte sie die Situation objektiv zu sehen. Sie sah plötzlich alles aus einer anderen Perspektive. Diese Erkenntnis veränderte ihr Leben.

»Daß meine Mutter mich geschlagen hat, hat nichts mit mir zu tun. Es ist geschehen, hat aber nichts damit zu tun, wer ich bin.« Damit formulierte sie eine offensichtliche Wahrheit. Hingegen hatte sie vor der Sitzung unbewußt geglaubt, die Mißhandlungen ihrer Mutter hätten etwas mit ihrem eigenen Wert zu tun: Da ihre Mutter sie geschlagen hatte, mußte sie schlecht gewesen sein und eine solche Behandlung verdient haben. Diese objektiv unzutreffende

Überzeugung hatte sie ihr ganzes Leben lang verfolgt und ihre Selbstachtung ebenso wie ihre Beziehungen beeinflußt.

Während der nächsten Serie von Augenbewegungen tauchte bei ihr spontan der Wunsch auf, ihrer Mutter zu vergeben. »Wenn ich vergebe, mache ich mich dadurch verletzlich«, ging ihr daraufhin auf. Es folgte eine ganze Serie von mit dem Vergeben verbundenen Einsichten: »Als Kind habe ich geglaubt, wenn ich ihr vergeben und mich von meiner Wut auf sie lösen würde, würde ich mich dadurch verletzlich machen und könnte aufgrund dessen Schmerzen erleiden. Ich glaubte, ich müßte stark bleiben, um zu überleben. Ich glaubte, meine Wut würde mich stark machen. Aber ich bin jetzt erwachsen und kann mich wehren. Wenn ich *nicht* vergebe und die Vergangenheit *nicht* loslasse, verletze ich mich dadurch selbst. *Ich* bin diejenige, die diesen Schmerz in sich trägt. Vergeben ist nicht gleichbedeutend mit Vergessen. Ich werde nie vergessen, was geschehen ist, aber ich kann meinen Schmerz und meine Wut darüber loslassen. Ich kann *jetzt* vergeben, ohne mir dadurch selbst Schaden zuzufügen.«

Während Jana Augenbewegungen ausführte, stellte sie sich vor, wie sie ihren Eltern vergab. Sie empfand tiefe Liebe sich selbst und ihnen gegenüber. Sie sah, wie sie spontan ihre Mutter segnete. Unter Tränen dankte sie ihrem Professor, vor dessen Test sie so große Angst gehabt hatte, weil er ihr Gelegenheit gegeben hatte, diese wichtigen Lektionen zu lernen. Sie hatte nun eine globale Sicht der Ereignisse in ihrem Leben erlangt und empfand gegenüber allen, die daran beteiligt gewesen waren, Mitgefühl.

Ohne daß ich sie dazu aufgefordert hatte, stellte sie sich schließlich die Prüfungssituation vor. Sie ließ die ganze Situation vor ihrem inneren Auge ablaufen. Danach sagte sie, sie habe sich dabei selbstsicher gefühlt und nicht einmal eine Spur von Angst empfunden. Jana glaubte nicht mehr, daß sie perfekt sein müsse. Sie war sich sicher, daß sie so, wie sie war, in Ordnung war. Sie würde sich nicht mehr aufgrund ihrer Leistungen definieren.

Als sie die Sitzung beendete, fühlte sie sich lebendiger als jemals zuvor. Ihr Herz war voller Liebe zu sich selbst und ihren Eltern, und sie empfand ein

Gefühl tiefen Friedens. Der Behandlungsraum war von einer Atmosphäre der Gnade erfüllt, und wir empfanden beide ungeheure Ehrfurcht in Anbetracht dessen, was geschehen war.

Tiefe Erfahrungen der Selbstliebe und der Liebe zu anderen

Im Rahmen meiner Arbeit habe ich im Laufe der Jahre festgestellt, daß es den meisten Menschen schwerfällt, sich selbst zu lieben. Viele werden von einem hartnäckigen »inneren Kritiker« geplagt, einer inneren Stimme, die ihnen unablässig sagt, daß sie nicht gut genug sind. Dieses Gefühl, nicht gut genug zu sein, ist oft im Bereich des Herzens angesiedelt und wird als Beengtheit oder chronische Schwere erfahren. Und häufig bezieht sich diese Unfähigkeit zu lieben nicht nur auf die Betreffenden selbst, sondern auch auf ihre Liebe anderen gegenüber. Sie fühlen sich im offenen Ausdruck von Liebe behindert, und diese Blockierung ist für sie ungeheuer schmerzhaft.

In EMDR-Verarbeitungssitzungen bin ich immer wieder Zeuge dessen geworden, daß Klienten, die zuvor keine Spur von Selbstliebe hatten, plötzlich eine Öffnung ihres Herzens erlebten. Der Zugang zu diesem riesigen Reservoir der Liebe war bei ihnen durch Konditionierungen blockiert worden. Nachdem die EMDR-Verarbeitung diese beseitigt hat, können die Klienten diese natürliche und ständig verfügbare Quelle wieder für sich nutzen. Dazu kommt es oft, wenn sie ihr Kind-Ich aus einer Erwachsenenperspektive betrachten. Erlebt der Erwachsene mit, wie das Kind verletzt, gedemütigt, kritisiert oder mißverstanden wird, wird dem Klienten die tiefe Unschuld des Kindes bewußt: »Ich bin nicht schlecht, weil ich einen Fehler gemacht habe.« Häufig gelangen Klienten zu einer transpersonalen Perspektive – einer globalen Sicht der Ereignisse des Lebens. Das Verstehen überwindet die eingeschränkte Sichtweise des Ich, und oft manifestiert sich dann spontan Mitgefühl für das Kind-Ich. Wenn der Klient Augenbewegungen ausführt und gleichzeitig sein Erwachsenen-Ich sein Kind-Ich hält und tröstet, fließen Gefühle der Selbstliebe und des Mitgefühls durch Körper und Geist, und er fühlt sich durch diese Liebe zutiefst gereinigt. Das damit einhergehende Gefühl wird oft als heilig beschrieben.

Dieses Buch enthält viele Beispiele für die spontane Manifestation von Selbstliebe während oder nach der EMDR-Verarbeitung. Selbstliebe manifestiert sich auf natürliche Weise, wenn der durch traumatische Kindheitserlebnisse entstandene Selbsthaß aufgelöst wird. Für meine Klienten sind diese Erfahrungen der Selbstliebe eine wichtige Ressource, auf die sie während ihres ganzen weiteren Lebens zurückgreifen können. Nach einer besonders tiefen Erfahrung der Liebe zu sich selbst und anderen hat eine Frau einmal gesagt: »Diese Liebe, das bin ich.«

Gary

Gary machte sich Sorgen wegen seines zwölfjährigen Sohns Todd. Todd war ein stiller Junge, der nicht viele Freunde hatte. Er kam mit den anderen Kindern einfach nicht aus. Wenn Gary ihm sagte, daß ihm das Sorgen mache, wurde Todd wütend. Gary erzählte mir, Todd sei immer ein introvertiertes Kind gewesen und sei immer lieber allein gewesen, als mit seinen lärmenden und ausgelassenen Spielkameraden aus dem Kindergarten zusammen zu sein. Aus Sorge um die Entwicklung seines Sohnes hatte Gary häufig mit Todds Lehrer geredet.

Gary drängte Todd regelrecht, häufiger mit anderen Kindern zusammen zu sein, weil er befürchtete, daß mit der Entwicklung seines Sohnes irgend etwas völlig schiefgehen könnte. Ich hatte von Anfang an das Gefühl, daß unter

Garys Besorgtheit eine Wut schlummerte, und Gary gestand offen ein, daß er sich frustriert und von seinem Sohn entfremdet fühle. Garys Sorgen wegen Todd waren zweifellos übertrieben – doch was steckte dahinter?

Weil es Gary schwerfiel, eine Überzeugung oder Erinnerung aus seinem eigenen Leben zu identifizieren, die mit dem Problem zusammenhängen konnte, begannen wir unsere Arbeit mit einem Bild davon, wie Todd allein im Kindergarten spielte. Gary glaubte: »Irgend etwas ist mit ihm nicht in Ordnung.« Als Gary dies sagte, fing er an zu weinen. Ich tippte sanft auf seine Knie und forderte ihn auf »dabei zu bleiben«.

Gary war völlig aufgelöst und weinte ununterbrochen. Als er schließlich wieder aufhörte, sagte er: »Das Bild hat sich sofort verändert, und ich habe mich selbst als Kind gesehen. Ich war immer schüchtern und hatte nie viele Freunde. Ich spielte gern allein. Ich habe ein Bild vom Gesicht meiner Mutter gesehen. Sie war wütend auf mich. Sie sagte zu mir, mit mir sei irgend etwas nicht in Ordnung, weil ich nicht aus dem Haus gehen und mit anderen Kindern spielen wolle. Sie war sehr aufgebracht. Ich wollte meine Mutter nicht verletzen. Ich hatte das Gefühl, sehr schlecht zu sein.« Gary fing erneut an zu weinen und krümmte sich schluchzend zusammen. »Lassen Sie es einfach zu«, sagte ich sanft und tippte auf seine Knie.

»Ich hatte das Gefühl, daß mit mir irgend etwas ganz und gar nicht in Ordnung war«, fuhr Gary fort. »MeineMutter war so besorgt wegen mir. Ich hatte das Gefühl, sie zu verletzen. Ich fühlte mich so schlecht.«

In der nächsten Verarbeitungssequenz kam Gary eine Erkenntnis: »Ich war einfach nur ein schüchternes Kind. Ansonsten gab es nichts, was mit mir nicht in Ordnung war.«

Dann stellte Gary sich vor, er würde sein Kind-Ich im Arm halten und trösten: »Du bist völlig okay, so wie du bist. Ich liebe dich, so wie du bist. Es ist okay, schüchtern zu sein.« Gary schluchzte. Diesmal weinte er nicht aus Traurigkeit. Dies waren reinigende Tränen, der Ausdruck eines Gefühls tiefer Selbstliebe. Unterdessen schaukelte er vor und zurück und strahlte Liebe und Mitgefühl für den kleinen Jungen, der so mißverstanden worden war, aus.

Gary wurde klar: »Ich habe mit Todd gemacht, was meine Mutter mit mir gemacht hat.« Wieder fing er an zu weinen. Ich tippte auf seine Knie, und nach einigen Minuten legte sich sein Schmerz. Er schaute zu mir auf und sagte: »Todd ist okay, so wie er ist, und ich liebe ihn sehr.« Garys Herz hatte sich für seinen Sohn geöffnet, und er weinte erneut aus tiefer Liebe und tiefem Mitgefühl – diesmal für Todd. Gary stellte sich vor, er hielte Todd im Arm und würde ihm erklären, was er empfand.

Am Ende der Sitzung war Gary erschöpft und tief bewegt. Zum ersten Mal hatte er erlebt, daß er sich selbst und seinen Sohn von ganzem Herzen liebte. Diese Liebe war immer da gewesen, jedoch durch seine Konditionierung während seiner Kindheit blockiert worden. Nach der Auflösung dieser Blockade war er voller Liebe, einer Empfindung, die sein natürliches, angeborenes Recht war.

Vertrauen zum Leben

Wenn der Geist sich in Harmonie mit dem Tao befindet,
verschwindet alle Selbstsucht.
Ohne die geringste Spur von Selbstzweifel
vermagst du dann dem Universum völlig zu vertrauen.
Da nichts mehr existiert, woran du dich festhalten kannst,
bist du augenblicklich frei.
Alles ist leer, strahlend,
vollkommen in sich selbst.

SENG-TS'AN, *Der Geist Absoluten Vertrauens*

Wie ich in Kapitel 3 beschrieben habe, hilft EMDR vielen Klienten, ein stärkeres Vertrauen zum Leben zu entwickeln und das Leben auf umfassendere Weise zu erfahren. Manche Klienten spüren während der EMDR-Verarbeitung die Präsenz einer Macht, die weitaus stärker ist als sie, und diese Erfahrung erzeugt in ihnen ein sehr positives, behagliches Gefühl.

Susan

Ich hatte mit Susan schon vorher gearbeitet [siehe Kapitel 8]. Einige Tage vor einer Operation, bei der ihr Zysten aus den Eierstöcken entfernt werden sollten, kam sie erneut zu mir. Sie wollte eventuelle Erinnerungen an einen traumatischen chirurgischen Eingriff zwanzig Jahre zuvor aus ihrem Körper und Geist entfernen, weil sie das Gefühl hatte, diese könnten sich ungünstig auf die bevorstehende Operation und danach auf die Heilung auswirken. Obwohl ihr Arzt den Eingriff als unproblematisch bezeichnet hatte, machte Susan sich Sorgen wegen einiger Ungewißheiten: Die Zysten konnten bösartig sein, Narben von der Operation vor zwanzig Jahren konnten den Eingriff verkomplizieren, und möglicherweise mußten die Eierstöcke sogar vollständig entfernt werden.

Da Susan selbständig war und allein lebte, wäre eine eventuell notwendige längere Erholungszeit für sie ein ziemliches Problem gewesen. Unter der Oberfläche ihres Geistes rumorten zahlreiche Ängste. Wer würde sich um sie kümmern, wenn sie länger bettlägerig wäre? Wovon sollte sie in dieser Zeit leben? Wie würde sie sich fühlen, wenn sie tatsächlich ihre Eierstöcke verlieren würde? Und was wäre, wenn die Ärzte bei der Operation etwas verpfuschen und ihr Schaden zufügen würden? Konnte sie ihnen vertrauen?

Wir konzentrierten uns in der EMDR-Verarbeitung zunächst auf Susans größte Angst. »Sie werden mich aufschneiden und dann alle möglichen Narben in mir finden, die den Eingriff verkomplizieren. Irgend jemand wird einen Fehler machen, und ich werde die Leidtragende sein.« Susans Bauch war sehr angespannt und nervös.

Die traumatische Operation, die sie in der Vergangenheit miterlebt hatte und nach der sie eine lange Genesungszeit benötigt hatte, verarbeitete sie schnell. Sie erinnerte sich, wie schwierig es damals für sie gewesen war, doch sie erinnerte sich auch noch an die Unterstützung, die sie von ihren Freunden erhalten hatte. Ihr wurde klar, daß sie jetzt zwar allein lebte, aber trotzdem viele Freunde hatte, die sie liebten und die ihr für die Zeit vor und nach der bevorstehenden Operation ihre Unterstützung angeboten hatten.

Als nächstes stellte sie sich vor, sie würde ihre Eierstöcke verlieren. Obwohl sie die Menopause schon hinter sich hatte, hatte sie immer noch eine sehr starke emotionale Verbindung zu diesen Organen. Doch nachdem sie sich bei ihnen für ihre jahrelangen treuen Dienste bedankt hatte, verabschiedete sie sich von ihnen. Danach fühlte sie sich in der Lage, der Möglichkeit, sie eventuell zu verlieren, ins Auge zu sehen.

Anschließend beschäftigte sie sich mit ihrer Angst, der Chirurg könnte einen schlechten Tag haben – vielleicht weil er in der vorangegangenen Nacht nicht genug geschlafen hatte – und einen Fehler machen. Sie hatte Angst, weil sie keinerlei Einfluß auf den Verlauf der Operation hatte. Ihr Leben lag buchstäblich in den Händen anderer Menschen.

Dieser Gedanke führte sie zu einer Offenbarung! In ihrem Geist tauchte ein Bild von großen, liebevollen Händen auf. Sie sprach laut aus: »*Ich habe das Gefühl, daß mein Leben in Händen liegt, die viel größer sind als meine eigenen. Mein Leben liegt in Gottes Händen.*« Danach empfand sie ein tiefes Gefühl der Entspannung und des Vertrauens. Ihr Bedürfnis, alles unter Kontrolle zu halten, löste sich auf, und ihr Körper wurde von einem tiefen Wohlbehagen durchströmt.

Als sich Susan anschließend den Tag der Operation vergegenwärtigte, fühlte sie sich von ihrer Angst befreit. »Wenn man mich in den Operationssaal fahren wird, werde ich von der Liebe meiner Freunde umgeben sein, und das Ergebnis wird für mich in jedem Fall okay sein, ganz gleich, was im Einzelnen geschehen mag. Ich genieße den Schutz von Händen, die weitaus größer sind als meine eigenen. Deshalb kann ich vertrauen und loslassen.«

Nach der Operation rief Susan mich an, um mir mitzuteilen, daß alles gut verlaufen sei. Sie hatte keine Angst bekommen, und ihr »Herz war offen«. Die Heilung verlief gut, und sie dankte mir herzlich für meine Hilfe.

Steigerung des kreativen Ausdrucks und Verstärkung des Wohlgefühls

Bei vielen Klienten beseitigt die EMDR-Verarbeitung Blockierungen des kreativen Ausdrucks und Einschränkungen des Wohlgefühls. Jeder Mensch hat spezifische natürliche Begabungen und Talente, deren Ausdruck durch frühe Konditionierungen blockiert wird. Wie ich bereits früher beschrieben habe, gleichen diese Konditionierungen Wolken, die die Sonne verdunkeln. Die Sonne ist immer da, aber nicht immer sichtbar. Die EMDR-Verarbeitung löst Konditionierungen auf, als seien sie Wolken, so daß die angeborene Kreativität der Klienten wieder zum Ausdruck gelangen kann. Nach einer EMDR-Therapie fangen künstlerisch veranlagte Menschen oft an zu malen, zu zeichnen, zu fotografieren, Musik zu komponieren oder Gedichte zu schreiben.

Andrew

Bei Andrew, einem fünfundfünfzigjährigen Ingenieur, regte die EMDR-Arbeit die Kreativität besonders stark an. Die EMDR-Sitzungen lösten bei ihm »transzendente visionäre Erfahrungen« aus. Andrew war zur Behandlung gekommen, weil er unter Depressionen litt, sehr ängstlich war und das Gefühl hatte, daß sein Leben »nicht in Ordnung sei«. Obwohl er über lange Zeit immer wieder in psychotherapeutischer Behandlung gewesen war, hatte ihm dies nie in dem Maße geholfen, wie er es sich erhofft hatte. Ein wichtiges Detail von Andrews Geschichte war, daß sein Vater sehr tyrannisch gewesen war und Andrew oft körperlich mißhandelt hatte. Seine Kindheit war also nicht gerade erbaulich gewesen.

Nach ungefähr sechs EMDR-Verarbeitungssitzungen, in denen wir uns auf die Mißhandlungen in der Kindheit und auf aktuelle Probleme konzentriert hatten, bemerkte Andrew einen deutlichen Rückgang seiner Symptome. Sein Trübsinn und sein Gefühl, ein Versager zu sein, verschwanden. Seine Angst wurde erheblich geringer, und er entwickelte einen großen beruflichen Enthusiasmus. Noch erstaunlicher war die spirituelle Transformation, zu der es bei ihm durch die EMDR-Sitzungen kam.

Andrew hatte zuvor nie das geringste Interesse an Spiritualität oder Religion gehabt. Er hatte sich schon vor langer Zeit von jeglicher Form von organisierter Religion abgewandt. Was er nach den EMDR-Verarbeitungssitzungen erlebte, unterschied sich von allem, was er davor kennengelernt und wovon er jemals gehört hatte. Etwa eine oder zwei Stunden nach den Verarbeitungssitzungen kam es bei ihm zu einer außergewöhnlichen Intensivierung der Sinneswahrnehmung und insbesondere der Farb- und Formwahrnehmung. Zwei Jahre zuvor hatte Andrew seine visuelle Sensibilität teilweise verloren, und er war über die Resultate seiner Bemühungen auf den Gebieten der Malerei und Fotografie sehr frustriert gewesen. Eines Tages erlebte er nach einer EMDR-Verarbeitungssitzung eine Erweiterung seiner Sinneswahrnehmung, die in ihm ein Gefühl der Ehrfurcht erzeugte.

»Nach dem Verlassen eines Buchladens schaute ich am Steinturm einer benachbarten Kirche empor. Der Turm war quadratisch, und seine Mauern waren mit zahlreichen Reliefs geschmückt. Der Turm wurde von Lichtern erleuchtet. Ich konnte gar nicht fassen, wie wunderschön er war! Jedes Detail und jeder Schatten war ganz klar zu erkennen. Es war, als würde er einen Lichtschein ausstrahlen. Der Anblick war unvorstellbar schön! Niemand hätte diesen Turm schöner malen können, als ich ihn in meiner Vision sah.« Er behauptete, diese ungewöhnliche Vision sei mit nichts zu vergleichen gewesen, was er je zuvor erlebt hätte, und sie hätte ihn mit ungeheurem Staunen erfüllt. Sie sei ihm wie ein »Wunder« vorgekommen.

Durch die EMDR-Sitzungen und die aufgrund dessen eingetretene Erweiterung seiner Sinneswahrnehmung entwickelte Andrew seinen kreativen Ausdruck. Er war immer extrem visuell orientiert und kreativ gewesen, doch war sein kreativer Ausdruck durch die Mißhandlungen, die er in seiner frühen Kindheit erlitten hatte, blockiert worden. Nachdem diese Blockaden durch die EMDR-Verarbeitung aufgelöst worden waren, weckten ständig visuelle Bilder seine Aufmerksamkeit, und er fotografierte und zeichnete mehr. »Es war, als ob meine Sehfähigkeit erweitert und beschleunigt worden wäre. Ich nahm die Welt stärker wahr, und die Schönheit, die mich umgab, zog mich in ihren Bann.« Er fing auch an, die Werbung für sein Unternehmen selbst zu gestalten, statt jemand anderen damit zu beauftragen, denn er fühlte sich nun in der Lage, künstlerisch auszudrücken, was er vermitteln wollte. Er war völlig begeistert darüber, diese neue Möglichkeit zu haben.

Parallel zur Befreiung seines kreativen Ausdrucks erlebte Andrew auch eine tiefe Öffnung seines Herzens und verspürte eine Liebe zur ganzen Menschheit und eine tiefe Verbundenheit mit ihr. »Nach einer EMDR-Sitzung verspürte ich Lust, auf die Straße zu gehen und alle, die mir begegneten, zu umarmen.« Er schrieb in sein Tagebuch: »Ich habe das Licht gesehen! So fühle ich mich. Mir geht es immer besser. Und ich verstehe jetzt, wie wir Menschen auf der ganzen Welt alle miteinander verbunden sind.« Er hatte sein Gefühl der Isolation und Entfremdung überwunden.

Ein Jahr später war Andrews Alltagsleben immer noch von diesem wundervollen Gefühl geprägt. »Es geht mir so gut, wie noch nie zuvor in meinem Leben. Und dieses gute Gefühl habe ich nicht nur in kurzen Augenblicken, sondern ich erlebte es über lange Zeit.« Nach der EMDR-Behandlung verfügt er nun über ein unerschöpfliches Reservoir, das er nutzen kann, wann immer er das Bedürfnis dazu verspürt. »Ich vertraue darauf, daß mir diese innere Ressource immer zur Verfügung steht. Es ist meine eigene Quelle.«

Andere Klienten haben von ähnlichen Gefühlen berichtet. Craig beispielsweise hatte eine tiefe Liebe zur Musik, jedoch aufgrund von Traumata, die er erlebt hatte, einen gestrengen inneren Kritiker entwickelt. Die EMDR-Verarbeitung öffnete sein Herz und befreite seinen kreativen Ausdruck, woraufhin er spontan anfing, Songs zu komponieren, die auf wunderschöne Weise seiner Ganzheit zum Ausdruck verhalfen. Es machte ihm große Freude, sich auf diese Weise in der Musik auszudrücken. Craig erlebte auch sehr angenehme Energiephänomene in seinem Körper sowie ein sehr starkes allgemeines Wohlgefühl. Einmal spürte er, wie sich »ekstatische Energie« in seiner Wirbelsäule emporbewegte, nachdem er etwas Wichtiges verarbeitet hatte, und häufig erlebte er eine starke Empfindung von Freude im Bereich seines Herzens. Er beschrieb seine Erfahrungen als »eine heilige strahlende Kugel«, die »glückselige Energie« in seinem ganzen Körper verbreitete. Wenn dieses Strahlen von seinem Herzen ausging, empfand er Liebe zur ganzen Menschheit und den Wunsch, anderen Menschen zu helfen.

Erfahrungen spiritueller Freiheit

Die kuriose Vorstellung von einem Ich ist eine Kontraktion, eine Einschränkung der Ganzheit, des wahren Seins. Wenn diese Vorstellung stirbt, dehnen wir uns auf natürliche Weise aus, finden wir Ruhe und empfinden wir allumfassende Ganzheit ohne Peripherie oder Zentrum, Außen oder Innen. Ohne die Vorstellung eines Individuums gibt es keine Empfindung der Getrenntheit, und wir empfinden Einheit mit allen Dingen.

JEAN KLEIN, *Who Am I?*

Viele EMDR-Klienten erleben kurze Einblicke in den Zustand der Erleuchtung oder Augenblicke der Befreiung von der Vorstellung des Ich. Solche Einblicke rufen in Körper und Geist ein Gefühl der Freiheit hervor, ein Gefühl der Erweiterung und der Auflösung von Grenzen, das oft als sehr angenehm und erhebend empfunden wird. Eine solche Erfahrung hat auch Peter gemacht.

Peter

Peter war zu mir gekommen, weil er nicht mehr weiter wußte. Obwohl er einen Abschluß von einer angesehenen Rechtsschule hatte und mehrere Sprachen beherrschte, entsprach seine berufliche Position weder seiner Erfahrung und seiner Ausbildung, noch machte sie ihm Freude. Die Selbstzweifel und die Selbstkritik, die ihn plagten, hielten ihn davon ab, die Karriere anzustreben, die er sich am sehnlichsten wünschte. Er glaubte: »Ich bin nicht gut genug«, »Ich bin nicht qualifiziert«, »Ich verdiene es nicht, eine Arbeit zu haben, die mir gefällt« und: »Selbst wenn ich die Stelle bekäme, die ich mir wünsche, würde ich mir die Sache sowieso verderben.«

Ein großer Teil unserer EMDR-Arbeit konzentrierte sich auf das Anvisieren und die Verarbeitung jener selbsteinschränkenden Überzeugungen, die er entwickelt hatte, weil er mit einem Vater zusammengelebt hatte, der Alkoholiker gewesen war und ihn körperlich mißhandelt hatte. Dieser unglückliche Mann hatte sein Potential nie ausgeschöpft und seine Frustration darüber an seiner Familie ausgelassen. Peters Vater wollte, daß sein Sohn in der Welt Erfolg hatte, damit dieser Erfolg positiv auf ihn, den Vater, zurückfallen würde. Andererseits wollte er aber auch, daß Peter versagte, damit er ihn nicht übertraf. In dieser Doppelbotschaft war Peter gefangengeblieben.

Während einer besonders intensiven EMDR-Sitzung wurde Peter im Laufe jeder Serie von Augenbewegungen deutlicher, daß er zeitlebens versucht hatte, die Erwartungen zu erfüllen, die seine Eltern auf ihn projiziert hatten. Die wichtigen Entscheidungen in seinem Leben hatte er stets im Einklang mit den Erwartungen getroffen, die andere an ihn gerichtet hatten. Ihm wurde klar:

»Ich suche äußere Bestätigung, um zu beweisen, daß ich okay bin. Ich suche Dinge außerhalb von mir, um meine Selbstachtung zu stärken. Ich brauche äußere Bestätigungen, um mir meines eigenen Werts sicher sein zu können.«

In der nächsten Serie von Augenbewegungen hatte er ein Aha-Erlebnis. Er sah, daß seine Mutter und sein Vater an die Vorstellungen und Erwartungen *ihrer* Eltern gebunden gewesen waren und daß sie dieses Erbe an ihn weitergegeben hatten. Diese innere Zwangsjacke hatte Generation um Generation behindert, indem sie festgelegt hatte, wer die Betreffenden waren und was sie von ihrem Leben erwarten konnten. Die unbewußten Erwartungen der Vorgänger waren immer wieder an die nachfolgende Generation weitergegeben worden. Peter wurde dies nun auf eine sehr sachliche Weise klar. Er erkannte, daß er unablässig versucht hatte, sich in diese vorgeprägte Form, ein Gefängnis mit unsichtbaren Gitterstäben, einzupassen. Indem er dieses Gefängnis als das erkannte, was es war, wurde er augenblicklich davon befreit. Die Befreiung bestand in diesem Sehen. Ein tiefes Gefühl der Freude und Glückseligkeit wallte in ihm auf, und Tränen strömten über sein Gesicht.

»Wer ich bin, hat nichts damit zu tun, wie andere Menschen mich definieren. Wenn Leidenschaft von tief innen kommt, ist sie integer. Die einzig authentische Art zu leben besteht darin, die Leidenschaft aus meinem Inneren emporsteigen und mich von ihr leiten zu lassen. Das ist Freiheit. Das ist Gottes Wille.«

Peter wurde klar, daß es »Gottes Wille« war, die eigenen kreativen Impulse auszudrücken, ohne sich durch einschränkende Vorstellungen bremsen zu lassen – denn sie waren nichts weiter als Vorstellungen. Sein umfassendes, objektives Sehen befreite ihn von jenen Vorstellungen, und durch die so gewonnene Freiheit wurde auch die kontrahierte Energie in seinem Körper befreit. Er hatte das Gefühl, die aus seinem Herzen kommende Energie würde durch seinen ganzen Körper fließen. Dies erfüllte ihn mit einem Gefühl tiefer Ehrfurcht, und er fühlte sich dadurch ungeheuer stark inspiriert. Bevor Peter mich am Ende der Sitzung verließ, sagte er: »Ich akzeptiere und würdige meine Leidenschaft – den Willen Gottes – in jeder Hinsicht, und ich habe den Mut, ihr gemäß zu handeln und auf sie zu vertrauen.«

Spirituelle Einsichten und Offenbarungen

Momi

Denn was heißt Sterben anders, als nackt im Wind zu stehen und in der Sonne zu schmelzen?

Und was heißt nicht mehr zu atmen anders, als den Atem von seinen rastlosen Gezeiten zu befreien, damit er emporsteigt und sich entfaltet und ungehindert Gott suchen kann?

Nur wenn ihr vom Fluß der Stille trinkt, werdet ihr wirklich singen.

Und wenn ihr den Gipfel des Berges erreicht habt, dann werdet ihr anfangen zu steigen.

Und wenn die Erde eure Glieder fordert, dann werdet ihr wahrhaft tanzen.

KHALIL GIBRAN, *Der Prophet*

Wenn wir uns unserer größten Angst – der vor dem Tode – öffnen, so kann uns dies zur Freiheit, zur Wahrheit und zum Verstehen führen. Ich habe oft miterlebt, wie Klienten, deren Leben von dieser Angst bestimmt war, frei wurden, indem sie sich während einer EMDR-Verarbeitungssitzung ihren eigenen Tod vorstellten und so ihrer Todesangst ins Auge blickten. Nachdem sie diesen vorgestellten Tod überlebt hatten, gelangten sie zu transpersonalen Einsichten und Offenbarungen, durch die ihre Sicht aller Dinge erweitert wurde.

Ramana Maharshi, einer der bedeutendsten spirituellen Lehrer des 20. Jahrhunderts, blickte dieser Angst vor dem Tode ins Auge und gelangte dadurch zur Erleuchtung. Als er siebzehn Jahre alt war, bekam er große Angst bei dem Gedanken, er könnte sterben. Er zog sich am Abend jenes Tages in sein Zimmer zurück, legte sich hin und stellte sich vor, er würde sterben. Er war fest entschlossen, dem Tod unumwunden ins Auge zu schauen. Aus dieser Erfahrung erwuchs seine Erkenntnis, *daß der Körper stirbt, das Bewußtsein jedoch vom Tod nicht berührt wird.* »Ich bin unsterbliches Bewußtsein.« Ihm wurde klar, daß das Bewußtsein nie geboren wird und nie stirbt: Es *ist* immerfort. Maharshi berichtete später: »Diese Realisationen durchflossen mich wie eine machtvolle lebendige Wahrheit, die ich direkt erfahren hatte, fast ohne zu denken. ›Ich‹ (d.h., das wahre Ich oder Selbst) war Wirklichkeit, die einzige Wirklichkeit in diesem momentanen Zustand. Alle bewußte Aktivität, die mit meinem Körper zusammenhing, floß in dieses ›Ich‹. Von jenem Augenblick an wurde die gesamte Aufmerksamkeit wie von einer starken Magie auf das ›Ich‹ oder ›Selbst‹ gelenkt. Die Angst vor dem Tode war für immer verschwunden. Von diesem Zeitpunkt an blieb ich völlig im ›Selbst‹.« (*The Spiritual Teaching of Ramana Maharshi*, Shambala 1988.)

Viele meiner Klienten haben spirituelle Erfahrungen gemacht, wenn sie Ängste oder Phobien verarbeiteten, die in ihrer Angst vor dem Tode wurzelten. Ich habe festgestellt, daß Klienten durch die EMDR-Verarbeitung in die Lage versetzt werden, sich mit ihrer Todesangst direkt zu konfrontieren und durch sie hindurchzugehen. Auf diese Weise entwickeln viele von ihnen eine neue Beziehung zu ihrer Sterblichkeit, die sie zu Frieden und innerem Gleichgewicht führt. Momi hat eine solche Erfahrung gemacht.

Momi war 55 Jahre alt und arbeitete nur noch auf Altersteilzeitbasis. Sie war eine sehr unternehmungslustige Frau, die allein in Hawaii lebte und häufig Reisen in das Gebiet der San Francisco Bay machte. Während ihrer Besuche vereinbarte sie gelegentlich Termine für EMDR-Sitzungen mit mir und arbeitete dann an bestimmten Problemen.

Besonders zu schaffen machte Momi ihre starke Flugangst, weil sie mehrmals im Jahr zwischen Hawaii und San Francisco hin und her flog. Wir untersuchten gemeinsam, was sie mit dieser Angst assoziierte, und sie stellte fest, daß sie besonders große Angst vor Turbulenzen während des Fluges hatte. Mit diesen verband sie die Überzeugung: »Das Flugzeug stürzt ab!« Sie beschrieb eine Reihe von beängstigenden Situationen, in denen sie das Gefühl gehabt hatte, ihr Leben sei in Gefahr. Besonders starke Angst hatte sie 1991 während eines besonders turbulenten Fluges zu einer anderen Insel gehabt.

Momi erinnerte sich daran, daß ihre beste Freundin, Claudine, 1974 bei einem Flugzeugabsturz umgekommen war. Claudine, eine junge Mutter mit zwei Kindern, und ihr Mann waren auf dem Rückflug von einem Skiurlaub in Vail, Colorado, als das kleine Flugzeug in einen heftigen Orkan geriet und an einem Berg zerschellte. Alle Mitreisenden wurden bei diesem Unglück getötet. Vor jenem tödlichen Flug hatte Claudine Momi vom Flughafen aus angerufen und ihr gesagt, sie wolle nicht fliegen. Momi hatte ihrer Freundin geraten, ihrem Instinkt zu folgen. Doch Claudine hatte diesen Rat ignoriert.

»Wenn ich Angst vor dem Fliegen habe und schon am Airport bin, soll ich dann auf meine Angst hören und nicht fliegen, oder soll ich mich darüber hinwegsetzen?« fragte Momi mich. Ihr wurde klar, daß sie glaubte, auch sie werde eines Tages durch einen Flugzeugabsturz ums Leben kommen.

Momi sagte, sie habe nicht die geringste Angst davor, eines ruhigen und friedlichen Todes im Kreise von Freunden und Verwandten zu sterben. Doch ein plötzlicher, gewaltsamer Tod, ein Tod, der sie völlig unvorbereitet und ohne Vorwarnung träfe und bei dem ihr Leben durch den schrecklichen Knall des Aufschlags beendet würde, ängstige sie sehr.

Momi bemühte sich, ihre Beziehungen zu anderen Menschen stets »im Reinen« zu halten. Meinungsverschiedenheiten und Probleme mit Freunden und Familienmitgliedern versuchte sie möglichst umgehend zu lösen. Sie wollte so verhindern, im Fall eines plötzlichen Todes Dinge hinterlassen zu müssen, die sie bedauern würde. Während ihrer Flugreisen wurde sich Momi ihrer Sterblichkeit bewußt. »Mir ist aufgefallen, daß ich mich beim Besteigen eines Flugzeugs stets frage: ›Habe ich alle meine Angelegenheiten geregelt? Gibt es irgendeinen Menschen, dem ich nicht gesagt habe, was ich ihm eigentlich sagen müßte? Gibt es irgend jemanden, dem ich nicht vergeben habe? Und habe ich mir selbst alles vergeben?‹ Ich mache in solchen Situationen eine kurze Bestandsaufnahme, und gewöhnlich stelle ich fest, daß alles geklärt ist.«

Doch trotz ihrer Weisheit und ihres Gewahrseins hatte Momi große Angst vor Turbulenzen. Sie *hatte Angst* vor dem Fliegen. Schon bei der geringsten Unruhe während eines Fluges schoß das Adrenalin durch ihren Körper. Oft belästigte sie die Flugbegleiter mit Fragen wie: »Sind das starke Turbulenzen? Muß ich mir deswegen Sorgen machen?« Anschließend beobachtete sie das Verhalten der Gefragten genau, um festzustellen, ob sie irgendwelche Anzeichen für Angst zu verbergen versuchten.

Zu Beginn der EMDR-Verarbeitung fokussierte Momi auf eine besonders starke Turbulenz, in die sie einmal während eines Fluges geraten war. Sie beschrieb einen Flug im Jahre 1991, in dessen Verlauf sie ein schweres Unwetter mit gewaltigen Regengüssen, Blitzen, heftigem Wind und ohne jede Sicht miterlebt hatte. Sie erinnerte sich noch genau daran, wie sie in jenem Flugzeug gesessen hatte, das aufwärts, abwärts und zur Seite geschlingert war. Sie hatte in jenem Unwetter die Hand einer kleinen japanischen Frau, die neben ihr saß, umklammert. Momi sagte, sie habe in jener Situation extrem starke Angst gehabt – vom Belastungswert zehn auf der Skala von null bis zehn. Ihr Magen fuhr Achterbahn, ihre Brust war völlig angespannt, und das Adrenalin strömte durch ihren Körper. »Das könnte es sein – das Ende meines Lebens«, rief sie völlig entsetzt. »Oh Scheiße! Das ist es!«

Sie folgte mit den Augen den grünen Lichtern meiner Leuchte und beschrieb, was in ihrem Geist vor sich ging. Was sie besonders beunruhigte, war die Plötzlichkeit eines Flugzeugabsturzes. »*Davor* habe ich Angst, verstehen Sie? Das Flugzeug stürzt, und ich habe nur noch dreißig Sekunden oder eine Minute, um mich von meinem Leben zu verabschieden. *Das* macht mir Angst.«

Diese Angst bezog sich auf das Gefangensein und das Verbrennen, so wie es bei Claudine gewesen war. Deshalb vermutete ich bei ihr eine sekundäre Traumatisierung: daß in Momi ein inneres Bild mit entsprechendem Affekt existierte, welches mit ihrer Vorstellung vom Tod ihrer Freundin zusammenhing.

Ich bat Momi, mir zu erzählen, wie Claudine gestorben war. Sie antwortete: »Das Flugzeug ging beim Aufprall in Flammen auf, und alle Insassen verbrannten. Sie war an ihren Sitz gefesselt.«

Ich bat sie zu beschreiben, wie sie sich die Augenblicke vor und nach dem Aufprall vorstellte, so als handle es sich um einen Film. Unterdessen setzte sie die Augenbewegungen fort. Ich hatte das Gefühl, daß diese Vorstellung die Grundlage ihrer Angst vor Turbulenzen war.

»Das Flugzeug sinkt. Die Motoren frieren ein. Überall ist Schnee. Jede Orientierung ist unmöglich. Es ist soviel Schnee in der Luft, daß wir einfach nicht wissen, wo wir sind – PENG! Wir schlagen auf einem Berg auf! BUMM! Ich verliere das Bewußtsein. Das Feuer kommt. Ich bin mir nicht dessen bewußt, daß ich verbrenne. Eine totale, alles umfassende Angst. Wir wissen nicht, wo wir sind. Und dann [Momi klatscht einmal sehr laut] PENG! Ich glaube, *das* war das Schreckliche – nicht in der Lage zu sein, das Leben zu einem guten Abschluß zu bringen.«

Momi fing an zu weinen. »Ich fühle mich so schrecklich und bin so traurig wegen Claudine! Wie schrecklich! In der Blüte ihres Lebens. Was für ein Tod – ein paar Minuten lang äußerster Schrecken, und dann PENG!«

Momi wurde klar, daß sie zwar hoffte, nicht bei einem Flugzeugabsturz zu sterben, daß sie aber abgesehen davon einen großen Teil ihres Lebens bereits hinter sich hatte. »Mir geht es gut, und ich lebe schon seit etlichen Jahren. Mein Tod wäre nicht so tragisch, wie der von Claudine es war.« Sie sah den Unterschied zwischen sich selbst im Alter von 55 Jahren und Claudine, die bei ihrem Tod 29 Jahre alt gewesen war.

Als Momi zu dem Bild von Claudines Flugzeugabsturz zurückkehrte, packte die Angst sie erneut. Ihr wurde klar, daß sie jenem schrecklichen PENG! ins Auge blicken mußte. »Ich muß mit jenem PENG! Frieden schließen. Nur dadurch kann ich ihm seinen Schrecken nehmen. Bisher habe ich mich dagegen gesträubt. Ich muß das PENG!-Alles-ist-vorbei erleben.« Sie stellte sich den Augenblick des Aufpralls und ihren eigenen Tod vor, während sie Augenbewegungen ausführte.

»Es ist gräßlich, in solch einem weißen Nebel zu stecken. Die Turbulenzen sind sehr stark, der Motor fängt an zu stottern, und die Tragflächen überfrieren. Man sagt sich: ›Oh Scheiße, das wars dann wohl tatsächlich‹, aber man glaubt es noch nicht so recht. Aber man sagt es, und dann PENG! Tot. Ich meine bewußtlos. Ich denke, ›Okay, jetzt ist alles vorbei.‹ Ooooh! PENG! [Sie klatscht die Hände zusammen, um den Knall nachzuahmen, und dann schweigt sie.] Ich lebe noch. [Sie kichert und schweigt dann wieder.] Das Schöne ist, daß ich noch lebe. Mein Körper ist tot. Aber die Angst ist nicht mehr da. *Dort* war Angst.«

Spontan hörte sie Claudine sprechen. Die »Botschaft« war Claudines Beschreibung darüber, wie es war zu sterben. *»Es ist nur schrecklich, wenn man dagegen ankämpft – das war schrecklich. Das tatsächliche PENG war nicht so schlimm. Und danach war ich leicht desorientiert – als Geist –, aber das Schlimmste waren die Minuten, in denen ich gegen das Unvermeidliche angekämpft habe. Das Schreckliche war die Verwirrung und die Ungewißheit. Wir alle waren in Panik und schrien. Wir alle hatten unvorstellbare Angst, und das war die Hölle.«*

Claudines Worte waren für Momi eine wichtige und tröstliche Botschaft. »Was sie gesagt hat, erscheint mir sehr wichtig. Auf der anderen Seite ist es gut. Das PENG selbst war nicht so schlimm. Der eigentliche Aufprall ist sehr kurz. Sie hat gesagt, wenn ich in eine Turbulenz komme und mich von der Angst überwältigen lasse, dann leiste ich Widerstand und versuche, gegen das Geschehen anzukämpfen. *Das* ist die eigentliche Hölle und der Grund für die Angst.«

Momi wurde klar, daß sie sich dafür entscheiden konnte, sich bei einem tatsächlichen Flugzeugabsturz anders zu verhalten. »Ich weiß, daß ich den Flug genießen könnte, was auch immer geschehen würde – und die Chancen sind ohnehin ziemlich hoch, daß alles gut ausgeht – sie liegen über 99 Prozent!«

Momi kehrte erneut zum Bild von Claudines Tod zurück, und als sie mit den Augenbewegungen begann, hörte sie Claudine wieder sprechen. Was Momi nun hörte, veränderte ihre Ansicht über die Bedeutung des Todes ihrer Freundin völlig.

»Claudine, die auf der anderen Seite ist, kommt von dort zurück. Sie stellt sozusagen die Uhr zurück und sagt: ›Heh, was dir als so beängstigend erscheint, braucht dich nicht zu ängstigen. Ich habe das alles einschließlich des abschließenden schrecklichen PENG! erlebt, und es war gar nicht so schrecklich. Du hast es für tragisch gehalten, daß ich in der Blüte meines Lebens gestorben bin. Und mit menschlichen Maßstäben gemessen war es tatsächlich tragisch. Aber meine Zeit war einfach um. Für manche von uns ist die Zeit um, wenn sie erst zwei Monate alt sind. Andere schaffen neunzig Jahre, und ein paar sogar hundert. Aber immer urteilen die Hinterbliebenen darüber, ob der Tod eines Menschen tragisch war oder nicht.‹ Aus dem, was sie gesagt hat, höre ich heraus, daß es für sie Zeit war.«

Momi wurde sich dessen bewußt, daß sie die Stimme ihrer inneren Weisheit von der inneren Stimme der Angst unterscheiden konnte. Außerdem war sie zutiefst bewegt, weil sie das Gefühl hatte, von »einer Art spiritueller Führung« geleitet und geschützt zu werden.

Als Momi später erneut zum Bild von Claudines Flugzeugabsturz zurückkehrte, sah sie zwei Bilder auf einem »geteilten Bildschirm«. Das eine zeigte Claudines letzte Minuten unmittelbar vor dem Aufprall, das andere die letzten Minuten eines beängstigenden Inselflugs, den Momi miterlebt hatte. Sachlich stellte sie fest: »Das eine Mal ist es gut gegangen, das andere Mal nicht – das ist *im Grunde* die einzige Wahrheit. Alles andere ist Interpretation.« Momi wußte, sie konnte einen Absturz überleben oder nicht – in jedem Fall bestand die Chance, ihn zu überleben. Ich forderte sie auf: »Vergegenwärtigen Sie sich weiter das Doppelbild und die Überzeugung ›Ich kann abstürzen oder nicht‹.«

Zuerst verarbeitete sie das Bild von ihrem Flug zu einer anderen Insel. Ihre Angst war nun wesentlich schwächer, und sie war in der Lage, sie unter Kontrolle zu halten. Sie sah, wie das Flugzeug sicher landete. Dann wandte sie sich dem Bild von dem Absturz zu. Sie versetzte sich in Claudines Situation, in der Momi abstürzte und starb. »Wir sind in einem kleinen Flugzeug in ein schweres Schneetreiben geraten, und ... nein, ich verändere es. Es donnert und blitzt, ich sitze in einem großen Flugzeug von United Airlines über dem Pazifik, und kein Land ist in Sicht. Das ist das Übliche. Der Computer fällt aus, ein Flügel fällt ab, und das wars.«

Sie hörte ihren »spirituellen Führer«:

»Momi, das ist Es. Bereite dich auf den Absturz vor.« Vielleicht haben wir noch eine oder zwei Minuten, vielleicht auch nur noch ein paar Sekunden, aber ein paar Sekunden sind es in jedem Fall. Er sagt: »Das ist alles, was du brauchst – ein paar Sekunden. Mach dich bereit.«

Ich stelle mir vor, wie ich mich sehr ruhig auf den Aufprall vorbereite. Völlig zentriert. Und mehr ist nicht erforderlich. Nichts von einem »Rückblick auf das ganze Leben«. Er sagt auch: »Es kann sein, daß du einen Augenblick tiefsten Friedens erlebst – ein paar Sekunden bevor du stirbst – in einer schrecklichen Situation. Das bedeutet, daß du dein Leben ständig in Ordnung halten solltest. Wenn du es nicht tust, wirst du einen schrecklichen Tod erleben. Es ist wichtig, mit Menschen im Reinen zu bleiben, mit denjenigen, die einem nahestehen, mit denjenigen, die einem wichtig sind. Sage denjenigen, die du liebst, *daß* du sie liebst. Du brauchst es ihnen nicht einmal zu sagen, du kannst es ihnen einfach zeigen. Und wenn du dich über bestimmte Menschen geärgert hast oder wütend auf sie bist, dann bring diese Dinge ins Reine.«

Ich sehe – oh, das ist wunderschön – ich lasse diesen gewaltigen Aufprall vollkommen zu, weil ich gar nichts anderes tun kann. Mein ganzer Körper ... alles explodiert wie in Zeitlupe, und meine Seele schwebt darüber – geht einfach mit dem Geschehen mit. Ich bin sehr ruhig.«

Wir waren beide sehr bewegt. Momi war gestorben, doch ihre Seele existierte weiter. Sie empfand ein Gefühl tiefen Friedens.

Als ich sie bat, sich noch einmal das geteilte Bild zu vergegenwärtigen und zu beschreiben, was sie nun sah, antwortete sie: »Mir fällt dazu ein: könnte sein, wird es aber wahrscheinlich nicht.« Sie lachte. »Könnte abstürzen, wird es aber wahrscheinlich nicht.« Sie fühlte sich »wunderbar«.

»Es ist für mich sehr wichtig zu sagen: ›Könnte sein, wird es aber wahrscheinlich nicht‹«, erklärte sie. »Wenn es passiert, passiert es – zumindest habe ich mich *hier* schon damit beschäftigt.«

Sie vergegenwärtigte sich unterschiedliche Bilder mit der neuen Überzeugung »Könnte passieren, wird es aber wahrscheinlich nicht«. Die Bilder und die damit verbundenen Emotionen hatten sich völlig verändert! Leichtigkeit und Lachen waren an die Stelle des vorherigen Schreckens getreten. Aus ihrer neuen transpersonalen Perspektive nahm Momi den Tod nicht mehr so ernst. Ich war verblüfft über ihre geradezu kosmische Heiterkeit!

»Ich stelle mir nur vor [sie lacht], ich säße auf dem Flugzeugsitz«, sagte sie. »Meine Seele ist ... Ich bin immer noch angeschnallt. Könnte passieren, wird es aber wahrscheinlich nicht«, sang sie vor sich hin. »Ich gehe den Gang auf und ab, habe eine Rassel in der Hand, gehe zu allen, die besonders verängstigt wirken und sage zu ihnen [sie singt]: ›Wir könnten abstürzen, werden es aber wahrscheinlich nicht.‹ Schließlich singen alle im Flugzeug ›Wir *könnten* abstürzen, werden es aber wahrscheinlich nicht – chacha, chacha, chacha.‹ Wir haben alle unseren Spaß.« Momi war in einer übermütigen Stimmung und lachte fröhlich, während sie von ihrem phantasierten Flug erzählte.

Da sie ihre Angst aufgelöst zu haben schien, bat ich sie, sich den Rückflug nach Hawaii vorzustellen, den sie am nächsten Tag antreten würde. Während sie sich diesen Flug vorstellte, tauchten ein paar ängstliche Augenblicke auf, die wir jedoch mit Hilfe der Augenbewegungen schnell auflösten. Bei der Vorstellung einer Turbulenz wurde sie etwas nervös, doch bei dem Gedanken, daß sie sich in dieser Situation durch Augenbewegungen beruhigen könnte, legte sich die Angst wieder. Sie erklärte, dies helfe ihr, die Angst aus ihrem Geist zu vertreiben. Momi verspürte zwar immer noch ein leichtes Kribbeln im Bauch, aber keine Panik mehr.

Meist sah sie sich fröhlich durch das Flugzeug tanzen und singen. »Wenn ich merke, daß sich eine Angst in mir rührt, benutze ich manchmal dieses kleine Mantra ›Könnte sein, wird es aber wahrscheinlich nicht‹. Es macht Spaß, ein Lied zu singen. Ich weiß nicht, ob ich das tatsächlich tun würde, aber zumindest innerlich singe ich dieses Lied, und es heitert mich sehr auf.«

Zwei Wochen später erzählte mir Momi, daß der Erfolg unserer Arbeit auf ihrem Rückflug nach Hawaii einem ziemlich drastischen Praxistest unterworfen worden sei. Etwa 35 Minuten nach dem Abflug hatte der Pilot eine leichte Turbulenz angekündigt. In jenem Augenblick hatte Momi ihre Emotionen überprüft und festgestellt: »Mir geht es gut. Gewöhnlich würde ich in einem solchen Augenblick sofort ein Glas Wein trinken, um meine Nerven zu beruhigen, insbesondere wenn schon eine Turbulenz eingesetzt hätte. Doch nun merke ich, daß ich so früh am Tag noch keine Lust auf Wein habe. Fazit: Im Augenblick brauche ich meine Nerven nicht zu beruhigen.«

Gegen Ende der Essensausgabe bat der Pilot die Passagiere, die Sitze nicht zu verlassen und sich anzuschnallen, und auch das Servicepersonal wurde aufgefordert, sich hinzusetzen. Damit begann eine jener starken Turbulenzen, auf die sich Momi durch unsere Arbeit vorbereitet hatte. Das Flugzeug sackte durch und ächzte und knirschte bedenklich. Erneut überprüfte Momi ihren Zustand.

»Bei jedem Satz, den das Flugzeug machte, brüllen die Passagiere unisono ›Uahh! Haaach!‹ Obwohl auch durch meinen Körper Adrenalin jagt, brülle ich nicht mit, sondern ich lache! Auch ich bin sehr aufgeregt und habe Angst, aber ich lache! Ich nehme die Hand meines Nachbarn, zufällig ein Flugbegleiter außer Dienst, und bitte ihn, mir alle Turbulenzen zu schildern, die er jemals miterlebt hat, und mir zu sagen, wie schwer die augenblickliche im Vergleich dazu ist. Er sagt, sie sei ziemlich stark, aber er habe auch schon schlimmere miterlebt, wobei diese länger dauere als gewöhnlich – etwa 45 Minuten. Ich stelle fest, daß ich aufgeregt, aber nicht in Panik bin. Innerlich singe ich mehrmals: »Könnte sein, aber eher nicht« und mache ein paar Augenbewegungen. Das Adrenalin kommt und geht bei jedem Satz des Flugzeugs, aber mir geht es gut! Ich terrorisiere mich nicht selbst, indem ich mir vorstelle, wie das Flugzeug ins Meer stürzt, so wie ich es vorher viele Male getan habe.«

Momi war in einem Zustand freudiger Erregung, so als würde sie auf einer Achterbahn fahren. Sie verspürte nicht das Bedürfnis zu beten. »Diese Erfahrung hat mich nicht im geringsten traumatisiert. Wenn mir jemand ein Ticket zurück nach San Francisco angeboten hätte, hätte ich wohl nicht gezögert, es anzunehmen.«

Der Rest des Fluges verlief ruhig und sogar angenehm. Später bei der Gepäckausgabe bemerkte sie, daß einige Mitreisende ziemlich mitgenommen wirkten. »Ein Passagier sagte: ›Mannomann! Das war ja die reinste Himmelfahrt!‹ Und eine Frau rief aus: ›Das war der schlimmste Flug, den ich jemals miterlebt habe!‹«

Während Momi den verängstigten Passagieren zuhörte, merkte sie, wie erfreut sie über die Veränderung war, die sie durchgemacht hatte. »Vor der EMDR-Sitzung wäre ich nach einer solchen Turbulenz froh gewesen, überlebt zu haben. Diesmal jedoch habe ich gedacht, ›Wow, das ist ja ein ordentlicher Adrenalinstoß – eine echte instinktive Reaktion‹, aber ich habe keinen Gedanken gehabt wie: ›Jetzt ist alles aus. Adios, Momi.‹« Sie war von ihrem alten Trauma befreit.

Momi sagte zu mir: »Daß ich dem Tod ins Auge geschaut habe und auf die andere Seite hinübergegangen bin, hat einen wichtigen Einfluß auf mein Leben gehabt.« Sie hatte keine Angst mehr vor dem Fliegen. Sie hatte tiefe philosophische Erkenntnisse gehabt, die ihr ganzes Leben umgewandelt hatten. Vorher hatte sie den Tod immer als eine Tragödie angesehen, doch nun sah sie ihn aus transpersonaler Perspektive. Für Claudine war es an der Zeit gewesen zu sterben. »Nur aus unserer engen menschlichen Perspektive betrachtet schien dies nicht in Ordnung zu sein.« Momi hatte mit Claudines Tod Frieden geschlossen. Außerdem fühlte sie sich in stärkerem Maße bereit, zu akzeptieren, was das Leben mit sich brachte. »Jeden Tag *könnte* ich an der Reihe sein, aber wahrscheinlich werde ich es nicht sein. Ich habe das Gefühl, stärker in der Gegenwart zu leben.«

Zehn
Die Transformation eines Lebens
Melanies Geschichte

Melanies Geschichte, von der ich Teile bereits im Verlauf dieses Buches beschrieben habe, umfaßt viele der Aspekte von EMDR, die durch die bisherigen Kapitel veranschaulicht wurden. Sie demonstriert die Tiefe und Komplexität der Integration von EMDR in den Kontext einer längeren Therapie, in der vielfältige Probleme behandelt werden. Melanies Behandlung ist eine inspirierende Geschichte der Entdeckung, Genesung und Transformation.

Die dreijährige Arbeit mit Melanie war eine der größten Herausforderungen meiner gesamten therapeutischen Karriere, und ich sehe es als eine Ehre an, die Gelegenheit dazu erhalten zu haben. Die Sitzungen mit dieser Klientin glichen zeitweise einem allwöchentlichen Abstieg in die Hölle, in dessen Verlauf wir schauerliche Tiefen durchreisten, in denen Melanie unaussprechliche Schrecken offenbart wurden. Nach jeder Rückkehr von einer solchen Reise in die Unterwelt schien die Klientin einen Teil ihres verlorenen Ich wiedergefunden zu haben, und sie fühlte sich jedesmal stärker und war fester entschlossen, erneut an jenen Ort des Schreckens zurückzukehren. Oft begannen unsere

Sitzungen mit nichts weiter als einer Körperempfindung, einer Flashback-Szene oder einem Alptraum, und wir hatten keine Vorstellung darüber, wohin die Reise gehen würde. Aufgrund meines Vertrauens in die Heilkraft von EMDR sowie in meine Fähigkeit, mich trotz des unbekannten Reiseziels wohlzufühlen, und in meine gut entwickelte Intuition ist es mir gelungen, Melanie durch alle Blockaden zu geleiten.

Melanie war wegen starker Depressionen und Angstgefühle zu mir gekommen. Sie trank sehr viel Alkohol, um ihre Situation ertragen zu können, und sie war emotional sehr verschlossen. Sie war noch nie in psychotherapeutischer Behandlung gewesen und mißtraute Ärzten. Andererseits suchte sie verzweifelt nach einer Möglichkeit, ihre Situation zu verbessern. Sie wollte ihren sich ständig wiederholenden Alpträumen ein Ende machen und wünschte sich sehnlichst, von ihrer Panik und ihrer unerträglichen Angst befreit zu werden.

Als ich Melanie das erste Mal traf, war es, als würde sie sich hinter einer Mauer verstecken. Ich sah es als eine Herausforderung an, sie hinter ihrer Mauer zu erreichen und eine Verbindung zu ihr herzustellen. Manchmal wirkte sie wie in sehr weiter Ferne.

Für sie war Therapie etwas völlig Fremdartiges. Sie hatte nur wenige Freunde und teilte niemandem mit, was tief in ihrem Inneren vor sich ging. Ihre Beziehungen – sogar ihre Beziehung zu sich selbst – waren oberflächlich. Sie hatte weder Ambitionen zu psychologischer Introspektion, noch hatte sie irgendwelche Vorkenntnisse über diesen Bereich, und sie hatte sich noch nie auf grundsätzlichere Weise mit ihrem Leben beschäftigt. Manchmal schaute sie mich während unserer Sitzungen mit einem Ausdruck völligen Unverständnisses an, so als würde ich in einer Fremdsprache sprechen.

Obwohl viele von Melanies Symptomen auf erlebten sexuellen Mißbrauch hindeuteten, konnte sie sich nicht an ein derartiges Erlebnis erinnern, und sie war völlig schockiert, als entsprechende Bilder, Körperempfindungen, Geschmäcke und Gerüche in ihrer Erinnerung auftauchten, die plausibel erschienen – einmal abgesehen davon, daß es entsetzlich und äußerst schwierig war, sie zu integrieren. Sie hatte keinerlei Kontakt zu ihren Emotionen und fühlte sich die meiste Zeit über wie betäubt. Den Ausdruck von Gefühlen ließ sie generell nicht zu. Sie *konnte nicht* weinen. Sie ignorierte ihren Körper. Sie überschlug Mahlzeiten, aß als Hauptmahlzeit Zuckerzeug und trank exzessiv. Sie vertraute anderen Menschen nicht und hatte nie in nüchternem Zustand sexuelle Intimität mit einem Mann erlebt.

Unsere Arbeit umfaßte drei Phasen. Die erste dauerte etwa zwei Monate. In dieser Zeit trafen wir uns wöchentlich, entwickelten Rapport und konzentrierten uns darauf, daß Melanie abstinent wurde. Ich arbeitete gesprächstherapeutisch mit ihr, und sie fing an, ein Tagebuch zu führen. Dieses wurde für sie später zu einer wertvollen Ressource.

Während der zweijährigen, besonders intensiven mittleren Behandlungsphase, in der die eigentliche EMDR-Verarbeitung stattfand, trafen wir uns zweimal pro Woche. Im Laufe einer 90minütigen (oder noch längeren) EMDR-Sitzung verarbeiteten wir auftauchende Erinnerungen an Mißbrauchserlebnisse, und in einer zweiten 50minütigen, der Integration dienenden Sitzung in der gleichen Woche sprachen wir über alles, was in der vorangegangenen EMDR-Verarbeitungssitzung aufgetaucht war.

Außer EMDR benutzte ich bei der Arbeit mit Melanie auch die Technik der geleiteten Phantasie, um es der Klientin zu ermöglichen, einen sicheren Ort zu etablieren, den sie dann zu Beginn jeder Sitzung in ihrem Geist aufsuchte. Außerdem befaßten wir uns mit Melanies innerem Kind, so daß sie eine enge und mitfühlende Beziehung zu ihrem kindlichen Ich entwickeln konnte, zu jenem Aspekt von ihr, der so verängstigt und so mißtrauisch gegenüber anderen Menschen und der ganzen Welt war. Durch unsere Arbeit lösten wir eine schreckliche Erinnerung nach der anderen auf. Nach jeder Verarbeitungssitzung hatte Melanie das Gefühl, ihr Körper würde von einer riesigen Last befreit. Fast immer fühlte sie sich danach sehr ruhig. Schließlich erlangte sie ihr Vertrauen wieder und entwickelte die Zuversicht, daß es uns gemeinsam gelingen würde, alle Probleme zu überwinden. Während ihre Erinnerungen auftauchten und verarbeitet wurden, ließen ihre Flashbacks, Alpträume und Ängste allmählich nach und verschwanden schließlich völlig.

Parallel zu unserer Arbeit war sie bei einem Psychiater in Behandlung, der ihr gegen ihre Depression ein Antidepressivum verschrieb, weil dieselbe trotz der Auflösung ihrer Traumata weiterhin bestehen geblieben war. Das Medikament schien Melanies Reaktion auf die EMDR-Verarbeitung nicht negativ zu beeinflussen.

Nach zweijähriger intensiver Therapie hatte Melanie offenbar den größten Teil ihrer Kindheitstraumata verarbeitet. Sie fühlte sich nun allgemein wesentlich ruhiger. Ihre Alpträume waren fast gänzlich verschwunden, und sie konnte wieder gut schlafen. Sie hatte eine optimistische Einstellung dem Leben und neuen Bekanntschaften gegenüber entwickelt, nahm an Weiterbildungskursen teil, ging gern spazieren, ernährte sich gut und trainierte regelmäßig ihren Körper.

Den Tätern ihrer Mißbrauchserlebnisse gegenüber fühlte sie sich »neutral« und ruhig – sogar in Anwesenheit von zweien von ihnen, die regelmäßig an Familientreffen teilnahmen. Sie konnte nun wieder weinen und hatte Zugang zum vollständigen Spektrum ihrer Emotionen. Sie war seit über zwei Jahren trocken und verspürte kein Bedürfnis nach Alkohol mehr.

Während der dritten und letzten Therapiephase kam Melanie alle zwei Wochen zu mir. In dieser Zeit beschäftigten wir uns mit ihren Beziehungen und mit tieferen Fragen des Lebens und der Spiritualität. Hin und wieder trafen wir uns zusätzlich zu einer EMDR-Verarbeitungssitzung, weil eine belastende Erinnerung aufgetaucht war, aber das war nur sehr selten der Fall. Der »Waldbrand« war gelöscht, doch glühten hin und wieder noch Funken auf, die genauer Beobachtung bedurften. Der intensivste Teil der Arbeit lag hinter uns, und die Sitzungen der dritten Phase verliefen im allgemeinen sehr ruhig und ohne den Druck, der die vorherige Arbeit geprägt hatte. Melanie hatte angefangen, ihr Leben völlig neu zu organisieren, und sie entwickelte nun all jene Fähigkeiten im interpersonellen Kontakt, auf die sie infolge ihrer Mißbrauchserlebnisse bisher hatte verzichten müssen.

Die Beschreibung ihrer Erfahrung der EMDR-Arbeit wurde für Melanie zu einem wichtigen Teil ihres Heilungsprozesses. »Daß meine Geschichte in Laurels Buch veröffentlicht werden soll, ist für mich eine ungeheure Chance, für die ich sehr dankbar bin. Auf diese Weise mein Schweigen zu brechen, ist für mich ein wichtiger Schritt auf meinem lebenslangen Weg der Suche nach Heilung und geistigem Frieden.« Es folgt Melanies Bericht.

Melanie erzählt ihre Geschichte

Der Beginn der Therapie

Ich erinnere mich, wie ich den absoluten Tiefpunkt erreichte. Es war am Morgen des ersten Weihnachtstages, und ich hatte einen schrecklichen Kater; vielleicht war ich sogar noch betrunken. Allmählich erinnerte ich mich, daß ich am Vorabend wieder einmal große Mengen Wodka getrunken hatte. Dieses exzessive Trinken war für mich Routine. Während der vorangegangenen sieben Monate war es für mich immer schwieriger geworden, die allmächtige Dröhnung zu bekommen. Ich konnte einfach nicht genug und vor allem nicht schnell genug trinken, um high zu werden.

Der Zweck meines Trinkens war, den Schmerz zu betäuben, der in meinem Herzen explodierte. Daß ich Schmerz empfand, war schon ziemlich merkwürdig, weil ich mich eigentlich tot fühlte – so als wäre ich in einer Dämmerzone des Nichts gefangen. Doch irgendwo in jenem undurchdringlichen Nichts war ein unglaublicher Schmerz, der täglich stärker wurde. Ich blieb in diesem schrecklichen emotionalen Zustand, bis ich von ständigem Kotzen, Durchfall, Kopfschmerzen, Magenkrämpfen, Benommenheit und Blackouts völlig erschöpft war.

269

Wie war ich an diesen Punkt gekommen? Es war mir lange recht gut gelungen, meinen Schmerz aus dem Bereich meines Bewußtseins fernzuhalten. Doch der plötzliche Verlust einer Arbeit, die ich sehr geschätzt hatte, hatte meine schützende Abwehr zerstört und mich in die Dunkelheit der Hölle gestoßen. Und an jenem Weihnachtsmorgen wurde mir durch den alkoholinduzierten Nebel in meinem Gehirn hindurch klar, daß ich so nicht weitermachen konnte. Mir standen noch zwei Möglichkeiten offen: Selbstmord zu begehen oder Hilfe zu suchen.

Zwei Wochen später hatte ich meine erste Behandlungssitzung bei Laurel. Ich kann mich nicht mehr an Einzelheiten erinnern, nur daran, daß sie mir etwa zwanzig Minuten zuhörte und mir dann unumwunden sagte: »Sie sind Alkoholikerin, und Sie müssen aufhören zu trinken, damit ich Ihnen helfen kann.«

Ich glaubte nicht, daß ich Alkoholikerin war. Sicherlich trank ich manchmal zuviel, aber das war in meinen Augen kein großes Problem. Ich stellte mir vor, daß ich einfach für ein paar Monate mit dem Trinken Pause machen, durch die Therapie wieder aufgemöbelt werden und dann wieder zu Trinken anfangen könnte.

In der nächsten Sitzung drehte ich völlig durch. Ich war so erregt, daß ich nicht auf dem Stuhl sitzen bleiben konnte. Ich ging unablässig im Behandlungszimmer auf und ab, bis ich schließlich in einer Ecke zusammenbrach und heftig zu zittern begann. Ich war wahnsinnig wütend auf Laurel. Daran war *sie* schuld! Sie hatte schließlich die glorreiche Idee gehabt, ich sollte mit dem Trinken aufhören!

Laurel erklärte mir daraufhin, ich litte unter Entzugserscheinungen, und sie empfahl mir, während dieser Zeit in einem Krankenhaus Hilfe zu suchen. Darauf entgegnete ich: »Auf gar keinen Fall! Kein Krankenhaus, kein Arzt – nur Sie und ich.« Durch meine starke Erregung wurde mir jedoch klar, daß das Trockenbleiben nicht so leicht werden würde, wie ich geglaubt hatte.

Zwei Monate lang traf ich Laurel einmal wöchentlich, und sie versuchte, mir zu helfen, trocken zu bleiben und mich zu stabilisieren. Sie beharrte darauf, daß ich unter schweren Depressionen litte und deshalb Medikamente einnehmen müsse. Doch davon wollte ich nichts wissen. Ich glaubte, das, was ich erlebte, sei allein dem Alkoholentzug zuzuschreiben und würde deshalb bald aufhören. Aber mir ging es immer schlechter. Meine Dämmerzone des Nichts entwickelte sich zu einem wirbelnden schwarzen Loch, das mich in sich hineinzog.

Ich blieb zwei Monate lang trocken und kämpfte in dieser Zeit ständig mit dem Wunsch und dem Bedürfnis nach Alkohol sowie gegen Freunde, die bewußt versuchten, meine Bemühungen zu unterminieren. Schließlich gelang es einem meiner »guten Freunde«, mich zu »ein paar Drinks, die mir nicht schaden könnten«, zu überreden.

Nach diesen paar Drinks in einer Bar ging ich wie gewöhnlich zu meiner Sitzung mit Laurel. Als die Wirkung des Alkohols nachließ, erlebte ich *einen schrecklichen Zusammenbruch*. So etwas hatte ich noch nie erlebt. Es war, als würde ich mit einem außer Kontrolle geratenen Aufzug innerhalb von drei Sekunden vom fünfzigsten in den ersten Stock hinabsausen. In der EMDR-Verarbeitung wurde klar, daß ich den ständigen Kampf darum, mich funktionsfähig zu halten und zu verhindern, daß das schwarze Loch mich verschlang, müde war. Außerdem förderte die Verarbeitung meinen Selbstmordplan zutage, den ich für die perfekte Möglichkeit hielt, meinen Schmerzen ein Ende zu machen.

Laurel ermahnte mich erneut, mit dem Trinken völlig aufzuhören und mir von einem Arzt ein Antidepressivum verschreiben zu lassen. Diesmal wirkte diese Aufforderung anders auf mich als vorher. Während der letzten zwei Stunden hatte ich schreckliche Angst bekommen und war nun überzeugt, daß ich tatsächlich ziemlich krank war. Endlich war mir klar, daß ich alles daransetzen mußte, trocken zu werden.

Von diesem Zeitpunkt ab suchte ich Laurel zweimal wöchentlich auf, und unsere gemeinsame Arbeit richtete sich zunächst darauf, daß ich trocken blieb. Ich engagierte mich nun wirklich mit allen verfügbaren Mitteln für dieses Ziel. Unter anderem las ich Bücher und Artikel über Alkoholismus sowie darüber, wie man trocken werden und bleiben kann. Mittlerweile habe ich seit fünf Jahren keinen Alkohol mehr getrunken.

Zu einem bestimmten Zeitpunkt fing ich an, AA-Treffen zu besuchen. Laurel hatte mir schon vor längerer Zeit vorgeschlagen, es einmal mit den Anonymen Alkoholikern zu versuchen, doch hatte ich mich zunächst dagegen gewehrt, weil ich Angst vor Menschen hatte. Doch nachdem ich allmählich lernte, mit Laurel zu kommunizieren und ihr zu vertrauen, entwickelte ich genügend Selbstsicherheit, um mich ein wenig in die Welt vorzuwagen. Anfangs waren die AA-Treffen für mich eine Hilfe. Es war gut, die Geschichten anderer Menschen zu hören und mir darüber klar zu werden, daß ihre Gefühle, Probleme und Kämpfe den meinen ähnlich waren. Doch stellte ich im Laufe der Zeit fest, daß es mir aufgrund der EMDR-Behandlung immer besser ging und daß sich mein Leben weiterentwickelte, wohingegen die Leute in der AA-Gruppe endlos an den Treffen teilnahmen und sich ihre Berichte über ihre Probleme endlos wiederholten. So merkte ich allmählich, daß die AA nichts für mich waren. Die Therapie bei Laurel war für mich die bessere Alternative, denn dort gelang es uns gemeinsam, meine Probleme offenzulegen und zu bewältigen.

Die Mißbrauchserlebnisse treten zutage
Beginn der EMDR-Verarbeitung

Nach jener entscheidenden Therapiesitzung war ich davon überzeugt, daß ich wegen meiner Depression Hilfe benötigte, und begann deshalb mit der Einnahme eines Medikaments. Es dauerte jedoch ganze drei Wochen, bis das Mittel zu wirken anfing, und diese drei Wochen waren für mich eine Ewigkeit. Schließlich fühlte ich mich dann doch etwas besser, und ich glaubte, nun würde die Situation für mich ein wenig einfacher.

Doch leider war das nicht so! Alpträume setzten ein. In ihnen war ich gefangen, konnte nicht atmen und fühlte mich heiß oder kalt. Andere Menschen waren hinter mir her. Jeden Morgen wachte ich völlig erschöpft auf. Mir war absolut nicht klar, woher diese Alpträume rührten, und mir kam der Verdacht, daß ich als kleines Mädchen irgend etwas Schreckliches erlebt haben mußte.

Als ich eines Tages nach einer Therapiesitzung, in der ich Laurel von meinem neuesten Alptraum erzählt hatte, nach Hause fuhr, fühlte ich mich besonders schrecklich. Plötzlich wurde mein ganzer Körper von einer Angst gepackt. Ich zitterte und hatte das Bedürfnis, mich in einer Ecke zu verkriechen und zu weinen. Ich hatte absolut keine Ahnung, was dahintersteckte. Die Alpträume wurden noch stärker.

Zwei Tage später rief ich Laurel an. Ich war sehr wütend auf sie. Sie hatte irgend etwas bei mir ausgelöst. Wie hatte sie das tun können, wo ich doch sowieso nur mühsam mit meiner Situation zurechtkam? Sie selbst sagte doch ständig, daß ich mich erst einmal stabilisieren müsse, bevor wir richtig mit der Arbeit beginnen könnten. Wie sollten wir denn jemals an diesen Punkt kommen, wenn ständig etwas neues Schreckliches dazwischenkam?

Ich war wütend, verwirrt, verängstigt und völlig außer mir. Ich fühlte mich wie ein zerbrechlicher Kristall, der in jedem Augenblick in Milliarden von Teilchen zerspringen konnte.

Am liebsten hätte ich mich wieder in einer Flasche Schnaps verkrochen – das war für mich vertrautes Gebiet! Doch mein neu entwickeltes Gewahrsein erinnerte mich ständig daran, daß Alkohol nur noch mehr Schmerz in meinem Leben erzeugen würde. Er hatte mir noch nie geholfen. *Es gab also keinen Ort, an den ich zurückkehren konnte. Ich konnte nur noch vorwärtsgehen.*

Während einer EMDR-Sitzung dämmerte mir, daß die Alpträume mit Erfahrungen zusammenhingen, die ich einer »liebevollen weiblichen Verwandten«, Tante Ruby, zu verdanken hatte. Einer der ersten Vorfälle, an die ich mich erinnerte, war, daß sie mich in einen kleinen dunklen Wäscheschrank im Badezimmer gedrängt, diesen dann von außen abgeschlossen und mich stundenlang darin hatte ausharren lassen. Sie hatte mich gewarnt, wenn ich schreien würde, würde sie mich noch länger darin lassen.

Doch Laurel wollte sich mit diesem Thema noch nicht intensiver beschäftigen, weil sie der Meinung war, daß meine allgemeine Situation noch zu unsicher sei. Ich kämpfte immer noch damit, trocken zu bleiben, und nahm das Antidepressivum erst seit einem Monat ein.

Ich litt ständig unter Alpträumen und wurde jeden Tag unruhiger. Deshalb konnten wir die EMDR-Arbeit an dem Vorfall im Badezimmer nur um zwei Monate hinauszögern. In der nach dieser Zeit stattfindenden nächsten EMDR-Verarbeitungssitzung traten Details eines erlittenen sexuellen Mißbrauchs zutage, und dies war die beängstigendste Therapiesitzung, die ich jemals erlebt habe.

In dieser Situation wies Laurel mich darauf hin, daß das kleine Mädchen in mir sich verletzt und verängstigt fühle. Sie sagte, wir müßten mit ihm kommunizieren und ihm ein Gefühl der Sicherheit und des Geschütztseins vermitteln, während ich diese Episoden erneut durchlebte. Dies war sehr wichtig, weil noch viele andere Vorfälle zutage traten und mein Entsetzen weiter zunahm.

Ich glaube heute, daß jene Vorfälle, die ich in meiner Kindheit verdrängt hatte, nun zutage traten, weil ich trocken war und mich bei Laurel sicher fühlte. Je häufiger ich mit ihr zusammenarbeitete, um so stärker wurde mein Vertrauen zu ihr. Sie war sehr zuverlässig. Sie belog mich nie und wurde auch nie wütend auf mich. Sie war geduldig und liebevoll. Wenn ich ihr eine Frage stellte und sie die Antwort nicht wußte, gab sie dies unumwunden zu. Und sie glaubte fest an die Wirkung des EMDR-Prozesses und an seine Heilkraft.

Dies war sehr wichtig für mich, weil meine Reisen in die Vergangenheit wahre Höllenfahrten waren. Meine Erinnerungen an das, was ich erlebt hatte, waren unglaublich klar und detailliert. Beispielsweise konnte ich in einer Sitzung, in der ich in das Alter von drei Jahren zurückversetzt wurde, das Geräusch näherkommender Schritte hören und den Geruch einer brennenden Zigarette riechen, und was das Schlimmste von allem war, ich spürte auch den Schmerz, den mein kleiner Körper in jener Situation erlitten hatte.

Mein Vertrauen zu Laurel war auch deshalb wichtig, weil ich manchmal während einer EMDR-Sitzung in einer bestimmten Erinnerung steckenblieb und die betreffende Mißbrauchsszene deshalb nicht vollständig verarbeiten konnte. In anderen Situationen fühlte ich mich in einer Art zeitloser Leere gefangen, die weder Vergangenheit noch Gegenwart war. Dies war für ein zwei-, drei- oder vierjähriges Kind sehr beängstigend. Doch gelang es Laurel stets, mich aus solchen Zuständen zu befreien. Manchmal wurde ich von ihrer Stimme wieder in die Sicherheit zurückgebracht, und in anderen Fällen trat sie in die Erinnerung ein, nahm mich bei der Hand und führte mich zurück.

Beispielsweise begannen wir eine EMDR-Sitzung mit der Arbeit an einem Alptraum, den ich in der vorangegangenen Nacht gehabt hatte. Schon bald tauchte eine Szene auf, in der ich im Alter von drei Jahren mit Tante Ruby zusammen in einem Schlafzimmer war. Ich hatte Angst und war aufgebracht, aber ich konnte Laurel nicht erzählen, was vor sich ging. Deshalb konnte sie mir bei der Bewältigung dieser Erinnerung auch nicht helfen. Statt dessen unterbrach sie die Erinnerung und geleitete mich zurück an meinen sicheren Ort.

In der nächsten Sitzung arbeiteten wir an dem Vorfall im Schlafzimmer und fanden heraus, warum ich in der vorherigen Sitzung so große Schwierigkeiten damit gehabt hatte: *Das kleine Mädchen war ermahnt worden, mit niemandem darüber zu sprechen.* Tante Ruby hatte ihm eine strenge Strafe angedroht, falls es mit irgend jemandem darüber sprechen würde. Nur weil das Kind Laurel vertraute, war es in der Lage, sein Schweigen zu brechen. Die Erinnerung förderte Schreckliches zutage: Das kleine Mädchen war nackt festgebunden und sexuell mißbraucht worden, und der einzige Zweck dieser Aktion war gewesen, dem Kind extrem starke Schmerzen zuzufügen.

Nach dieser Sitzung glaubte ich, das Schlimmste sei nun überstanden. Doch wieder hatte ich Unrecht. Die Erinnerungen, die auftauchten, wurden immer unerträglicher. Doch ich hielt durch. Ich gab nicht auf. Mir war klar, daß ich nur zwei Möglichkeiten hatte: Ich konnte entweder weitergehen und wachsen oder so bleiben, wie ich war, und würde mir dadurch ein friedliches und angenehmeres Leben für alle Zeiten unmöglich machen. Doch weiterzugehen bedeutete, daß ich noch viel Auf und Ab, Hoch und Tief, Glück und Traurigkeit sowie Schmerz und Kampf erleben würde.

Ich vermochte diesen ungeheuer schmerzhaften Prozeß Woche um Woche und Monat um Monat fortzusetzen, weil mir gelegentlich blitzartig klar wurde, daß sich mein Zustand verbesserte. Tatsächlich ging es mir besser als je zuvor! Außerdem stellte ich fest, daß Erinnerungen an Vorfälle, nachdem ich sie mit Hilfe von EMDR verarbeitet hatte, nie mehr zurückkehrten. Zwar tauchten neue auf, aber nie die gleichen noch einmal. Es war für mich sehr ermutigend zu erkennen, daß ich nicht in einem Teufelskreis gefangen bleiben würde: Es gab immer ein Ende. Wenn ich einen Vorfall in einer Sitzung vollständig durchgearbeitet hatte, fühlte ich mich anders – leichter, so als wäre ein Zementblock von meinem Körper entfernt worden. Mit Hilfe meiner neu gewonnenen Freiheit fing ich an, Dinge zu tun, die ich noch nie getan hatte, und mir kamen viele Erkenntnisse.

Beispielsweise hatte ich eines Tages das Gefühl, ich müßte aus dem Haus, und so fuhr ich aufs Land. Ich hatte einen solchen Ausflug noch nie gemacht und bekam prompt Angst, ich könnte mich verfahren. Doch im nächsten Augenblick war diese Angst verflogen, und an ihre Stelle trat ein Gefühl tiefer Ruhe und die Gewißheit, *daß ich mich nicht verfahren konnte, da ich ja kein bestimmtes Ziel hatte.* Noch erstaunlicher an dieser Erfahrung erscheint mir, daß sich die Vorstellung, frei von Angst – ohne ein bestimmtes Ziel – zu sein, in mir zu einer Lebensphilosophie zu entwickeln begann. Eine solche Erkenntnis hatte ich noch nie gehabt, und ich denke immer noch mit Ehrfurcht an diesen wunderbaren Augenblick zurück.

Als weitere Alpträume auftauchten, verarbeitete ich auch diese mit Hilfe von EMDR. Wieder kamen mir Erinnerungen, wie ich nackt auf dem Bett lag, meine Hände mit einem Gürtel festgebunden waren und ich sexuell mißbraucht wurde. Doch nahm das Geschehen diesmal einen anderen Verlauf: Ich wurde plötzlich losgebunden und gezwungen, mit Tante Ruby Oralsex zu machen.

Mein kleines Mädchen hatte ein großes Problem. Es hatte Angst, Laurel zu erzählen, was es erlebt hatte, weil es fürchtete, Laurel würde denken, es sei ein böses Mädchen und verrückt geworden, und sie würde es deshalb im Stich lassen. Doch erklärte Laurel meinem kleinen Mädchen, daß das, was geschehen sei, nicht seine Schuld, sondern die der Erwachsenen sei und daß diese erwachsene Frau schlecht sei, sogar sehr schlecht.

Nach derartigen Mißbrauchsszenen fiel es mir schwer zu glauben, daß das, was ich soeben erlebt hatte, eine Erinnerung an etwas vor mehr als dreißig Jahren Geschehenes war, denn während ich die betreffende Situation mit Laurels Hilfe erneut durchlebte, hatte ich genau die gleichen Gedanken, Gefühle und Körperempfindungen, die ich auch als Kind gehabt hatte. Oft taten mir nach dem Ende der EMDR-Sitzung Rücken und Handgelenke weh, und mein Mund fühlte sich unangenehm an. Mir war dann oft schlecht, und ich empfand Ekel, Abscheu und Wut. Es dauerte immer sehr lange, bis diese Gefühle wieder verschwanden.

Sehr beängstigend war für mich auch das Gefühl, ich sei eine Art Zeitbombe. Scheinbar unzusammenhängende Szenen in einem Film, einem Fernsehprogramm oder einem Zeitungsartikel konnten bei mir Angst, starke Erregungszustände und ganze Serien von Alpträumen auslösen. Laurel nutzte diese Gefühle und Alpträume als Ausgangspunkte für unsere EMDR-Sitzungen, woraufhin regelmäßig Erinnerungen an Mißbrauchserlebnisse zutage traten. Allmählich wurde mir klar, daß ich mich nicht ohne Grund merkwürdig fühlte. Es *gab* einen Grund: Mein Körper signalisierte mir etwas, und mit Hilfe von EMDR konnten wir den Grund für diese Signale herausfinden und das damit zusammenhängende Erlebnis durcharbeiten.

Erinnerungen an »meine liebe Tante Emily« tauchen auf

Während ich eine Erinnerung an einen sexuellen Mißbrauch durch Tante Ruby verarbeitete, überkam mich plötzlich ein entsetzlicher Schrecken. Eigentlich hing derselbe mehr damit zusammen, daß ich Tante Emilys Anwesenheit im Schlafzimmer spürte. Laurel und mir selbst kam augenblicklich der gleiche

Gedanke: »War noch jemand anders in dem Schlafzimmer?« Zunächst wollte ich die Antwort auf diese Frage gar nicht wissen. Ich war seit Monaten dabei, schreckliche Erlebnisse mit Tante Ruby zu verarbeiten, und außerdem kämpfte ich immer noch darum, trocken zu bleiben, und ich fühlte mich einfach nicht in der Lage, mit noch mehr schockierenden Entdeckungen fertig zu werden. Ich war emotional und körperlich völlig erschöpft. Deshalb verschoben wir die Beschäftigung mit diesem neuen Thema auf einen späteren Zeitpunkt. Etwa sechs Wochen später ließ sich die Wahrheit nicht mehr länger unterdrükken. Ich war in großer Unruhe, hatte üble Träume, wachte nachts häufig auf, fühlte mich innerlich sehr aufgewühlt und litt unter Depressionen und Kopfschmerzen.

Wir vereinbarten eine EMDR-Sitzung und konzentrierten uns in dieser zunächst noch einmal auf die zuerst anvisierte Ziel-Erinnerung, die mit Tante Ruby zusammenhing. Dann baten wir das kleine Mädchen, sich umzudrehen: Es sah, daß Tante Emily in der Tür stand, zuschaute und darauf wartete, an die Reihe zu kommen.

Diese Entdeckung hätte mir fast das Herz gebrochen, denn als Teenager und Erwachsene hatte ich Tante Emily sehr geschätzt. Wir hatten eine starke und ganz besondere Verbindung zueinander, eine Liebe, wie man sie im Laufe eines Lebens nicht oft erlebt. Die Erkenntnis, daß auch sie mir geschadet hatte, erzeugte in mir einen unvorstellbaren Schmerz.

Ich hätte diese Erkenntnisse lieber weiterhin geleugnet. Ich wollte der Wahrheit einfach nicht ins Auge sehen. Mir wäre es lieber gewesen, wenn diese Erinnerungen wieder verschwunden wären. Doch durch meine Versuche, sie zu leugnen, löste ich einen heftigen Kampf zwischen meinem Erwachsenen-Ich und meinem kleinen Mädchen aus. Das kleine Mädchen kannte die Wahrheit und wollte nicht zulassen, daß ich das Vorgefallene weiter ableugnete.

Ich versuchte, einen Kompromiß zu finden, indem ich aufhörte, strikt zu leugnen, daß überhaupt etwas vorgefallen war, die Wahrheit aber auch weiterhin nicht akzeptierte. Eine Zeitlang tröstete ich mich mit der Vermutung,

Tante Emily habe sich den Aktivitäten von Tante Ruby nur angeschlossen, jedoch die Situationen nicht selbst kreiert. Daß Tante Emily ihre sexuelle Befriedigung gesucht hatte, schien mir nicht verwerflich zu sein. Doch diese Vermutung hielt der Realität nicht lange stand, denn mit jeder neu auftauchenden Erinnerung wurde klarer, daß Tante Emily genauso brutal gewesen war wie Tante Ruby. Tante Emily war grausam, herzlos, gemein, hinterlistig und verschlagen. Es fehlte ihr völlig an jedem normalen Anstand und an jeglicher Moral.

Doch dies zu erkennen und die Information zu integrieren waren zwei völlig verschiedene Dinge. Einerseits hatte ich eine nette Tante mit einem netten Gesicht und andererseits eine grausame und bösartige Tante mit einem gemeinen Gesicht. Für die eine war ich eine Prinzessin, für die andere eine Stoffpuppe. Wie konnten diese beiden Gesichter zu ein und derselben Person gehören?

Ich befand mich in einem tiefen Konflikt. Ich trauerte über den Verlust der Tante, die ich zuvor so sehr geliebt hatte, und gleichzeitig war ich wegen meiner Trauer über diesen Verlust wütend auf mich selbst, weil diese Frau mich, ein kleines, unschuldiges Kind, mißbraucht und betrogen hatte. Ich hatte das Gefühl, irgend etwas müsse mit mir nicht in Ordnung sein, weil ich gleichzeitig so unterschiedliche Emotionen empfand.

Diese lange Pein endete zum Glück, als mir während einer EMDR-Sitzung klar wurde, daß jene Tante Emiliy, die ich angeblich liebte, tatsächlich nie existiert hatte. Um mich dazu zu bringen, ihr zu vertrauen, hatte sie sich mir gegenüber zum Schein nett und freundlich verhalten. *Sie hatte wie eine Schauspielerin verschiedene Rollen gespielt. Die Person, die ich geliebt hatte, war eine ihrer Rollen, also nicht ihr wahres Wesen.* Als Kind war mir das nicht klar gewesen. Ich hatte damals geglaubt, sie *sei* die nette Tante. Meine Verwirrung löste sich auf, und ich trauerte über den Verlust meiner Illusion, ich hätte eine liebevolle Tante.

Mir wurde klar, welchen Schaden meine beiden Tanten bei mir angerichtet hatten. Sie hatten mein Vertrauen in meine Fähigkeit, mit meinem Leben fertig zu werden, ebenso erschüttert wie mein Vertrauen in meine Urteilsfähigkeit. In meinem Kampf mit dem stets gegenwärtigen beängstigenden Gefühl, mein Leben nicht selbst in der Hand zu haben, hatte ich Tage, Monate und Jahre wie ein Automat gelebt. Ich hatte getan, was ich immer schon getan hatte, weil mir das vertraut gewesen war und weil ich wußte, was ich davon zu erwarten hatte. Und mir war nicht klar gewesen, daß es schädlich für mich war, mich so zu verhalten.

Auch wurde mir klar, daß die Verbindung zu meiner körperlichen Existenz unterbrochen worden war. Ich war mir nicht mehr dessen bewußt gewesen, wie wichtig die Erfüllung meiner Grundbedürfnisse für mich war: wann es Zeit war, zu schlafen, zu essen oder mit dem Trinken aufzuhören, und wann ich einen Arzt aufsuchen mußte. Und mein Verhältnis zur Sexualität war völlig gestört worden.

Ich hatte anderen Menschen mißtraut und alle, mit denen ich in Kontakt kam, als meine Feinde angesehen. Ich hatte unablässig die Worte, die Gesten und die Körpersprache anderer Menschen daraufhin geprüft, was diese Fremden tatsächlich im Schilde führten. Gleichzeitig hatte ich mich durch unsichtbare Mauern gegen eventuelle Schädigungen abgeschirmt.

Erinnerungen an Onkel Bill, einen »immer gut gelaunten Kinderfreund«

Außer meinen »lieben Tanten« hatte ich auch einen »lieben Onkel«. Onkel Bill wirkte immer fröhlich und gut gelaunt, und er war stets gern in Gesellschaft. Er scheute keine Mühe, damit sich seine jungen Besucher wohlfühlten. Obwohl er selbst keine Kinder hatte, hatte er Unmengen von Spielzeug, Spielen, Comic-Heften und Zuckerzeug in seinem Haus. Onkel Bill war ein sehr netter und immer gut gelaunter Mensch.

Zumindest hatte ich das geglaubt. In der Therapie stellte sich etwas völlig anderes heraus. Onkel Bill war pädophil veranlagt und verfolgte mit seinem Verhalten Kindern gegenüber eindeutig ganz bestimmte Absichten. Nichts, was in seinem Haus geschah, war bloßer Zufall. Er war ein Experte darin, kleine Kinder in Fallen zu locken.

Zwar hatte er ein anderes Temperament als meine beiden Tanten, glich ihnen aber insofern, als er mich, ein unschuldiges kleines Kind, zur Befriedigung seiner sexuellen Wünsche mißbrauchte. Im Gegensatz zu den beiden Tanten war er nicht brutal. Er schien zu glauben, daß mir gefiele, was er mit mir anstellte, daß ich dabei Lust empfände. Das ist insofern schwer zu begreifen, als er eine Vorliebe für Analverkehr hatte, was für ein kleines Kind äußerst schmerzhaft ist.

Mir war klar, daß das Vertrauensproblem, das ich als Erwachsene hatte, durch den sexuellen Mißbrauch erwachsener Verwandter entstanden war. Es fiel mir sehr schwer, zu vertrauen – vor allem mir selbst zu vertrauen. Ich war mir nicht sicher, richtig einschätzen zu können, ob die Menschen, mit denen ich zu tun hatte, gut oder schlecht, nett oder gemein waren oder mir Schaden zufügen wollten. Deshalb vermied ich es, mich auf neuartige Erfahrungen und neue Beziehungen einzulassen. Mein Vertrauen zu anderen Menschen war zerstört worden.

In einer EMDR-Verarbeitungssitzung arbeitete ich mit Laurel an Erinnerungen, die mit Onkel Bill zusammenhingen, der in Wahrheit völlig anders gewesen war, als er mir erschienen war. Laurel empfahl mir, das Geschehen von meinem Erwachsenen-Ich beobachten zu lassen. Sie meinte, das Erwachsenen-Ich werde Dinge sehen und verstehen, die das Kind-Ich nicht habe verstehen können. Und tatsächlich sah mein Erwachsenen-Ich Dinge, aus denen es schloß, daß Onkel Bill nicht vertrauenswürdig war. Das Erwachsenen-Ich warf sofort die Frage auf, warum ein alleinstehender Mann, der selbst keine Kinder hatte, so viel Spielzeug und einen solchen Vorrat an Süßigkeiten in seinem Haus aufbewahrte. Es kam zu dem Schluß, daß der Onkel diese Dinge benutzte, um unschuldige, nichtsahnende Kinder in seine

Falle zu locken. Es sah auch, daß die Vorhänge geschlossen, Lichter abge-
dämpft und die Türen abgeschlossen waren. Und Onkel Bill trank ständig
Alkohol und hatte einen merkwürdigen Gesichtsausdruck. Mein
Erwachsenen-Ich empfand einen kalten Schauer im ganzen Körper. Deshalb
packte es das kleine Mädchen und rannte wie vom Teufel verfolgt aus dem
Haus.

Was für eine Sitzung! Endlich war mir klargeworden, daß ich meine Umgebung überprüfen, die zugängliche Information analysieren, die Situation intuitiv beurteilen und dann handeln mußte – und daß ich dies konnte! Nun fühle
ich mich in der Lage, mir selbst zu vertrauen und die Welt zu erforschen.

Die Heilung meiner Sexualität

Durch die Arbeit mit Laurel habe ich erkannt, daß meine Fähigkeit, auf Kör-
persignale zu hören, die mir mitteilten, daß ich hungrig, durstig, müde oder
krank war, völlig gestört war. Durch die EMDR-Arbeit ist diese Fähigkeit
wiederhergestellt worden. Am schwersten jedoch war meine Sexualität geschädigt worden – darüber zu schreiben ist mir auch besonders schwergefal-
len. Es war mir auch sehr unangenehm, darüber zu sprechen. Anfangs war ich
dazu überhaupt nicht in der Lage. Wenn dieses Thema auftauchte, konnte ich
Laurel nicht einmal anschauen. Ich starrte einfach nur auf den Boden und ließ
mich auf kein Gespräch ein. Laurel schlug mir deshalb vor, meine Gedanken
aufzuschreiben. So begannen wir mit unserer Arbeit an diesem schwierigen
Bereich. Schließlich war ich in der Lage, mit ihr darüber zu sprechen.

Ich hatte mich nie als ein sexuelles Wesen angesehen. Ich hatte das Gefühl,
einen Körper zu haben, der meinen Geist einfach nur überallhin begleitete.
Mein Körper war eine Masse, die sich bewegen oder still sein, stehen, sitzen
oder sich zurücklehnen konnte. Ich war völlig von meiner Sexualität abge-
trennt, weil ich zu früh zu sexuellen Aktivitäten gezwungen worden war. Die

Verwirrung, die in diesem Bereich in meiner Kindheit entstanden war, hatte mein Leben als Erwachsene geprägt.

Immer wieder tauchten in meinen Therapiesitzungen Lust und Schmerz als Themen auf. Ich war als Kind auf Weisen berührt worden, die bei mir Lustgefühle ausgelöst hatten; und andere Berührungen hatten mir große Schmerzen bereitet. Ich [das Kind] wußte, daß das, was die Erwachsenen mit mir machten, schlecht war – aber manchmal fühlte es sich angenehm an. Ich kam zu der Überzeugung, daß mein Körper schlecht sein müsse, weil er sich bei dem, was geschehen war, gut gefühlt hatte. Ich glaubte, ich müsse ein sehr schlechtes Mädchen sein, weil ich einen schlechten Körper hatte.

In vielen EMDR-Sitzungen erklärte Laurel meinem Erwachsenen-Ich und meinem Kind-Ich, daß der Körper jedes Menschen Lust empfindet, wenn er auf bestimmte Weisen und in bestimmten Bereichen berührt wird – daß dies normal ist. Der Körper des kleinen Mädchens hatte völlig normal reagiert. Das Mädchen war ein *gutes* Mädchen mit einem *guten* Körper. Die Erwachsenen waren schlecht, sehr schlecht gewesen.

Diese neue Information mußte mein Kind-Ich *und* mein Erwachsenen-Ich verstehen. Das war sehr harte Arbeit für mich. Schließlich wurden mir auch die Gründe für meine bisherigen Vorlieben und Verhaltensweisen in meinen Beziehungen zu Männern klar. Ich erkannte, daß alle meine Beziehungen nach dem gleichen Muster verlaufen waren. Ich suchte mir stets Männer aus, die mir sehr ähnelten: Männer, denen es schwerfiel, Gefühle auszudrücken, und die nicht an einer tiefergehenden Beziehung interessiert waren, weil sie gar nicht wußten, was dies bedeutete. Außerdem suchte ich mir immer Einzelgänger aus. Am wichtigsten schien zu sein, daß die Betreffenden alkohol- oder drogensüchtig waren, damit ich mit ihnen keine Schwierigkeiten wegen meines starken Trinkens bekam und damit sie beim Sex ebenso betäubt waren wie ich selbst.

Seit ich dieses Muster entdeckt und mein Verhalten in dieser Hinsicht verändert habe, haben sich auch meine Wertvorstellungen verändert. Ich wünsche mir eine Beziehung zu einem Mann, der ohne Drogen und Alkohol auskommt und der bereit ist, seine Gefühle auszudrücken. Außerdem ist mir nun wichtig, daß meine sexuelle Beziehung zu einem Menschen auf gegenseitiger Liebe und Zuneigung beruht und daß der Betreffende sich eine tiefe, ja sogar spirituelle Beziehung wünscht. Was für eine gewaltige Veränderung!

Wer bin ich?

Während meiner Genesung stellte ich mir die Frage: »Wer bin ich?« Dies war für mich eine Zeitlang sehr beängstigend, weil mir diese Art zu fragen völlig neu war. Andere Fragen folgten: Wer bin ich in Beziehung zu mir selbst? Zu meiner Familie? Zur Natur? Zur Welt, in der ich lebe? Was mache ich mit meinem Leben? Was strebe ich an? Was ist der Sinn des Lebens?

Im Laufe der Zeit erlebte ich kurze Augenblicke der Weisheit und Einsicht. Mir wurde klar, daß die Entdeckung der Antworten auf meine Fragen der Anfang einer inneren Reise war, meiner Suche nach Ganzheit. Ich erkannte auch, daß es so wie auf jeder Reise immer Situationen geben wird, in denen ich Angst habe, daß es aber andererseits auch Zeiten reiner Freude und des Friedens geben wird, und daß ich mich nicht von Angst beherrschen und bewegungslos machen lassen sollte.

Mein Leben ist völlig umgewandelt worden

Wie hat EMDR mein Leben verändert? Nun, die größte Veränderung ist wohl, daß ich zum ersten Mal EIN LEBEN HABE. Vor der EMDR-Therapie existierte ich einfach nur. Ich erledigte wie ein Automat meine täglichen Routineaktivitäten. Diese einsame Art zu leben war sehr schmerzhaft und freudlos.

JETZT HINGEGEN BIN ICH LEBENDIG, FREI, UNABHÄNGIG UND GLÜCKLICH. Ich fühle mich mit mir selbst und der Welt auf eine Weise verbunden, wie es nur wenige Menschen sind. Ich bin auf allen Ebenen eins mit mir selbst: körperlich, emotional, spirituell und intuitiv. Ich kann Kontakt zu meiner Intuition aufnehmen und sie für meine Entscheidungen nutzen, wobei ich mir dessen bewußt bin, daß das, was ich tue, für mich richtig und wahr ist. Weil ich geduldig auf die Äußerungen meiner Weisheit zu warten vermag, bleibe ich ruhig. Ich empfinde kaum Streß, weil ich weiß, daß die Antwort kommen wird.

Meine neue Fähigkeit, in mir selbst nachzuforschen, verblüfft mich. Niemand hat mir jemals beigebracht, in mir selbst nach Antworten zu suchen. Angeblich waren alle Antworten in Büchern, in Schulen und in den Worten erfahrener, intelligenter Menschen zu finden.

Völlig unerwartet hat mich meine EMDR-Arbeit auch zur Erforschung meiner Spiritualität angeregt. Obwohl ich davor zunächst zurückgescheut bin, habe ich entdeckt, daß Spiritualität nicht das gleiche wie Religion ist. Religion besteht in meinen Augen aus Gesetzen und Regeln, Gut und Böse, Himmel und Hölle. Alles, was zwischen diesen Extremen liegt, ist nicht akzeptabel. Man hat mich gelehrt, Antworten bei Priestern und Nonnen, in der Bibel oder in anderen »heiligen« Schriften zu suchen. Doch weiß ich nun, daß ich auf direktere Weise zu meiner Seele Kontakt aufnehmen kann. Ich brauche keinen »Vermittler«. Spiritualität ist ein Weg des inneren Erforschens, eine lebenslange Entdeckungsreise.

Meine neue Verbindung zur Welt verblüfft mich völlig. Ich entdecke mit Hilfe meiner Sinne eine unvorstellbare Vielfalt. Alles ist so aufregend! Ich *höre* Vögel singen und Kinder lachen. Wenn ich zur Arbeit fahre, *sehe* ich wunderschöne Regenbögen, die andere gar nicht zu bemerken scheinen. Ich stelle mich absichtlich in den Regen, um die Tropfen auf meinem Körper *spüren* zu können.

Trocken zu bleiben ist für mich kein Problem mehr. Ich verspüre nicht den geringsten Wunsch, Alkohol zu trinken. Diese schreckliche Abhängigkeit übt keinen Zwang mehr auf mich aus. Mein Trockensein ist einfach eine Tatsache: Ich trinke keinen Alkohol mehr. Obwohl ich die »Fakten« über die lebenslange Rückfallgefahr gelesen habe, glaube ich nicht, daß ich noch jemals derartige Probleme bekommen werde.

Während es meinem Leben vor der EMDR-Arbeit an jeglicher Orientierung fehlte, strebe ich nun unablässig weiter. Ich mache mir keine Sorgen darüber, was mir die Zukunft bringen wird, weil ich weiß, daß das, was ich heute tue, und meine heutigen Entscheidungen meine Zukunft prägen werden. Mein neugefundenes Vertrauen versichert mir, daß ich mit Gutem und Schlechtem, mit Glück und Schmerz, in leichten und in schweren Zeiten zurechtkommen werde.

Melanies Geschichte veranschaulicht auf wunderschöne Weise, wie EMDR das Leben eines Menschen umwandeln kann. Wie der mythische Vogel Phönix, der vom Feuer verzehrt wurde und sich dann aus der Asche wieder erhob und emporflog, sind Melanie und andere EMDR-Klienten in ihren Schmerz hineingegangen, sind darin zu Asche verbrannt und haben sich dann, von ihrer Vergangenheit befreit, wieder erhoben. Viele dieser Klienten fühlen sich wie neugeboren, frisch und lebendig, und dies oft zum ersten Mal in ihrem Leben.

Wie so viele andere meiner Klienten erlebte auch Melanie eine Transformation ihres gesamten Lebens, die weit über alles hinausging, was sie für möglich gehalten hätte. Der Erfolg der EMDR-Arbeit geht oft über die bloße Genesung hinaus. Ich fühle mich immer wieder inspiriert, wenn ich bei Klienten, die zuvor kaum Hoffnung auf eine Veränderung hatten, eine solche umfassende Transformation miterlebe. Der Enthusiasmus, den ich ebenso wie meine EMDR-Kollegen für diese neue Methode aufbringe, hat in uns allen das tiefe Bedürfnis geweckt, diese Therapie aus unseren Praxisräumen hinaus zu traumatisierten Menschen auf der ganzen Welt zu bringen. Mitgefühl und der Wunsch, anderen zu helfen, verbindet Tausende von EMDR-Therapeuten und repräsentiert, wie ich glaube, den »Geist« von EMDR.

Dieser Geist ist weder eine Überzeugung noch ein Ideal, sondern das spontane und von Herzen empfundene Bedürfnis, anderen Menschen, die leiden, zu helfen. Wir, die wir das Glück haben, über dieses wundervolle Werkzeug zur Linderung von Leiden zu verfügen, empfinden es als einen Segen, anderen helfen zu können. Das Leiden eines anderen Menschen zu lindern erzeugt in uns ein starkes Gefühl der Freude, und aus dieser Freude entwickelt sich das Bedürfnis, sich anderen Wesen mitzuteilen.

Diesen Geist haben auch der Vietnamveteran und EMDR-Trainer Steven Silver und andere Kollegen zum Ausdruck gebracht, die in den Kämpfen um Zagreb und Sarajevo ihr Leben riskierten, um traumatisierte Therapeuten in der EMDR-Methode zu unterrichten, so daß sie zur Linderung des schrecklichen Leidens in ihren Ländern beitragen konnten. Die neu ausgebildeten kroatischen EMDR-Therapeuten baten darum, auch eine Ausbildung für Serben – ihre Feinde! – durchzuführen, um die Kette der Gewalt zu unterbrechen und dadurch letztendlich einen dauerhaften Frieden möglich zu machen. Diese Menschen haben erkannt, daß Gewalt immer neue Gewalt erzeugt und daß der Weg zum Frieden die Heilung des Traumas ist, durch das die Gewalt entstanden ist.

Als Mitglieder des EMDR-HAP (*EMDR Humanitarian Assistance Program*) sehen wir die Möglichkeit, dem ewigen Kreislauf der Gewalt in der Welt ein Ende zu machen. Wir teilen mit anderen unsere Menschlichkeit. Nachdem das Trauma und die damit verbundenen Emotionen aufgelöst sind, löst sich auch das Bedürfnis nach Rache auf. Außerdem haben wir die Vision, (durch EMDR) zukünftige Generationen beeinflussen zu können, indem wir die Ketten des Schmerzes brechen und seinem Erbe Einhalt gebieten. Ein Erwachsener, der als Kind sexuell mißbraucht oder körperlich mißhandelt worden ist, wird nach einer EMDR-Therapie kaum noch seine eigenen Kinder ähnlich schlecht behandeln, wie er selbst behandelt wurde.

Wenn ich in die Augen von EMDR-Therapeuten schaue, die ihre Geschichten der Heilung erzählen, sehe ich darin Liebe und Hoffnung. Wir alle sind von etwas angerührt worden, das größer ist als wir selbst. Großes Leiden zu heilen ist eine ungeheure Gabe *und* eine große Verantwortung. Noch nie zuvor konnte Traumatisierten so schnell und umfassend geholfen werden. Wenn ich heute von jemandem höre, der eine Gewalttat erlebt hat, macht mich das nicht nur traurig, sondern ich empfinde Hoffnung, daß dem Betreffenden geholfen werden kann und daß sein oder ihr Leben durch einen solchen Vorfall nicht unbedingt ruiniert zu sein braucht.

Schließlich kann uns die EMDR-Therapie auch den Bereich des Transpersonalen erschließen. Objektives Vergeben, eine tiefe Liebe zu uns selbst und zu anderen Menschen, Vertrauen zum Leben, kreativer Ausdruck, ein tiefes Wohlgefühl und Verbundenheit mit allem Leben, spirituelle Einsichten und Offenbarungen, Einblicke in andere Realitäten, Erfahrungen der Transzendenz und einer tiefgründigen Freiheit – all dies erleben EMDR-Klienten recht häufig. Deshalb fangen sie oft an, sich mit tiefergehenden Fragen des Lebens zu beschäftigen: »Wer bin ich?« – »Was ist das Leben?« – »Was ist der Tod?« Die EMDR-Verarbeitung beseitigt Hindernisse und ermöglicht uns so, Kontakt zu den tiefsten Tiefen unseres wahren Selbst aufzunehmen. Oft zerstört diese Arbeit die Grundlagen falscher Strukturen, auf denen Klienten ihr Selbstkonzept aufgebaut haben, wodurch es ihnen möglich wird, spontan, erfüllt und aus einem Gefühl der Ganzheit heraus zu leben. Es ist mein Wunsch, daß wir fortfahren, die Möglichkeiten der EMDR-Therapie über die Auflösung von Traumata hinaus weiterzuentwickeln und sie zur Erschließung unseres tiefsten Potentials zu nutzen.

Anhang A

Wie man einen EMDR-Therapeuten findet

Der erfolgreiche Verlauf einer EMDR-Behandlung hängt von der Kompetenz des behandelnden Therapeuten ab. In den Händen eines gut ausgebildeten und erfahrenen Therapeuten kann EMDR ein hochwirksames Werkzeug der Heilung sein. In den Händen eines weniger erfahrenen und inkompetenteren Therapeuten hingegen führt EMDR möglicherweise nicht zur angestrebten Linderung der Symptome und kann schlimmstenfalls sogar Schaden verursachen. Deshalb ist es ungeheuer wichtig, vor der Entscheidung für eine Behandlung bei einem bestimmten EMDR-Therapeuten ein eingehendes Gespräch mit diesem zu führen. Bei der Wahl eines Therapeuten sollten Sie die folgenden Punkte beachten:

1. *Der Therapeut sollte sehr erfahren sein und eine gute Ausbildung genossen haben*, weil die EMDR-Therapie ein hohes Maß an klinischer Erfahrung erfordert. Um an einer EMDR-Ausbildung teilnehmen zu können, muß ein Therapeut entweder ein staatlich anerkannter Therapeut sein oder ein Assi-

stenzarzt, der sich in Supervision bei einem vom EMDR-Institut für die Ausbildungsstufe II lizensierten EMDR-Therapeuten (oder bei jemandem mit einer entsprechenden Qualifikation) befindet. Außerdem sollte der Therapeut Ihrer Wahl Erfahrung und eine gründliche Ausbildung in der Behandlung des Problems haben, dessentwegen Sie sich an ihn wenden. Wenn Sie beispielsweise an Problemen arbeiten wollen, die mit in der Kindheit erlittenem Mißbrauch zusammenhängen, sollten Sie einen Therapeuten wählen, der mit derartigen Behandlungen Erfahrung hat.

2. Achten Sie unbedingt darauf, daß Ihr Therapeut eine adäquate EMDR-Ausbildung hat. Viele behaupten, mit »Augenbewegungen« zu arbeiten oder eine »Schnellbehandlung durch Augenbewegungen« zu beherrschen. Doch müssen EMDR-Therapeuten eine vom EMDR-Institut durchgeführte Ausbildung der Stufe I und/oder II mitgemacht haben, oder sie müssen an einer Graduate-School oder Universität einen von der EMDRIA (*EMDR International Association*) anerkannten Kurs absolviert haben. Ich habe immer wieder gehört, daß Leute von sich behaupteten, sie hätten eine EMDR-Ausbildung, deren gesamte »Ausbildung« darin bestand, daß sie eine Fernsehsendung über EMDR gesehen, einen Zeitschriftenartikel über die Methode gelesen oder an einer einstündigen EMDR-Präsentation teilgenommen hatten. Ein Therapeut, der »EMDR-Therapien« durchführt, ohne die dafür vorgesehene Ausbildung erhalten zu haben, verhält sich *ethisch verwerflich*. Leider tun dies jedoch sowohl verantwortungslose Therapeuten als auch völlig Fachfremde.

Bei Erscheinen der Originalausgabe dieses Buches (1997) gibt es noch keine mit einer Qualitätskontrolle verbundene Zertifikation für EMDR. Doch entwickelt des EMDR-Institut zur Zeit ein Verfahren zur Beurteilung der beruflichen Kompetenz von EMDR-Therapeuten. Insofern kann ein Abschluß der EMDR-Seminare derzeit nicht in jedem Fall die Kompetenz von Therapeuten garantieren. Deshalb empfehle ich allen, die sich für eine solche Therapie interessieren, sich persönlich ein genaues Bild von dem gewählten Therapeuten zu machen, und unbedingt nach dessen Fachausbildung zu fragen.

3. *Hat der Therapeut an einem Training für Fortgeschrittene – mindestens EMDR Level II oder ein Äquivalent – teilgenommen?* Ein Therapeut, der nur an der ersten EMDR-Ausbildungsstufe teilgenommen hat, ist in der Lage, EMDR bei relativ einfachen Problemen wie einem einmaligen Trauma anzuwenden. Hingegen reicht diese Ausbildung nicht zur Behandlung von komplizierten Kindheitstraumata und Phobien aus. Die EMDR-Therapeuten mit der höchsten Ausbildungsstufe sind die *Trainer* und *Facilitators* des EMDR-Instituts.

4. *Hat der betreffende Therapeut nach seiner EMDR-Ausbildung eine Supervision erhalten?* Die Antwort auf diese Frage gibt Aufschluß darüber, ob der betreffende Therapeut sein Verständnis der EMDR-Therapie weiter vertieft und ob er dadurch seine Kompetenz vergrößert hat.

5. *Wieviel Erfahrung hat der Therapeut in der Anwendung von EMDR?* Sie sollten sich darüber informieren, wie häufig der oder die Betreffende mit EMDR arbeitet und bei welcher Art von Problemen. Seit wie langer Zeit benutzt er EMDR? Wie hoch ist seine Erfolgsquote bei der Anwendung der EMDR-Therapie?

6. *Die Überzeugungen und Einstellungen eines Therapeuten spielen für den Erfolg von EMDR eine wichtige Rolle.* Welche Überzeugungen hat der oder die Betreffende hinsichtlich der Heilungschancen bei Ihrem speziellen Problem? Wie schätzt er oder sie die Nützlichkeit von EMDR ein? Wenn eine Therapeutin selbst nicht daran glaubt, daß EMDR Ihnen nützen könnte, sollten Sie sich jemand anderen suchen. Außerdem sollten Sie herausfinden, welche Überzeugungen die gewählte Therapeutin über Heilung hat. So wird es beispielsweise eine Mutter, die ihre Trauer über den Tod eines Kindes überwinden möchte, in ihrem Heilungsprozeß behindern, wenn ihr Therapeut glaubt, ein solcher Tod sei »etwas, das man nie völlig überwindet und woran man sein ganzes weiteres Leben lang leidet.«

7. *Die therapeutische Beziehung ist sehr wichtig.* Trauen Sie dem gewählten Therapeuten zu, daß er in der Lage ist, für diese tiefgehende Art von Arbeit eine sichere Umgebung zu schaffen? Fühlt er sich wohl dabei, wenn Sie ihm gegenüber intensive Emotionen ausdrücken? Können Sie in seiner Gegenwart Sie selbst sein, oder haben Sie das Gefühl, sich in irgendeiner Weise zurückhalten zu müssen? Ist der Therapeut mitfühlend? Glauben Sie, zu diesem Menschen einen guten Rapport herstellen zu können? Wirkt dieser Therapeut in einem echten Sinne menschlich? Haben Sie das Gefühl, daß dieser Mensch in der Lage ist, adäquate »Grenzen« zu wahren?

8. *War der Therapeut selbst einmal EMDR-Klient?* Hat er oder sie EMDR als Klient erlebt, also nicht nur in einer Übung in der Ausbildung, so daß er/sie persönlich erfahren hat, was es bedeutet, in intensive Emotionen einzutauchen und wieder daraus aufzutauchen?

EMDRIA
(Eye Movement Desensitization and Reprocessing International Association)
3900 East Camelback Road, Suite 200
USA – Phoenix, AZ 85018-2684
Tel.: (602) 912-5300 / Fax: (602) 957-4828

EMDRIA ist eine Non-profit-Organisation, die für die fortlaufende professio-
nelle und edukative Unterstützung und Weiterentwicklung von ausgebildeten
EMDR-Therapeuten geschaffen wurde. EMDRIA organisiert eine interna-
tionale Konferenz und spezielle Trainings, hat ein Mitgliederverzeichnis, einen
Vermittlungsdienst, veröffentlicht eine Zeitschrift und informiert über ander-
weitige Literatur über EMDR. EMDRIA legt Ausbildungsrichtlinien für in-
stitutionelle Trainingsprogramme und für die Zertifikation von EMDR-Trai-
nern fest. In Zukunft wird auch ein Journal veröffentlicht werden.

EMDR Institute *(Eye Movement Desensitization and Reprocessing Institute)*
P.O. Box 51010
USA – Pacific Grove, CA 93950-6010
Tel.: (408) 372-3900 / Fax: (408) 647-9881

Begründerin und Leiterin des EMDR-Instituts ist Dr. Francine Shapiro. Das Institut bietet international staatlich anerkannten Therapeuten EMDR-Ausbildungen der Stufen I und II an sowie auch Workshops für Fortgeschrittene zu Themen wie sexueller Mißbrauch, Arbeit mit Kindern, Leistungsverbesserung und Behandlung von Drogenmißbrauch. Außerdem bietet das Institut einen internationalen Vermittlungsdienst für die von ihm ausgebildeten Therapeuten an.

EMDR-HAP *(EMDR Humanitarian Assistance Program)*
P.O. Box 1542
USA – El Grenada, CA 94018
Tel.: (415) 728-5609 / Fax: (415) 728-2246

EMDR-HAP ist eine Non-profit-Dienstleistungsorganisation, die Psychotherapeuten in Notstandsgebieten, in denen Kriege oder große Katastrophen stattgefunden haben, Gratisausbildungen in der EMDR-Methode anbietet. Außerdem bieten in solchen Fällen ausgebildete Freiwillige kürzlich stark traumatisierten Menschen EMDR-Behandlungen an. EMDR-HAP arbeitet auch an der Entwicklung von EMDR-Anwendungen für neue Klientengruppen mit und unterstützt Forschungsaktivitäten.

Ergänzend sei noch eine deutsche Adresse beigefügt:

EMDR Institut Deutschland
Junkersgut 5a
D-51427 Bergisch Gladbach
Tel.: 02204-25866 / Fax: 02204-963182

Personen- und Sachwortregister

Der individuelle Trainingsplan für Ihr Gehirn

Fünf-Minuten-Übungen für dauerhafte mentale Fitneß

Brain Jogging

Frank Krüger
Martina Rohfleisch

156 Seiten, kart.
DM 19,80
ISBN 3-87387-367-2

Geistige Fitneß entspringt dem Zusammenspiel einer Reihe von Faktoren, zum Beispiel der Fähigkeit, sprachliche und sachlogische Beziehungen zu erfassen, dem Kombinationsvermögen und dem Schlußfolgern. Brain Jogging bietet den Lesern die Möglichkeit, die entscheidenden Bereiche ihres Gehirns zu trainieren und so seine umfassende Leistungsfähigkeit zu bewahren. Geistige Fitneß umfaßt folgende Bereiche: Flexibilität, Konzentration, logisches Denkvermögen, Gedächtniskraft, Wahrnehmungsfähigkeit, Entspannung, Kreativität.

Den Leser erwarten in diesem Buch kurzweilige Rätsel, geistreiche Spielereien, verblüffende Tricks und viele nützliche Tips – Übungen und Anregungen, die jeweils nicht länger als 5 Minuten in Anspruch nehmen. Die Angebote helfen, sich geistig fit zu halten, machen Spaß und stimmen den Leser, d.h. den Übenden positiv auf den Tag ein. Brain Jogging macht fit für die Anforderungen des Tages!

Frank Krüger, geb. 1969; Studium der Praktischen Psychologie; Promotion auf dem Gebiet der Kognitiven Psychologie; vielfältige Dozententätigkeit mit Schwertpunkt Gedächtnis- und Konzentrationstraining sowie innovative Lern-, Denk- und Arbeitstechniken; lebt in Berlin.

Martina Rohfleisch, geb. 1964; Redakteurin und Lektorin im Bereich „Angewandte Psychologie"; Veröffentlichungen u.a. zu gehirn-gerechtem Lernen und Arbeiten sowie NLP; lebt mit ihren beiden Töchtern bei Bonn.

JUNFERMANN VERLAG • **Postfach 1840**
33048 Paderborn • **Telefon 0 52 51/3 40 34**

Ich tue mir Gutes

Lynda Field

Der Weg zu gutem Selbstwertgefühl

Eine Anleitung zu persönlichem Wachstum

Ein Praxisbuch

160 Seiten, kart.
DM 29,80
ISBN 3-87387-359-1

Wir beginnen unser Leben voller wunderbarer Hoffnungen, die es uns bietet. Wir lieben uns, wir lieben die Welt, wir lieben alles und jeden. Am Anfang sind wir voller Selbstachtung und unseres eigenen Wertes sicher.

Wenn wir uns selbst achten, sind wir mit uns selbst im Einklang. Wir bestimmen unser Leben selbst und sind anpassungsfähig und im Kontakt zu unseren Kraftquellen. Wir genießen die Herausforderungen, die das Leben bereithält, und stellen uns den Anforderungen. Wir fühlen unsere Kraft und unsere Einsatzfreude und wissen um unsere Möglichkeiten, Ziele zu erreichen.

Mit dem Schwinden der Kindheit und zunehmender Lebenserfahrung lernen wir die Selbstzweifel kennen und werden defensiv, um uns zu „beschützen". Im gleichen Maße, wie unser Selbstvertrauen und das Vertrauen in die Welt und in unsere Mitmenschen sinkt, sinkt auch unser Selbstwertgefühl.

Ist der Grund unserer persönlichen Probleme eine zu geringe Selbstachtung, dann können wir die Qualität unseres Lebens verändern, indem wir direkt daran arbeiten, unsere Selbstachtung zu stärken. Das Ziel aller therapeutischen Prozesse – und damit dieses Buches – ist ein gutes Selbstwertgefühl!

Lynda Field hat Soziologie und Sozialpsychologie studiert. Sie arbeitet als Beraterin und Psychotherapeutin in Cornwall, Großbritannien.

JUNFERMANN VERLAG • Postfach 1840
33048 Paderborn • Telefon 0 52 51/3 40 34

Innere Balance finden

64 Seiten,
A4-Format, kart.
DM 19,80
ISBN 3-87387-389-3

MEIN MASKEN-MALBUCH

Designs von Helmar Dießner

JUNFERMANN

„Durch vielfältige Anregungen sich selbst im Spiegel der Masken erkennen und somit Klarheit über seelische Vorgänge erfahren. Dieses Malbuch bietet die Möglichkeit, durch aktive kreative Gestaltung zur Selbstfindung zu gelangen.

Sie finden Masken, die Sie motivieren sollen, sich mit Ihren situativen Kontexten auseinanderzusetzen. Die Masken spiegeln emotionale Stimmungen und Zustandsbeschreibungen wider und fordern zum selbstkritischen Kolorieren auf. Gestalten Sie Ihre Maske facettenreich in Form und Farben, so, daß Sie sich mit Ihrem Werk identifizieren. Ihre Maske spiegelt Ihr Seelenleben wider. Ob Sie angespannt oder entspannt sind, suchen Sie sich einen ruhigen Ort und finden Sie zu sich selbst. Suchen Sie sich eine Maske oder mehrere Masken, die Ihrem Stimmungszustand entsprechen. Gehen Sie dabei sensibel mit sich um. Kommen Sie zu Ruhe und Konzentration. Lernen Sie sich selbst besser kennen und verstehen." – *Helmar Dießner*

Helmar Dießner, geb. 1952 in Zittau. Studium der Sozialpädagogik in Düsseldorf-Kaiserswerth, Studium der Erziehungswissenschaften an der Universität Duisburg, seit 1982 in der Erziehungsberatung tätig. Leiter einer Heilpädagogischen Einrichtung, 1993 Promotion zum Dr. phil. an der Universität Duisburg. Gruppentherapeut, Fortbildner und Künstler.

JUNFERMANN VERLAG ● **Postfach 1840**
33048 Paderborn ● **Telefon 0 52 51/13 44 0**